职业教育汽车专业技能人才培养规划教材

ZHIYE JIAOYU QICHE ZHUANYE JINENG RENCAI PEIYANG GUIHUA JIAOCA

汽车电工电子

■ 夏良君　主编

李胜成　副主编

人民邮电出版社

北京

图书在版编目（CIP）数据

汽车电工电子 / 夏良君主编. -- 北京 : 人民邮电出版社, 2012.10（2015.5 重印）
职业教育汽车专业技能人才培养规划教材
ISBN 978-7-115-29291-9

Ⅰ. ①汽… Ⅱ. ①夏… Ⅲ. ①汽车－电工－职业教育－教材②汽车－电子技术－职业教育－教材 Ⅳ. ①U463.6

中国版本图书馆CIP数据核字（2012）第208136号

内容提要

本书是为适应我国汽车维修行业技能型人才培养的需要，满足职业院校以就业为导向的办学目标和要求而编写的。

全书共 6 个任务，主要内容包括电气安全知识、万用表的结构及使用、电子元器件的识别与检测、电工基础接线、电烙铁钎焊技术、电子电路制作等。

本书适用于中等职业学校、技工院校汽车类相关专业的学生使用，也可作为相关工程技术人员的参考书。

职业教育汽车专业技能人才培养规划教材

汽车电工电子

◆ 主　　编　夏良君
　副 主 编　李胜成
　责任编辑　刘盛平

◆ 人民邮电出版社出版发行　　北京市丰台区成寿寺路 11 号
　邮编　100164　　电子邮件　315@ptpress.com.cn
　网址　http://www.ptpress.com.cn
　北京昌平百善印刷厂印刷

◆ 开本：787×1092　1/16
　印张：10.5　　　　2012 年 10 月第 1 版
　字数：264 千字　　2015 年 5 月北京第 6 次印刷

ISBN 978-7-115-29291-9

定价：22.00 元

读者服务热线：(010) 81055256　印装质量热线：(010) 81055316

反盗版热线：(010) 81055315

前言 PREFACE

为了适应我国汽车维修行业技能型人才培养的需要，满足职业院校以就业为导向的办学目标和要求，同时，也为了配合职业院校汽车专业开展一体化教学的需要，我们在本校汽车专业课程模块化改革的基础上，根据所制定的教学大纲，组织部分专业骨干教师编写了一系列任务引领型的汽车专业一体化教材，《汽车电工电子》就是其中之一。

本书主要内容包括电气安全知识、万用表的结构及使用、电子元器件的识别与检测、电工基础接线、电烙铁钎焊技术、电子电路制作等。

本书由夏良君老师任主编，并负责编写任务一、任务二、任务四和任务三的 3.1、3.2、3.5、3.6、3.7 节、任务六的 6.1 节，以及任务三的 3.3 节的部分内容；邓才权老师参与编写了任务三的 3.4 节的全部内容；李燕萍老师参与编写了任务六的 6.2 节的全部内容以及任务三的 3.3 节的部分内容，李胜成老师参与编写任务五的全部内容。全书由蔡昶文任主审。

本书在编写过程中，得到了兄弟院校、汽修行业的专家、学校领导和教师同行们的大力帮助、指导和支持，也参考了不少书籍，在此，我们对以上专家、领导、教师以及参考文献中的作者一并表示衷心地感谢！

限于编者水平，书中难免存在错误和不妥之处，恳请广大读者提出宝贵意见和建议。

编　者

2012 年 6 月

PREFACE

目录 CONTENTS

任务一 电气安全知识

【工作任务】

本任务主要介绍电气安全的相关知识、电气安全的基本检查及触电急救的相关操作。通过本任务的学习，使学生了解相关电气安全知识，认识电气连接的常用结构，具备电气安全基本检查及触电急救的相关技能，并理解三相交流电源产生的原理。

【学习目标】

（1）三相交流电源的认识与测量；
（2）了解单相和三相负载的接线方法；
（3）了解电气安全常识，学会保护接地和保护接零的方法；
（4）掌握触电的几种方式及触电急救的相关技能；
（5）在教师的引导下，制定电气安全检查的基本内容；
（6）根据检查计划，完成电气安全检查。

一、信息收集与处理

按照表 1-1 完成任务一电气安全知识的信息收集与处理。

表 1–1 信息收集与处理

1. 电流对人体的作用	备注
（1）电流对人体的伤害 人体接触或接近带电体所引起的局部受伤或死亡的现象称为触电。按人体受伤害的程度不同，触电分为电伤和电击两种。 电伤是指人体外部受伤，如电弧灼伤，与带电体接触后皮肤出现红肿以及在大电流作用下熔化的金属飞溅到皮肤表面而烧伤皮肤。 电击是指人体内部器官受到伤害，是由通过人体的电流而引起的。人体常因电击而死亡。实践证明，电击伤人的程度，由通过人体的电流强度、电流频率和通过人体的途径、作用于人体的电压、持续的时间长短及触电者本人的健康状况来决定。 人体通过工频电流 1mA 时就会有麻木的感觉，10mA 为摆脱电流；当人体通过 50mA 的工频电流，经过一定时间就可使人致命，通电时间越长，触电的伤害程度就越严重。 （2）安全电流及有关因素 实践证明，频率为 30～1 000Hz 的电流最危险，1 000Hz 以上的电流，随着频率的升高危险性将减小。常见的 50～60Hz 的工频电流危险性最大。 通过人体的电流既使小，但时间过长也会有危险。电流对人体的危害程度取决于通过人体电流	

续表

的大小与通电时间的乘积。通常，通过人体电流的大小与通电时间的乘积小于 30mA·s 时，人不致触电，若超过 30mA·s，则有触电危险。

（3）安全电压和人体电阻

人体最小电阻一般为 800～1 000Ω，皮肤干燥时可达几万欧姆，而有汗或皮肤破损时电阻迅速减小。根据触电危险电流和人体电阻，可计算出安全电压为 40V。一般情况下，对地电压低于 40V 为安全电压。电气设备环境越潮湿，使用安全电压就越低。

我国安全电压等级标准分为 42V、36V、24V、12V、6V，可供不同条件下使用的电气设备选用。一般 36V 以下电压不会造成人员伤亡，故称 36V 为安全电压。通常机床上照明用电电压为 36V，船舶、坦克、汽车电源用电电压为 24V 或 12V。

想一想

40V 以下的电源对人体就绝对安全吗？决定人触电是否的主要依据是人体接触电压还是通过人体的电流？

2. 触电方式

人体触电方式有单相触电（见图 1-1）、两相触电（见图 1-2）等多种形式。

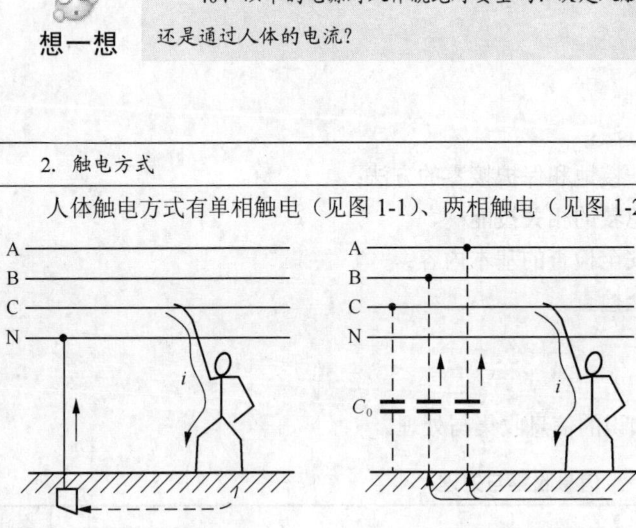

（a）中性点接地单相触电　（b）中性点不接地单相触电

图 1-1　单相触电

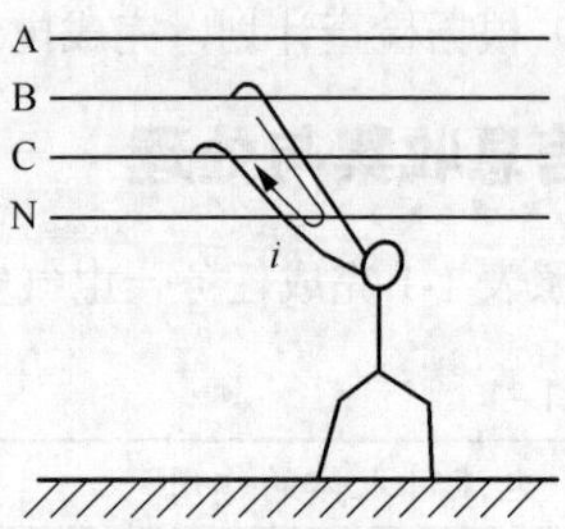

图 1-2　两相触电图

（1）单相触电

单相触电可分为三相四线制（中性点接地）单相触电和三相四线制（中性点不接地）单相触电。

中性点接地的三相四线制单相触电如图 1-1（a）所示，人体的一个部位接触一根火线，另一个部位接触大地。这样，人体、大地、中线、一相电源绕组形成回路，人体承受相电压，构成三相四线制单相触电。

中性点不接地的三相电源单相触电如图 1-1（b）所示，由于输电线路与大地均属导体，二者间存在电容，当人体某部位接触火线时，人体、大地、导体对地电容构成环路，引起触电事故。这种触电方式，环路电流与对地电容大小有关。导线越长，对地电容越大，对人体的危害越大。

（2）两相触电

如图 1-2 所示，当人的双手或人体的某两部位接触三相电中的两根火线时，人体承受线电压，环路电阻为人体电阻和接触电阻之和，这时将有一个较大电流通过人体，这种触电方式是最危险的。发生触电的原因主要有：

① 在某种场合没有遵守安全操作规程，直接接触或过分靠近电气设备的带电部分。

续表

② 不懂电气技术或对电气技术一知半解的人，到处乱拉电线或电灯而造成的触电。

③ 人体触及因绝缘损坏而带电的电气设备外壳和与之相连接的金属构架。

④ 电气设备安装不合乎规程的要求。

当发现有人触电时，应当及时抢救。方法是首先迅速切断电源，或用绝缘物品（如干木棒、干扁担、干布带、干衣服等）迅速使电源线断开，使触电者脱离电源。如果触电者在高空作业时，还需预防触电者在脱离电源时摔下而导致摔伤。当触电者脱离电源被救下以后，如果是一度昏迷，但尚未失去知觉，应使触电者在空气流通的地方静卧休息，同时打 120 请医生前来或送医院诊治。如果触电者有心跳，暂时呼吸停止时需用人工呼吸的方法进行抢救。

想一想

写出人体触电的几种方式及切断电源方法。

3．保护接地和保护接零

（1）保护接地

① 工作接地。通常为了用电安全，电力系统均将中性点直接接大地，称之为工作接地。接地电阻一般规定小于 4Ω，如图 1-3 所示。

② 保护接地。在无工作接地的系统中，可将电气设备的金属外壳、框架等用接地装置与大地可靠地连接，如图 1-4 所示。

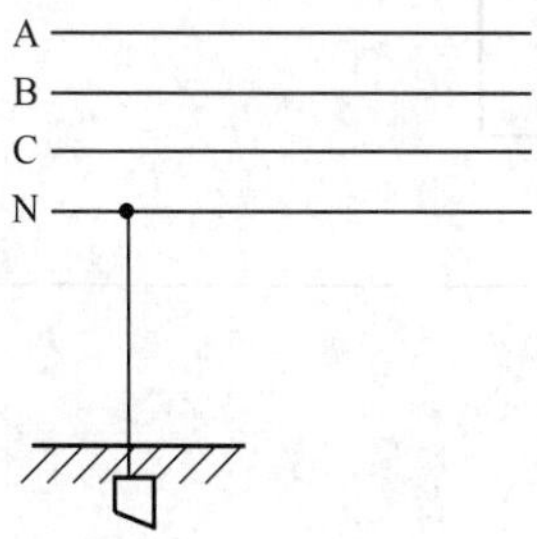

图 1-3 工作接地

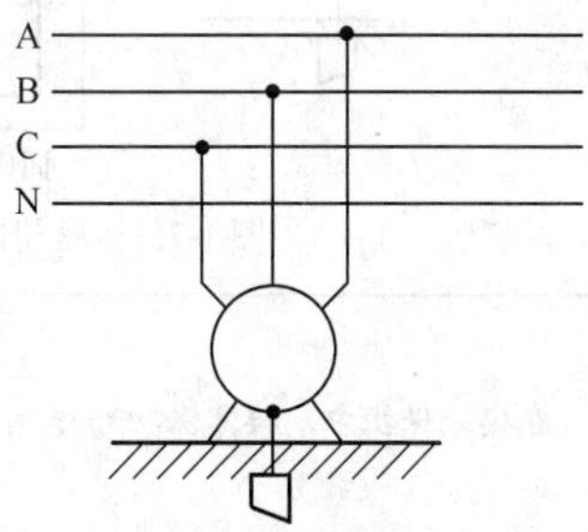

图 1-4 保护接地

当设备某相绕组与机壳相碰，致使机壳带电，在人体与机壳相接触时，因接地电阻很小，远小于人体电阻，电流绝大部分通过接地线入地，从而保护了人身安全。

③ 重复接地。当电源变压器离用户较远时，为防止中线断线或线路电阻过大，应在用户附近将中线再接地，如图 1-5 所示。

（2）保护接零

在有工作接地的系统中应将电气设备的金属外壳或框架接零线，如图 1-6 所示。当设备某相绕组与机壳相碰短路时，由于有接零保护使该相电源短接，因此电流很大而很快将该相熔丝烧断而断电。

必须强调指出，对于中点接地的三相四线系统，电气设备宜采取保护接零。

在采用保护接地和保护接零时，必须注意以下几点。

① 不允许在同一电源上把一部分用电设备采用接零保护，另一部分采用接地保护。因为当机壳接地的设备发生碰壳而开关没断开或保护熔丝未动作时，零线与大地间就会出现电压（其大小等于接地

续表

短路电流乘以中点的接地电阻），这将使其他接零的设备外壳对地都有较高的电压，会造成触电危险。

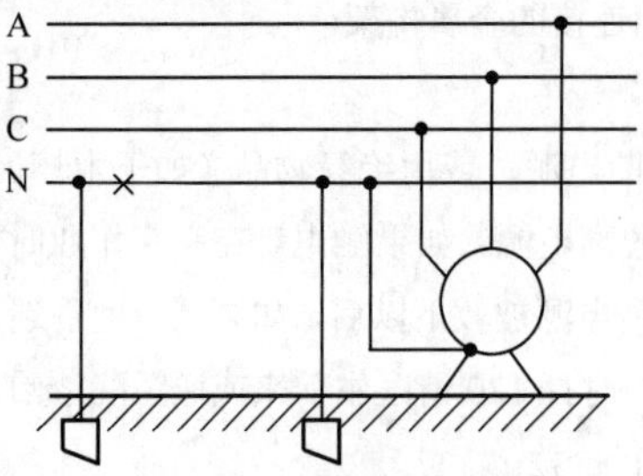

图 1-5　重复接地

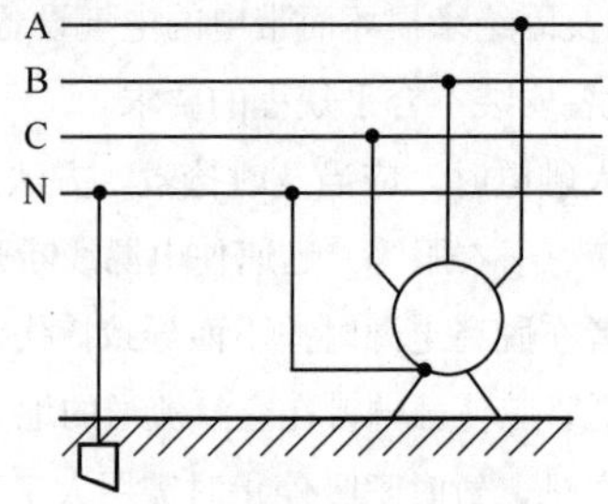

图 1-6　保护接零

② 在采用保护接零时，接零的导线必须连接牢固，以防脱线。在零线上不允许安装熔断器和开关。为使火线碰壳时保护电器可靠地动作，要求接零的导线阻抗不能太大。

③ 配电箱进线处零线接大地，配电箱出线引出火线（L），工作零线（N）和保护零线（也称地线）用“⊥”表示。接地装置的安装要严格按照有关规定，在安装完毕后，必须严格检查接地电阻值是否合乎要求。插座和插头的正确接法如图 1-7 所示。

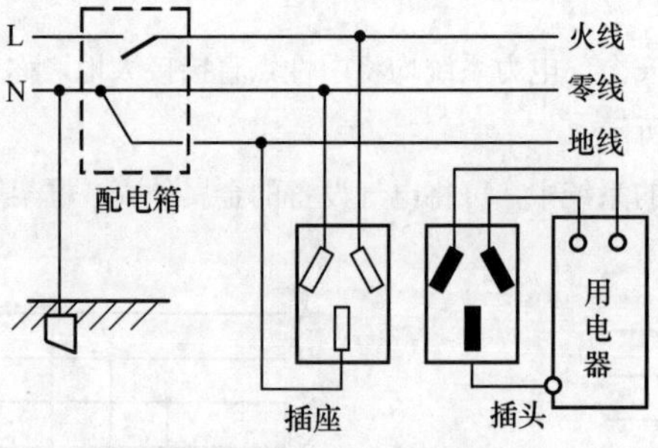

图 1-7　插座和插头的正确接法

想一想

在接地保护中，接零保护和接地保护各适用于什么场合？

4. 安全用电常识

（1）严格按操作规程作业。在任何情况下都不得用手来鉴别导体是否带电。

（2）更换熔丝时应先切断电源，不得带电操作。

（3）拆开断裂的暴露在外部的带电接头，必须及时用绝缘物包好并悬挂到人身不会碰到的高处，以防有人触到。

（4）工厂车间内的照明灯具应按规定使用（有的只允许使用 36V 的）；在特别潮湿的场所只允许使用 12V 以下的照明灯。

（5）当遇到有人触电时，应迅速切断电源，或尽快用干燥的绝缘物（如棍、棒等）打断电线或拨开触电者，切勿直接用手去拉触电者。当触电者脱离电源后，再根据具体情况进行救治。

续表

想一想 我们平时容易违反以上哪些安全用电常识？

5. 静电的防护

（1）静电感应

将一个导体放在另一个带电导体的电场中，自由电荷将作瞬间的定向移动，立即达到平衡，导体两端各带等量异性电荷，这种现象称为静电感应。

静电是普遍存在的物理现象。其产生的原因有：两物体之间互相摩擦可产生静电；处在电场内的金属物体会感应静电；施加过电压的绝缘体会残留静电。

（2）静电屏蔽

金属导体和金属网能够把外界的电场遮挡住，使其内部不受外界电场的影响，这种现象称为静电屏蔽，如图 1-8 所示。

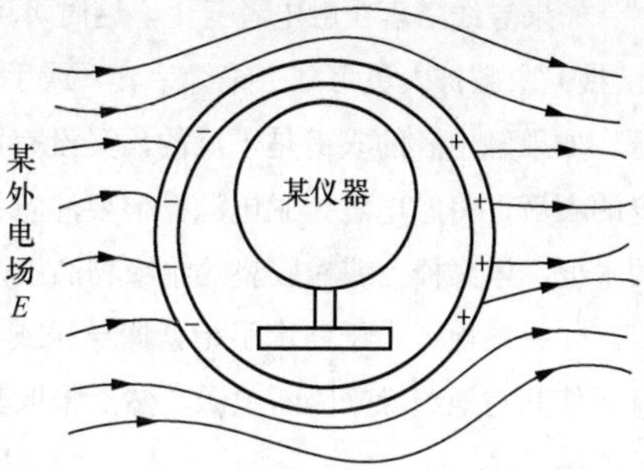

图 1-8　空腔导体的静电屏蔽

应用静电屏蔽可以保护仪器、设备、电路免受外电场影响。如某些精密仪器、汽车 ECU 电路为了免受外电场的干扰而将其置于金属罩内；某些电子设备、通信电缆电源部分采用的屏蔽线；在超高压作业时利用均压服等，都是静电屏蔽的具体应用。

（3）防止静电危害的措施

① 从工艺上控制静电产生。其方法是减少摩擦。如防止传动皮带打滑；降低气体、粉尘和液体的流速等。

② 接地和泄漏。为防止静电的积累，可通过静电接地装置将静电荷及时泄入大地，将有爆炸危险的建筑物导电地极和生产可燃粉尘的设备以及可燃气体的导管接地，泄去设备上的静电荷；提高空气湿度，以消除绝缘体的静电；还可以在绝缘体上采用静电屏蔽罩上接地的方法来防止电荷的积累等。最常见的例子是运输易燃液体的储罐车上挂接一根铁链。

③ 防雷击。雷电是自然界中的一种静电放电现象，其特点是电压极高、电流很大、频率较高而时间较短（为 50～100μs）。各种雷击除直接损害外，还会引起易燃物品发生火灾、爆炸，直至危及人的生命。对于易遭雷击的露天设备、金属容器、仓库等必须安装避雷设备。要避免靠近或接触高处的金属物体或与其相连的金属物体，如栏杆、避雷引下线等。有雷电时，暂时不要开关电源，与电线及开关的距离应至少保持 2m；不要收听收音机和收看电视节目，以免将雷电引入电视机等电子设备，造成电视机爆炸及人身被雷击事故。

想一想 汽车 ECU 电路为什么要用金属外壳包住？

续表

6. 触电急救
触电急救的第一步是使触电者脱离电源，第二步是现场救护。 （1）使触电者脱离电源 电流对人体的作用时间越长，对生命的威胁就越大，所以触电急救的第一要务是使触电者迅速脱离电源。可根据具体情况，选用下述几种方法使触电者脱离电源。若高空作业触电应做好防止触电者跌落摔伤的措施。 使触电者脱离低压电源的方法可用“拉”、“挑”、“拖”、“垫”4 个字来概括。 “拉”。指就近拉开电源开关，拔出插头。对于容量较大的电气设备拉电源开关时应先断开负荷开关后再断开电源隔离开关。 “挑”。如果导线搭落在触电者身上，这时可用干燥的木棒、竹竿等挑开导线，使之脱离电源。 “拖（拽）”。救护人员可戴上绝缘手套，或手上包缠干燥的衣服等绝缘物体拖拽触电者，使之脱离电源。如果触电者的衣裤是干燥的，又没有紧缠在身上，救护人员可直接用一只手抓住触电者不贴身的衣裤，将触电者拉脱电源。但要注意拖拽时切勿触及触电者的体肤。救护人员亦可站在干燥的木板、木桌椅上或橡胶垫等绝缘物品上，用一只手把触电者拉开脱离电源。 “垫”。如果触电者由于痉挛手指紧握导线或导线缠绕在身上，救护人员可先用干燥木板塞进触电者身下使其与地绝缘来隔断电源，然后采取其他办法把电源切断。 （2）现场救护 触电者脱离电源后，应立即就地进行抢救，在现场施行正确救护的同时，打 120 通知医务人员到现场。根据触电者受伤害的轻重程度，现场救护有以下几种措施。 ① 触电者失去知觉（心肺正常）的抢救措施。如果触电者已失去知觉，但呼吸和心跳正常，则应使其合适地平卧着，解开衣服，以利呼吸，四周不要围人，保持空气流通，冷天应注意保暖，可以压触电者的“人中”穴或者给触电者嗅氨水。同时在医护人员未到现场之前严密观察触电者，若发现触电者呼吸困难或心跳失常，应立即施行人工呼吸或胸外心脏挤压。 ② 对“假死”者的急救措施。如果触电者呼吸、心跳不正常；应立即实施心肺复苏法就地抢救。心肺复苏法的三项基本措施是通畅气道、口对口（鼻）人工呼吸和胸外按压。 （3）真死假死判断 真死应在呼吸心跳停止情况下，同时出现以下 3 个特征：①瞳孔放大；②手脚关节僵硬；③身体出现尸斑。伤者只是呼吸、心跳停止，其他特征未全部出现，应判为假死。在专业医务人员未接替救治前，不应放弃现场抢救，只有医生有权做出伤员死亡的确断。 如果触电者呈现“假死”现象，则可能有 3 种临床症状：一是心跳停止，但尚能呼吸；二是呼吸停止，但心跳尚存在（脉搏）很弱；三是呼吸和心跳均已停止。假死症状的判断方法是“看”、“听”、“试”。“看”是用眼观察触电者的胸部有无起伏的呼吸动作；“听”是用耳贴近触电者的口鼻处，听他有无呼吸的声音；“试”是用手或小纸条试测口鼻有无呼吸的气流，再用两手指轻压一侧（左或右）喉结旁凹陷处的颈动脉有无搏动感觉。如果“看”、“听”、“试”的结果，既无呼吸又无颈动脉搏动则可判定触电者呼吸心跳均停止。“看”、“听”、“试”的操作方法如图 1-9 和图 1-10 所示。 （4）心肺复苏法 心肺复苏法的三项基本措施是通畅气道、口对口（鼻）人工呼吸和胸外按压。 ① 通畅气道。救助触电者，要使其始终保持气道畅通，其操作要领如下。

续表

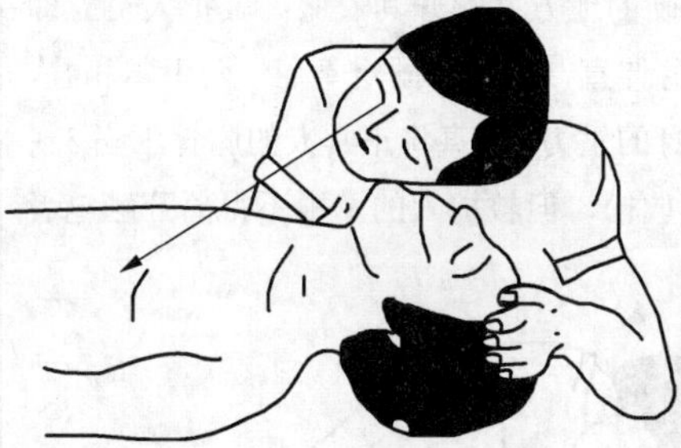

图 1-9 “看”、“听” 示意图

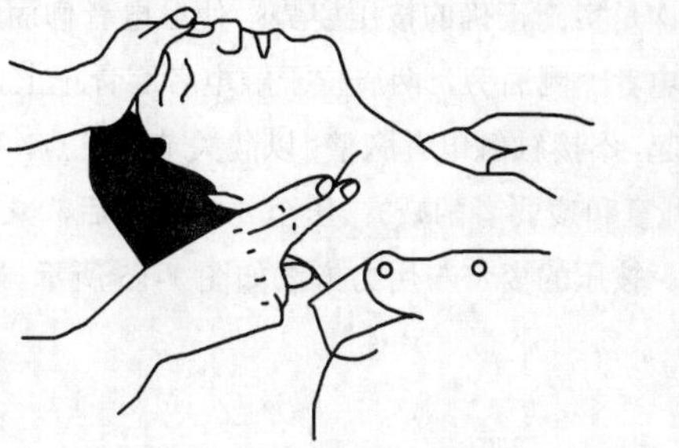

图 1-10 “试” 操作示意图

首先清除触电者口中异物。使触电者仰面躺在平硬的地方，迅速解开其领扣、围巾、紧身衣和裤带，如发现触电者口中有食物、假牙、血块等异物可将其身体及头部侧转，迅速用一个手指从口角处插入取出异物。

然后采用仰头抬下颌法（见图 1-11 通畅气道）。操作时，救护人员用一只手放在触电者前额，另一只手的手指托其下颌骨向上抬起，两手协同将头部向后仰，舌根自然随之抬起，气道即可畅通。气道是否畅通如图 1-12 所示。严禁用枕头或其他物品垫在触电者头下，因为头部抬高前倾会阻塞气道，还会使施行胸外按压时流向脑部的血量减少，甚至完全消失。

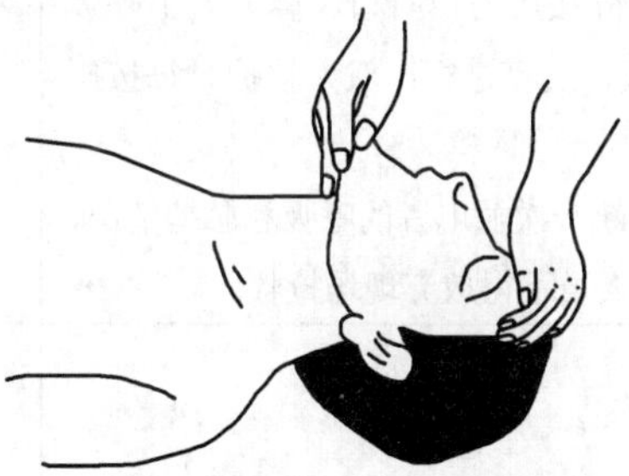

图 1-11 通畅气道

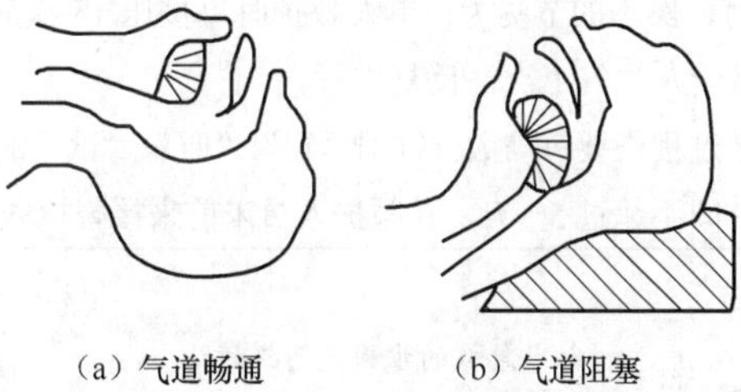

（a）气道畅通 （b）气道阻塞

图 1-12 气道状况图

② 口对口（鼻）人工呼吸。救护人员在完成气道通畅的操作后，应立即对触电者施行口对口或口对鼻人工呼吸。口对鼻人工呼吸适用于触电者嘴巴紧闭的情况。口对口人工呼吸如图 1-13 所示。

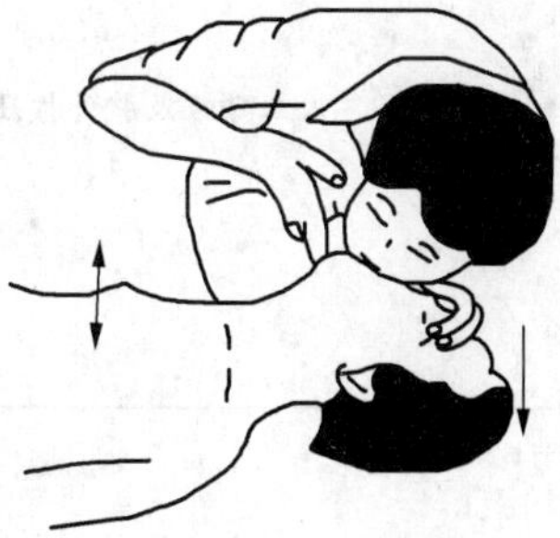

图 1-13 口对口人工呼吸

人工呼吸的操作要领如下。

救护人员蹲跪在触电者的左侧或右侧，用一只手捏住其鼻翼，另一只手的食指和中指托住其下巴，救护人深吸气后，与触电者口对口紧合。在不漏气的情况下向触电者的口内吹气，吹 2s 后在救护人员换气时应将触电者的口或鼻放松 3s，让他借自己胸部的弹性自动吐气，吹气和放松时要注意观察触电者胸部有无起伏的呼吸动作，正常的吹气频率是每分钟 12 次。触电者如果牙关紧闭，可改为口对鼻人工呼吸，吹气时要将触电者嘴唇紧闭，防止漏气。

③ 胸外按压。首先确定正确的按压位置：右手的食指和中指沿触电者的右侧肋弓下缘向上找到肋骨和胸骨结合处的中点；右手的食指和中指并齐，中指放在切迹的中点（剑突底根部），食指平放在胸骨下部，另一只手掌根紧挨食指上缘置于胸骨上，掌根处即为正确的按压位置，如图 1-14 所示。

续表

其次是实施正确的按压姿势：使触电者仰面躺在平硬的地方并解开其衣服；救护人员立即跪在触电者一侧肩旁，两肩位于触电者胸骨正上方，两臂伸直，肘关节固定不屈，两手掌相叠，手指翘起，不接触触电者胸壁；以髋关节为支点，利用上身的重力，垂直将正常人的胸骨压陷3～5cm（儿童和瘦弱者酌减）；压至要求程度后，立即全部放松，但救护人的掌根不得离开触电者的胸壁。按压的姿势与用力方法如图1-15所示。

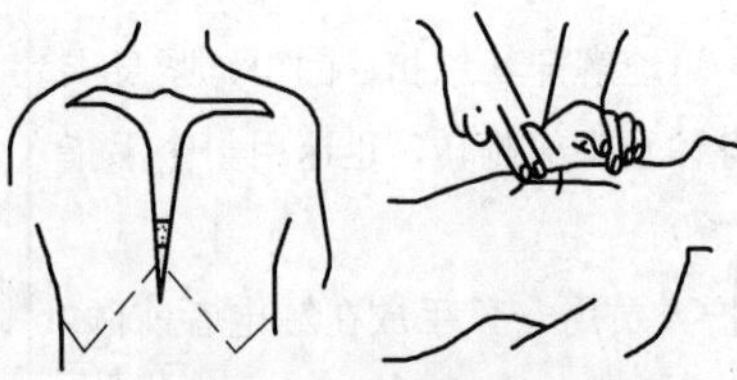

图1-14 正确的按压位置

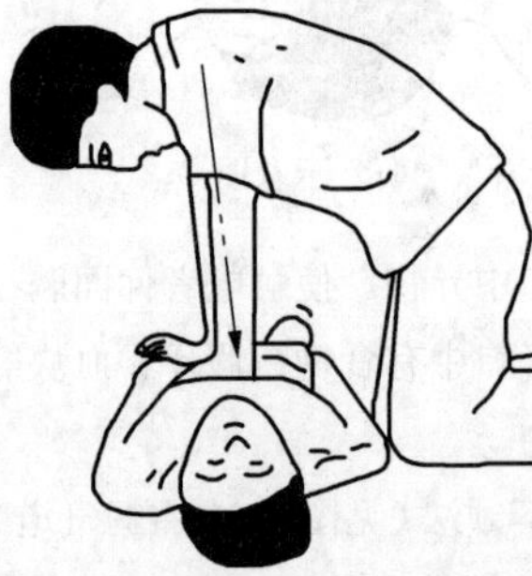

图1-15 按压姿势与用力方法

最后要注意恰当的按压频率：胸外按压要以均匀速度进行，操作频率以每分钟60～80次为宜，每次包括按压和放松一个循环，按压和放松的时间应相等；当胸外按压与口对口（鼻）人工呼吸同时进行时，操作的节奏为：单人救护时每按压15次后吹气2次，反复进行；双人救护时每按压5次后由另一人吹气1次，反复进行。

在抢救过程中要每隔数分钟用“看”、“听”、“试”的方法再判断一次触电者的呼吸和脉搏情况，每次判定时间不超过5～7s，在医护人员未前来接替抢救前，现场人员不得放弃现场抢救。

想一想

触电急救的步骤是怎样的？

想一想

人工呼吸及胸外按压如何操作？

学习小结：

二、制定检查计划

对实习车间的电气线路及电气设备的线路连接情况进行检查。查阅电气线路连接的类型信息及结构组成、检查安全注意事项等，制定实习车间电气安全基本检查计划如表1-2所示。

表 1-2　　制定实习车间电气安全基本检查计划

序　号	计划步骤	具体内容	备　注
1	电气安全检查前的准备	1．检查时需要哪些工具或仪表？ 2．电气安全检查前要做些什么？ 3．想一想实习车间电气要求有哪些？	
2	实习车间电气安全检查的内容		
3	其他方面		
4	意见及建议		

三、实施检查作业

根据实习车间电气安全基本检查作业计划实施基本检查作业，基本检查作业任务书如表 1-3 所示。

表 1-3　　实习车间电气安全基本检查作业任务书

<table>
<tr><td>1．前期准备及工具检查</td><td colspan="4">1．检查低压试电笔是否是好的；　是□否□
2．检查工具手柄绝缘是否有破损；　是□否□
3．检查消防器具是否状态良好。　是□否□</td></tr>
<tr><td rowspan="4">2．实习车间电气安全基本检查</td><td>检查任务</td><td>作业要领</td><td>技术标准及检查记录</td><td>备　注</td></tr>
<tr><td>火线检查</td><td>1．用试电笔检查实习车间哪些是火线？
2．口述静电防范的措施。</td><td></td><td>完成□
完成□</td></tr>
<tr><td>保护类型检查</td><td>1．检查设备保护接地或保护接零的情况
（1）观察设备外壳的保护线的接法，从而判断设备是采用接地保护还是接零保护；
（2）如果是接地保护，则测量保护接地电阻值。
2．口述触电的常见类型</td><td></td><td>完成□
完成□
完成□</td></tr>
<tr><td>线路连接检查</td><td>（1）检查实习车间电源是否是三相电源；
（2）电源分配情况如何？</td><td></td><td>是□否□
完成□</td></tr>
<tr><td>3．触电急救的抢救措施</td><td>触电急救的检查</td><td>（1）有呼吸有心跳，但昏迷的抢救，并描述抢救过程。
（2）有呼吸无心跳的抢救，并描述抢救过程。
（3）无呼吸有心跳的抢救，并描述抢救过程。
（4）无呼吸无心跳的抢救，并描述抢救过程。</td><td></td><td>完成□
完成□
完成□
完成□</td></tr>
<tr><td>检查结论</td><td colspan="4"></td></tr>
</table>

四、检验评估

1. 评价反馈

根据所学知识，各小组分析一下实习车间的布线原因，并在课堂上向其他小组的同学陈述自己的观点。

2. 检验评估

填写实习车间电气安全的基本检查任务检验评估表，如表 1-4 所示。

表 1–4　实习车间电气安全的基本检查任务检验评估

<table>
<tr><th>序号</th><th>评价内容</th><th>配分</th><th>评分标准</th><th>自评</th><th>互评</th><th>师评</th><th>总评</th></tr>
<tr><td rowspan="5">1</td><td rowspan="5">任务完成情况</td><td rowspan="5">30</td><td>制定检查计划（6 分）</td><td></td><td></td><td></td><td></td></tr>
<tr><td>完成作业任务书（6 分）</td><td></td><td></td><td></td><td></td></tr>
<tr><td>完成任务过程情况（6 分）</td><td></td><td></td><td></td><td></td></tr>
<tr><td>任务完成质量（6 分）</td><td></td><td></td><td></td><td></td></tr>
<tr><td>在小组完成任务过程中所起作用（6 分）</td><td></td><td></td><td></td><td></td></tr>
<tr><td rowspan="5">2</td><td rowspan="5">专业知识</td><td rowspan="5">30</td><td>能描述线路连线的组成（5 分）</td><td></td><td></td><td></td><td></td></tr>
<tr><td>能描述安全保护的类型（5 分）</td><td></td><td></td><td></td><td></td></tr>
<tr><td>能描述触电的类型（6 分）</td><td></td><td></td><td></td><td></td></tr>
<tr><td>能描述触电急救的过程（8 分）</td><td></td><td></td><td></td><td></td></tr>
<tr><td>能描述静电防范的措施（6 分）</td><td></td><td></td><td></td><td></td></tr>
<tr><td rowspan="2">3</td><td rowspan="2">仪器、工具选用</td><td rowspan="2">10</td><td>会正确选择合适的工、量具（5 分）</td><td></td><td></td><td></td><td></td></tr>
<tr><td>会正确使用工、量具（5 分）</td><td></td><td></td><td></td><td></td></tr>
<tr><td rowspan="3">4</td><td rowspan="3">基本技能</td><td rowspan="3">20</td><td>会检查工、量具（5 分）</td><td></td><td></td><td></td><td></td></tr>
<tr><td>会检查火线及保护类型（5 分）</td><td></td><td></td><td></td><td></td></tr>
<tr><td>会进行触电急救（10 分）</td><td></td><td></td><td></td><td></td></tr>
<tr><td rowspan="3">5</td><td rowspan="3">职业素养</td><td rowspan="3">10</td><td>学习态度：积极主动参与学习（3 分）</td><td></td><td></td><td></td><td></td></tr>
<tr><td>团队合作：与小组成员一起分工合作，不影响学习进度（3 分）</td><td></td><td></td><td></td><td></td></tr>
<tr><td>现场管理：服从工位安排、执行实训室“6S”管理规定（4 分）</td><td></td><td></td><td></td><td></td></tr>
<tr><td>6</td><td>合计</td><td>100</td><td></td><td></td><td></td><td></td><td></td></tr>
<tr><td>7</td><td colspan="2">综合评价与建议</td><td colspan="5">任课教师签名：　　　　年　　月　　日</td></tr>
</table>

五、知识拓展

电能的生产、输送和分配一般都采用三相制的交流电路。所谓三相制就是由 3 个频率相同而相位不同的电动势供电的电源系统。如果这 3 个同频率的电动势峰值相等，相位互差 120° 相位角，则称为三相对称电动势。后面讨论的单相交流电路，是三相电路其中的一相。

三相供电系统的优点是：三相交流发电机体积小、质量轻；用三相制传输电能，可以节省材料，减少线路损失；在三相四线制供电线路中，既可以接入三相用电设备（如三相交流电动机），也可以在各相分别接入各种单相用电设备（如单相交流电动机、照明设备等）。

（一）三相交流电源

1. 三相交流电动势的产生

三相交流电动势是由三相交流发电机产生，是根据电磁感应原理工作的。图 1-16 所示为一个两极三相交流发电机的模型示意图。它的转动部分（转子）是磁场部分，由磁极和磁极绕组组成，由直流电励磁，产生沿空气隙按正弦规律分布的磁场。它的静止部分（定子）是电枢部分，由定子铁芯和定子绕组组成。在定子铁芯内壁槽中放置有几何形状、尺寸和匝数都相同的 3 个绕组 AX、BY、CZ，在空间 3 个绕组互隔 120°。A、B、C 分别是 3 个绕组的首端，X、Y、Z 分别是 3 个绕组的末端。

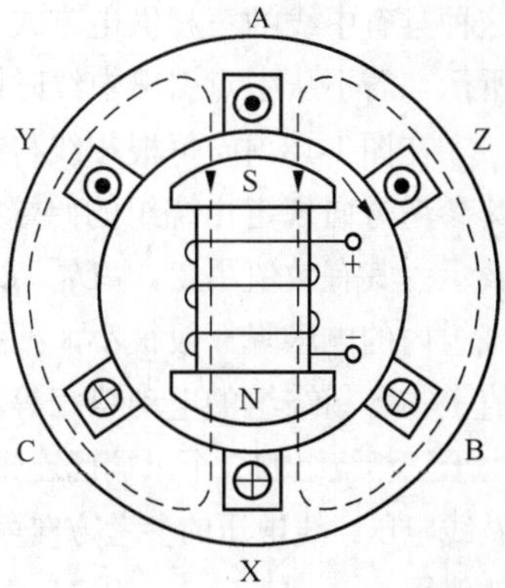

图 1-16 三相交流发电机原理图

当转子以角速度ω沿顺时针方向匀速旋转时，3 个绕组依次切割转子磁场的磁力线，在各绕组中产生的电动势频率相同、最大值相等，但出现电动势最大值的时刻不相同，在相位上互差 120°。由此可见三相交流发电机产生的是三相对称电动势。如以 A 相为参考（设初相角等于零），可得出各相电动势的解析式：

$$e_A=E_m\sin\omega t$$

$$e_B=E_m\sin(\omega t-120^\circ)$$

$$e_C=E_m\sin(\omega t-240^\circ)=E_m\sin(\omega t+120^\circ)$$

三相交流电动势的波形图和相量图如图 1-17 所示。

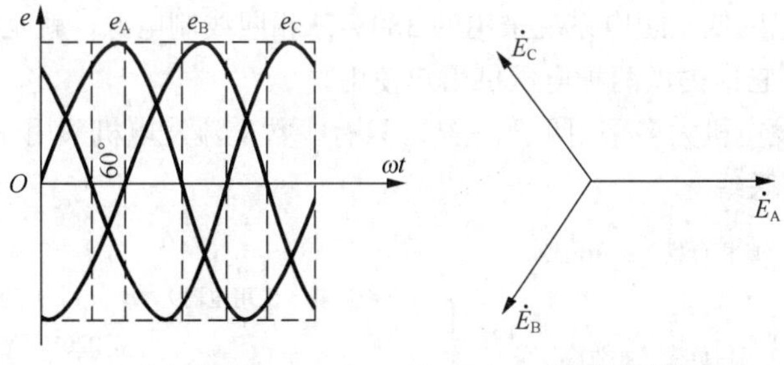

（a）波形图 （b）相量图

图 1-17 三相交流电动势的波形图和相量图

通常将 3 个电动势按其到达正的最大值（或零值）的先后排列的次序称为相序。相序有顺相序和逆相序两种。按 A—B—C 的次序循环下去的称为顺相序，否则称为逆相序。

常识：实际应用中，规定各相用相色加以区别；各相的相色和顺序是：第一相（A 相或 U 相）用黄色标记，第二相（B 相或 V 相）用绿色标记，第三相（C 相或 W 相）用红色标记。

注意

若为住宅电路敷设导线时，对导线的颜色通常相线（火）可用红、黄、绿三色中任一色，不可使用黑、白或绿/黄双色线。零线可用浅蓝色、黑、白色，不可用红色。保护线可使用绿/黄双色线或用黑线，不得使用其他颜色的导线，但保护线与零线不能用同一种颜色的导线。

2. 三相四线制电源

发电机三相绕组通常采用星形接法。即将 3 个绕组的末端 X、Y、Z 连接成一个公共点（这个公共点称为中点，用 N 表示），并引出一根线，从 3 个绕组的始端各引出一根线，这种联结方法称为星形联结。从中点引出的导线称为中线或零线，有时零线（或中线）接地，又叫地线，用黑色标记。从 A、B、C 三个始端引出的 3 条导线称为相线或端线，俗称火线，这种具有中线的三相供电方式称为三相四线制，如图 1-18 所示。若不从中点引出中线时则称为三相三线制。

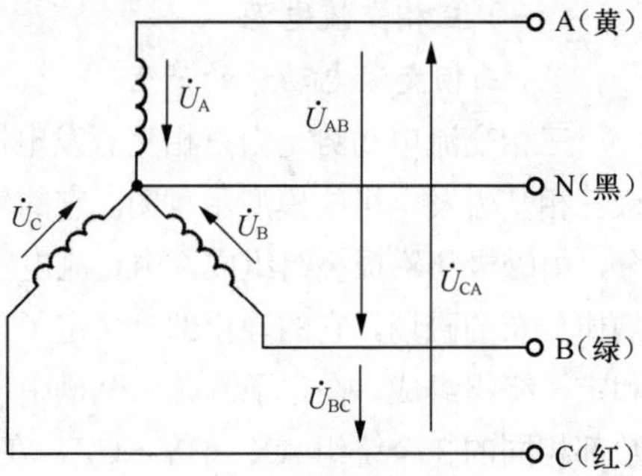

图 1-18 三相四线制电源

在图 1-18 中，每根相线与中线间的电压称为相电压。其参考方向规定由绕组的始端指向中点，用 u_A、u_B、u_C 表示；其有效值用 U_A、U_B、U_C 或 U_P 表示。发电机三相绕组内的电压降一般很小，若忽略不计，则三相电压在数值上与各相绕组的电动势相等，各相电压之间在相位上也互差 120°，因此 3 个相电压也是对称的。由于三相绕组的 3 个末端已连成一点，因此相线与相线之间也有电压存在，相线与相线之间的电压叫做线电压。线电压的参考方向可用下标注明的顺序（或箭头）来表示，用 u_{AB}、u_{BC}、u_{CA} 表示，其有效值用 U_{AB}、U_{BC}、U_{CA} 或 U_L 表示。电压 u_{AB} 表示线电压的参考方向是由 A 相指向 B 相，其余类推。

由此可见，三相四线制电源可以提供两种电压，这是这种供电系统的最大优点。

根据图 1-18 所示的电压参考方向，应用基尔霍夫电压定律，作电压相量图可得 $U_{AB}=\sqrt{3}\,U_A$。同理可得 $U_{BC}=\sqrt{3}\,U_B$，$U_{CA}=\sqrt{3}\,U_C$。一般可写作 $U_L=\sqrt{3}\,U_P$。

即三相四线制电源的线电压等于相电压的 $\sqrt{3}$ 倍，且线电压在相位上超前其对应的相电压 30° 电角度，各相电压是对称的，各线电压也是对称的，但是通常所说的三相电源的电压指的是电源的线电压。

常识：我国现行电网低压配电系统采用的 380V 三相四线制电源，就是指线电压为 380V、相电压为 220V 的电源。它能提供两种电压供用户使用。

汽车用三相交流发电机大多采用星形联结，只有少数交流发电机采用三角形联结。

（二）三相负载的联结

- 交流负载
  - 单相负载（民用电器）
  - 三相负载（如生产设备）
    - 不对称负载（民用电器）
    - 对称负载（如三相电动机）
      - 220V（Y 形联结）
      - 380V（△形联结）

单相负载：家庭使用，为 220V 的民用电器。

三相负载：生产设备，220V 或 380V。

三相对称负载：三相负载，其各相负载大小相等、性质相同，如三相电动机。

三相不对称负载：三相负载的大小和性质不完全相同，如照明负载。

世界上大多数国家电能的 10%～20%用于照明，应使用新型高效电光源及推广照明控制节电装置（声光控制开关、延时或定时开关、光电开关、调光节电器、智能电力定量器、照明节电控制器、限电器等）。

图 1-19 所示为线电压为 380V 的三相四线制电路，负载如何连接，应视负载额定电压而定。从总的线路来说，它们应当尽可能均匀地分配在各相之中，以使供电电网平衡。

根据构成三相负载的各相负载的性质和阻抗值是否完全相同，三相负载可分为三相对称负载和三相不对称负载，如果各相负载的阻抗模和阻抗角完全相等称为三相对称负载。

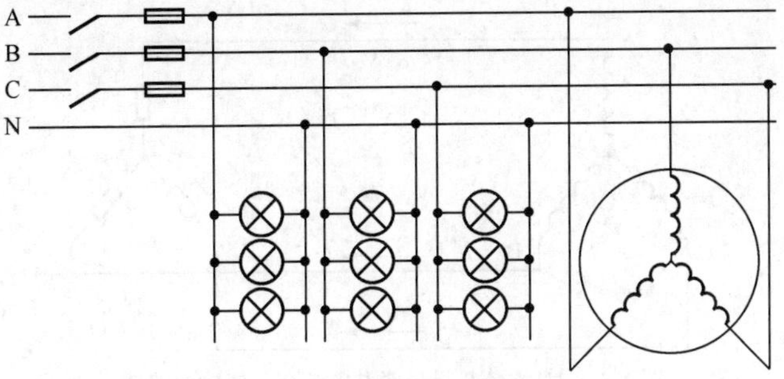

图 1-19 负载作星形联结的示意图

即：
$$\begin{cases}|Z_A|=|Z_B|=|Z_C|=|Z|\\ \varphi_A=\varphi_B=\varphi_C=\varphi\end{cases}$$

例如，三相电动机是三相对称负载，而通常照明电路的负载是三相不对称的负载。

注意 在三相供电系统中，三相负载的接法有星形（Y）接法和三角形（△）接法两种。不管采用哪种接法，都应保证电源作用在负载上的电压等于负载的额定电压，以使负载正常工作。

1. 三相负载的星形（Y）联结

若将三相负载 Z_a、Z_b、Z_c 的 3 个末端连在一起，接到三相电源的中线上，将三相负载的 3 个起端分别接到三相电源的端线上，这样的联结方法称为星形联结，如图 1-20 所示。这种用 4 根导线把电源和负载联结起来的三相电路称为三相四线制电路。

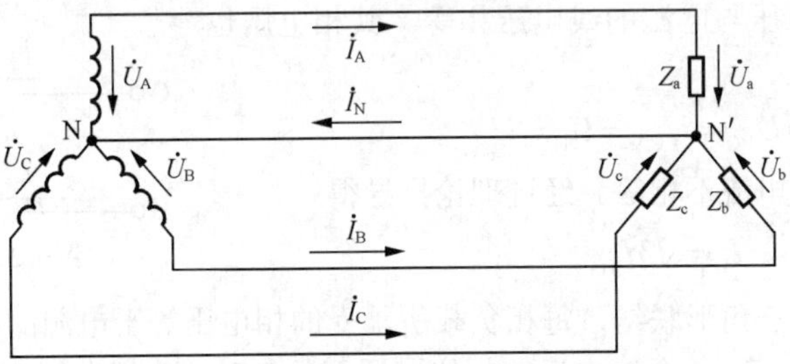

图 1-20 负载作星形联结的三相四线制电路图

在三相电路中，流经各端线的电流叫线电流，即 i_A、i_B、i_C，一般用 i_L 表示；流经各相负载的电流叫做相电流，即 i_a、i_b、i_c，一般用 i_P 表示；而流经中线的电流叫中线电流，用 i_N 表示。各相电压、电流参考方向如图 1-20 所示。从图中可以看出，相电流等于线电流。即

$$I_P=I_L$$

若计算对称负载的三相电路只需计算其中的一相电流和电压即可（如同单相交流电路）。其他两相的电压和电流就可以直接写出，彼此相位互差 120°。

根据基尔霍夫电流定律可得出三相对称负载星形接法时的中线电流等于零。即

$$\dot{I}_N=\dot{I}_A+\dot{I}_B+\dot{I}_C=0$$

既然中线上的电流等于零，就可以把中线去掉，从而构成三相三线制。如图 1-21 所示。

当三相不对称负载采用三相四线制星形联结时，由于中线的存在，各相负载两端的电压仍等于电源的相电压，各线电流仍等于各自的相电流。如图 1-20 所示。

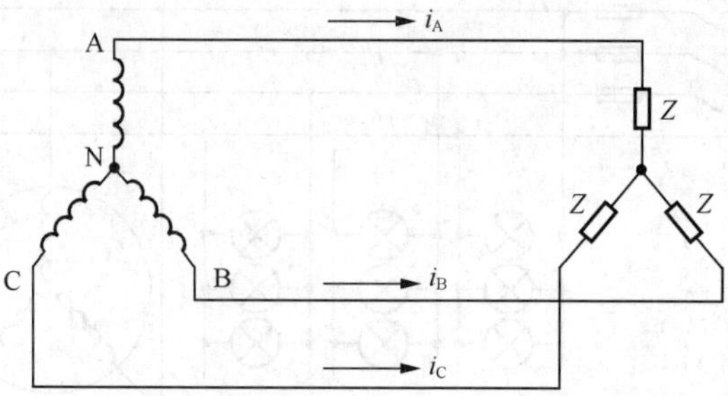

图 1-21　对称负载星形联结的三相三线制电路图

由于三相负载不对称，因此中线电流不等于零。如果中线断开（去掉中线），就构成了三相三线制，这时虽然电源线电压保持不变，但由于没有中线，各相电压就要重新分配。其结果就会使有的负载承受的电压低于其额定电压，不能正常工作；而有的负载承受的电压超过其额定电压，造成设备损坏。

注意　照明线路的负载是不对称负载。不对称负载作星形联结时，必须有中线。中线的作用是使负载的相电压等于电源的相电压，从而保持三相负载电压对称，使各相负载正常工作。为了防止中线断开，规定在干线的中线上不允许安装开关和熔丝。

2．三相对称负载的三角形（△）联结

当每相负载的额定电压等于电源的线电压时，三相负载应采用三角形（△）连接，每相负载的阻抗分别用 Z_{ab}、Z_{bc}、Z_{ca} 表示，电压和电流的正方向如图 1-22 所示。

从图中可看出，由于各相负载直接接在电源的线电压上，因此，各相负载的相电压与电源的线电压相等。其相电压也是对称的。即

$$U_{AB}=U_{BC}=U_{CA}=U_L=U_p$$

但是各相电流和线电流不相等。经过理论推导得

$$I_L=\sqrt{3}I_p$$

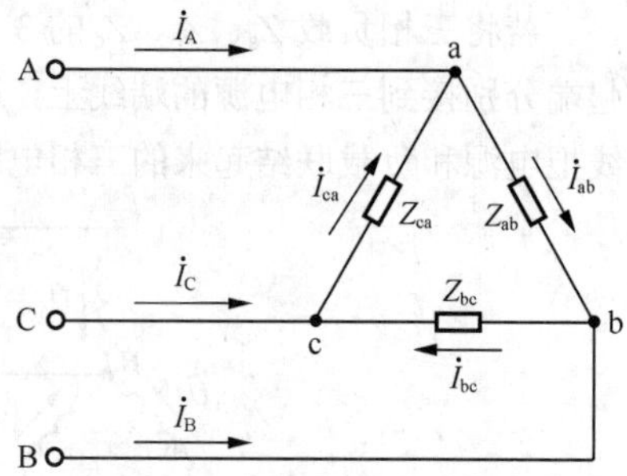

图 1-22　负载的三角形联结

即三相对称负载的三角形联结，每相负载所承受的相电压等于电源的线电压，通过负载的相电流等于线电流的 $1/\sqrt{3}$ 倍，3 个线电流的相位滞后于各自对应的相电流 30°。

3．三相电路的功率

在三相交流电路中，各相电功率的计算与单相电路相同，不管负载是星形联结还是三角形联结，三相负载的有功功率均等于各相负载有功功率之和。

由于在三相电路中测量线电压和线电流比较方便，因此三相功率通常不用相电压 U_P 和相电流 I_P 表示，而是用线电压 U_L 和线电流 I_L 来表示。

三相负载对称时，不论负载接成星形还是三角形，其总有功功率均按下式计算

$$P=\sqrt{3}U_L I_L\cos\varphi$$

注意　上式中的 φ 角仍然是各相电压与各相电流之间的相位差角。

同样，对称三相负载总的无功功率也等于三相无功功率之和，即

$$Q=3U_p I_p\sin\varphi=\sqrt{3}U_L I_L\sin\varphi$$

对称三相负载的视在功率为 $S=\sqrt{P^2+Q^2}=\sqrt{3}U_{\mathrm{L}}I_{\mathrm{L}}$

注意

计算三相总有功功率 P 的公式虽然对负载的星形和三角形接法具有同一形式，但并不是说同一组对称负载接入同一电源时，接成星形和三角形时所消耗的功率也相等。

当三相电源的线电压相同时，对称负载接成三角形时所消耗的功率是星形接法的 3 倍。若三相负载的额定电压等于 220V、电源的线电压等于 380V 时三相负载应接成星形；若误接成三角形，则由于有功功率增大了 3 倍，该负载上的电压和电流都会超过其额定值，导致负载烧坏。若三相负载的额定电压为 380V，电源的线电压等于 380V 时，该负载应采用三角形接法，若误将其接成星形，则负载不能正常工作。

注意

当三相负载的额定电压等于电源线电压的 $1/\sqrt{3}$ 倍时，负载应接成星形；当三相负载的额定电压等于电源的线电压时，负载应接成三角形。

任务二 万用表的结构及使用

任务2.1 指针式万用表的外观结构及直流电压的测量

【工作任务】

本任务主要介绍指针式（机械式）万用表的知识，并用其进行直流电压测量的操作。通过本任务的学习，使学生了解指针式万用表的结构，具备使用指针式万用表进行直流电压检测的相关技能。

【学习目标】

（1）叙述指针式万用表的结构；

（2）会使用指针式万用表测量直流电压，并能正确读数；

（3）在教师的引导下，制定直流电压的测量计划；

（4）根据测量计划，完成直流电压的检测。

一、信息收集与处理

指针式万用表直流电压的测量按照表 2-1 完成任务 2.1 的信息收集与处理。

表 2–1　　信息收集与处理

1．指针式万用表的外观结构	备注
（1）南京科华 MF47E 万用表的外观结构（见图 2-1）	
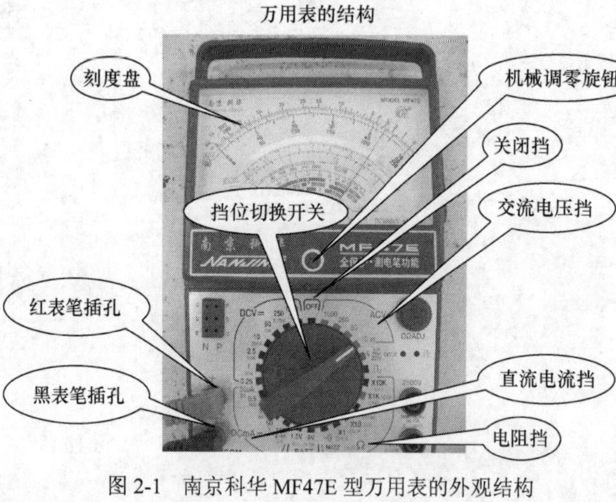 图 2-1　南京科华 MF47E 型万用表的外观结构	

续表

① “+”、“-”或“COM”插孔。标“+”符号的插孔是红表笔插入孔，标“-”或“COM”符号的插孔是黑表笔插入孔。

② “DCV”、“ACV”、“Ω”、“DCmA”、“C（μF）”、“OFF”挡位。“DCV”挡是直流电压挡，测直流电压时应将挡位切换开关置于该挡位内；“ACV”挡是交流电压挡，测交流电压时应将挡位切换开关置于该挡位内；“Ω”挡是电阻挡，测电阻时应将挡位切换开关置于该挡位内；“DCmA”挡是直流电流挡，测直流电流时应将挡位切换开关置于该挡位内；“C（μF）”挡是电容容量挡，测电容容量时应将挡位切换开关置于该挡内，该挡与“Ω”挡共用；“OFF”挡是关闭挡，万用表不用时应将挡位切换开关置于该挡位处。

③ 机械调零旋钮。指针式万用表在使用前，其指针应指在刻度线最左边的零刻度线处，如果指针没指在该处，则应用“一”字旋具调节机械调零旋钮，将指针调整到刻度线最左边的零处。

④ 欧姆调零旋钮。用万用表测电阻时，将挡位切换开关置于“Ω”挡的量程上，红、黑表笔接触在一起，看指针是否指在“Ω”刻度线最右端的零刻度处，如果没有，则旋转该欧姆调零旋钮，直至指针指到“Ω”刻度线最右端的零刻度处为止，这就是所谓的“欧姆调零”。

⑤ 挡位切换开关。挡位切换开关的作用是选择所测量电量的相应挡位和适当的量程。

（2）南京科华 MF47E 万用表的刻度盘（见图 2-2）

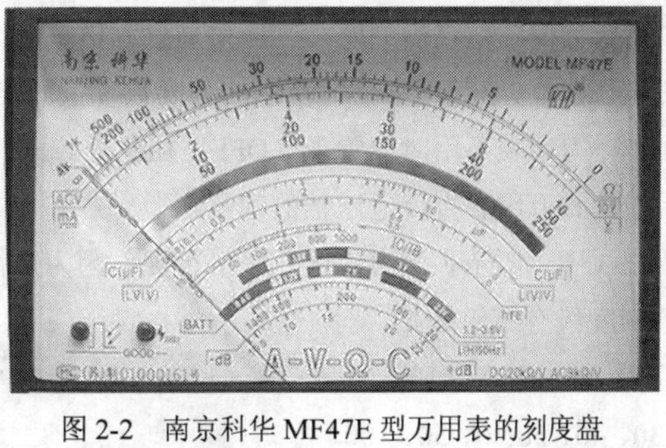

图 2-2　南京科华 MF47E 型万用表的刻度盘

南京科华 MF47E 型万用表的刻度线从上往下数，总共有 12 条刻度线，第一条刻度线右边标有 Ω 符号，说明该刻度线是欧姆挡的刻度线，该刻度线的零点在最右边；第二条刻度线是红色的，最右边的符号表明该刻度线是交流电压挡 10V 量程挡的专用刻度线；第三条刻度线左边标有直流 mA 符号，表明该刻度线是直流电流挡的刻度线，第三条刻度线右边标有交直流 V 符号，表明该刻度线也是交流电压挡和直流电压挡的刻度线；第四条刻度线最左边的符号是 C（μF），表明该刻度线是电容容量挡的刻度线。

大家注意观察会发现：电压、电流挡的刻度线是均匀的，零在刻度线的最左边，但欧姆挡的刻度线是不均匀的，零在刻度线的最右边。

想一想

1. 电压、电流挡的刻度线为什么是均匀的？欧姆挡的刻度线为什么是不均匀的？

想一想

2. 对图 2-2 完成南京科华 MF47E 型万用表刻度线的识别

续表

刻度线从上往下数，第一条刻度线右边标有Ω符号，说明该刻度线是________挡的刻度线，该刻度线的零点在最________边（左、右）；第二条刻度线是红色的，最右边的符号表明该刻度线是________________量程挡的专用刻度线；第三条刻度线左边标有直流 mA 符号，表明该刻度线是________________挡的刻度线；第三条刻度线右边标有交直流 V 符号，表明该刻度线是挡和____________挡的刻度线。

2. 用指针式万用表测直流电压

（1）指针式万用表测直流电压的步骤

第一步　选择正确的挡位及量程。将挡位切换开关置于直流电压挡（DCV 挡），如果知道被测电压的大概值，量程应选择比被测电压大一点并最接近被测电压值的量程；如果不知道被测电压的大概值，量程应选择最大的 1 000V 量程，初步测量后再选择比读数值稍大点的量程重测。

第二步　测量。测量时，将万用表的两支表笔分别接触被测电源的两端，这时，红表笔应接高电位端，黑表笔应接低电位端。如果测量时指针向右偏转少于刻度盘的 1/3，则应换低量程挡重测；如果指针偏转超过满刻度，则应换高量程挡重测。但是切不可在测量中换挡。

第三步　读数。测量值=指针指示的刻度数×量程/该刻度的满刻度值，单位为伏（V）。

第四步　万用表不用时应置于“OFF”挡位处。

（2）指针式万用表直流电压挡的读数

在图 2-3 中，所示被测直流电压是多少呢？因为是在直流电压挡，所以是读第三条刻度线，而第三条刻度线有三组数据，分别为：0、2、4、6、8、10；0、10、20、30、40、50；0、50、100、150、200、250。我们该读哪条刻度线呢？这里我要先给大家解析下直流电压挡的量程含义，直流电压挡的量程是指针指到满刻度时的数值，即测量值。我按下面几个量程给大家介绍如下。

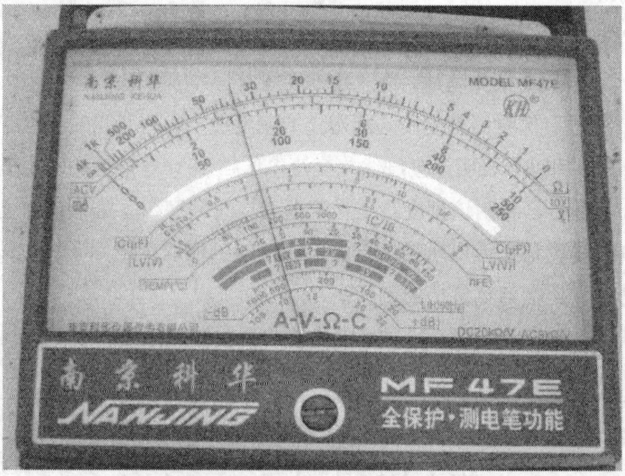

图 2-3　南京科华 MF47E 型万用表直流电压挡的读数

① 如果挡位切换开关置于 DCV 1 000 位置，我们读的是满刻度值为 10 的刻度线，这时每小格刻度就是 0.2，指针指到的刻度数是 3.2。根据量程的含义，我们知道此时刻度数 10 就代表 1 000V，那么刻度数 3.2 代表多少伏呢？假设是 N 伏，那么有 N/3.2=1 000/10，即测量值 N=3.2×1 000/10= 320V；如果我们读的不是满刻度值为 10 的刻度线，而是满刻度值为 50 的刻度线，这时每一小格刻度就是 1，指针指到的刻度数就是 16，那么测量值 N=16×1 000/50=320V；如果我们读的是满刻度值为 250 的刻度线，这时每一小格刻度就是 5，指针指到的刻度数就是 80，那么测量值 N=80×1 000/250=320V。由此可见，不管你读哪条刻度线，最后测量值的结果是一致的。所以我们用公式：读数（测量值）=指针指的刻度数×量程/该刻度的满刻度值，单位为伏（V），就可以了。

续表

② 如果挡位切换开关置于 DCV250 位置，我们就读满刻度值为 250 的刻度线，这时刻度数就是读数，即测量值。那么，测量值就是 80V。

③ 如果挡位切换开关置于 DCV50 位置，我们就读满刻度值为 50 的刻度线，这时刻度数就是读数，即测量值。那么，测量值就是 16V。

其余量程依此类推，这里就不再重复了。

想一想

1. 用指针式万用表测量直流电压时，完成以下步骤的填空。

第一步　选择正确的挡位及量程。挡位应选择________挡，如果知道被测电压的大概值，量程应选择________________量程；如果不知道被测电压的大概值，量程应选择量程，测量后再选择________量程重测。

第二步　测量。测量时，将万用表的两支表笔分别接触被测电源的两端，这时，红表笔应接________电位端，黑表笔应接________电位端。

第三步　读数。

第四步　万用表不用时应置于________挡位处。

想一想

2. 对照图中刻度盘上数据，根据其挡位量程情况，填写其测量值。

在图 2-4 中，如果挡位切换开关置于 DCV1 000，测量一个被测电压，指针指到图 2-4 所示的位置，则被测电压是________V；如果挡位切换开关置于 DCV250，测量一被测电压，指针也指到图 2-4 所示的位置，则被测电压是________V；如果挡位切换开关置于 DCV50，测量一个被测电压，指针也指到图 2-4 所示的位置，则被测电压是________V；如果挡位切换开关置于 DCV10，测量一个被测电压，指针也指到图 2-4 所示的位置，则被测电压应是________V；如果挡位切换开关置于 DCV2.5，测量一个被测电压，指针也指到图 2-4 所示的位置，则被测电压应是________V；如果挡位切换开关置于 DCV1，测量一个被测电压，指针还是指到图 2-4 所示的位置，则被测电压是________V；

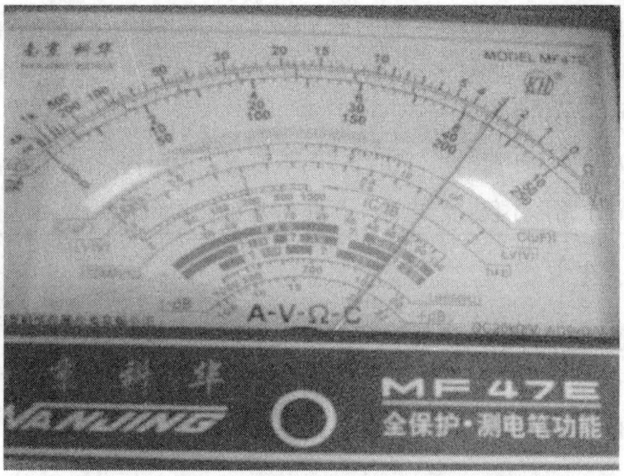

图 2-4　万用表测直流电压时的读数训练 1

如果挡位切换开关置于 DCV0.25，测量一被测电压，指针也是指到图 2-4 所示的位置，则被测电压应是________V。

在图 2-5 中，如果挡位切换开关置于 DCV1 000，测量一个被测电压，指针指到图 2-5 所示的位置，则被测电压是________V；如果挡位切换开关置于 DCV250，测量一个被测电压，指针也指到图 2-5 所示

续表

的位置，则被测电压是________V；如果挡位切换开关置于DCV50，测量一个被测电压，指针也指到图2-5所示的位置，则被测电压是________V；如果挡位切换开关置于DCV10，测量一个被测电压，指针也指到图2-5所示的位置，则被测电压应是________V；如果挡位切换开关置于DCV2.5，测量一个被测电压，指针也指到图2-5所示的位置，则被测电压应是________V；如果挡位切换开关置于DCV1，测量一个被测电压，指针还是指到图2-5所示的位置，则被测电压是________V；如果挡位切换开关置于DCV0.25，测量一个被测电压，指针也是指到图2-5所示的位置，则被测电压应是________V。

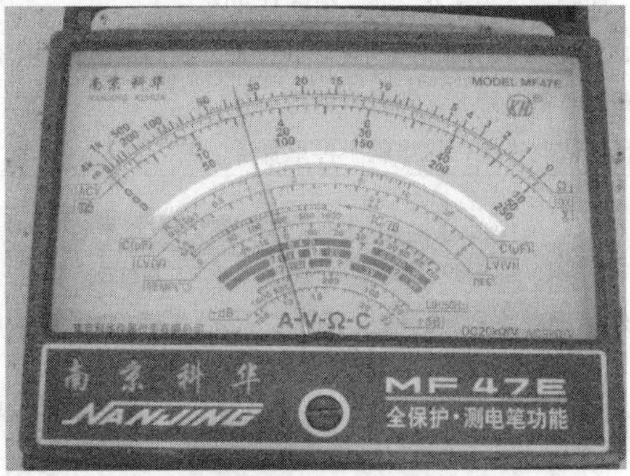

图2-5　万用表测直流电压时的读数训练2

3. 使用指针式万用表测直流电压时的注意事项

万用表是比较精密的仪器，如果使用不当，不仅造成测量不准确而且极易损坏。但是，只要我们掌握万用表的使用方法和注意事项，谨慎测量，那么万用表就能经久耐用。使用万用表时应注意如下事项。

（1）测量电压不能旋错挡位。如果误旋到电阻挡或电流挡去测电压，就会烧坏万用表。万用表不用时，最好将挡位切换开关旋至OFF挡或交流电压最高挡，避免因使用不当而损坏。

（2）测量直流电压时，注意“+”“-”极性，不要接错。如发现指针反转，应立即调换红、黑表笔，以免损坏指针及表头。

（3）如果不知道被测电压的大小，应先选用最高电压挡试测，再选用合适的电压挡位来测量，以免表针偏转过度而损坏表头。所选用的挡位越靠近被测值，测量的数值就越准确（当然量程一定要大于被测电压值哦）。

（4）万用表不用时，挡位切换开关不要旋在电阻挡，因为万用表内有电池，如不小心易使两支表笔相碰短路，不仅耗费电池，严重时甚至会损坏表头。

想一想

说说你平时使用万用表时，最容易违反以上哪项注意事项？为什么？

学习小结：

二、制定直流电压的测量计划

现在要求检测手机电池的电压和汽车蓄电池的电压。观察电池外观，注意电池外表上的一些说明等，制定电池电压的测量计划如表 2-2 所示。

表 2-2　　制定电池电压的测量计划

序　号	计 划 步 骤	具 体 内 容	备　注
1	测量前的准备工作	1．前期要准备什么？ 2．需要哪些工、量具？	
2	直流电压测量的项目	1．手机电池电压大概是多少？ 2．汽车用蓄电池开路电压大概是多少？	
3	直流电压测量时的工作安全事项	测量时需要注意哪些工作安全事项？	
4	其他方面		
5	意见及建议		

三、实施直流电压的测量作业

根据电池电压测量作业计划实施测量作业，测量作业任务书见表 2-3。

表 2-3　　电池电压测量作业任务书

1．前期准备	1．检查万用表是否是好的；　是□否□ 2．检查电池是否有安全隐患；　是□否□ 3．检查消防器具是否良好。　是□否□

续表

<table>
<tr><th></th><th>检查任务</th><th>作业要领</th><th>技术标准及检查记录</th><th>备　注</th></tr>
<tr><td rowspan="2">2. 直流电压的测量</td><td rowspan="2">电池电压的测量</td><td>1. 手机电池电压的测量
(1) 将指针式万用表的挡位切换开关置于 DCV10 处；
(2) 将万用表的红、黑表笔分别接触手机电池的正负极；
(3) 读数，将测量值记录下来，测量值是________；
(4) 将万用表挡位切换开关旋置 OFF 处。

检查结果：测量值与手机电池上标注的电压值相同吗？如果不同，请说明为什么？</td><td></td><td>完成□
完成□
完成□
完成□</td></tr>
<tr><td>2. 汽车蓄电池电压的测量
(1) 将指针式万用表的挡位切换开关置于 DCV50 处；
(2) 将万用表的红、黑表笔分别接触汽车蓄电池的正负极；
(3) 读数，将测量值记录下来，测量值是________；
(4) 将万用表挡位切换开关旋置 OFF 处。

检查结果：测量值与汽车蓄电池上标注的电压值相同吗？如果不同，请说明为什么？</td><td></td><td>完成□
完成□
完成□
完成□</td></tr>
<tr><td>检查结论</td><td colspan="4"></td></tr>
</table>

四、检验评估

1. 评价反馈

根据所学知识，各小组分析直流电压测量时，万用表的指针偏转在什么角度读数较准确？并在课堂上向其他小组的同学陈述自己的观点。

2. 检验评估

填写电池电压测量作业任务检验评估表，如表 2-4 所示。

表 2-4 电池电压测量作业任务检验评估

序号	评价内容	配分	评分标准	自评	互评	师评	总评
1	任务完成情况	30	制定检查计划（6分）				
			完成作业任务书（6分）				
			完成任务过程情况（6分）				
			任务完成质量（6分）				
			在小组完成任务过程中所起作用（6分）				
2	专业知识	30	能描述指针式万用表的外观结构（6分）				
			能分清楚指针式万用表的刻度线（6分）				
			能描述指针式万用表测直流电压的步骤（8分）				
			会描述指针式万用表直流电压挡的读数（10分）				
3	仪器、工具选用	10	会正确选择合适的工、量具（6分）				
			会正确使用工、量具（5分）				
4	基本技能	20	会对万用表使用前进行检查（5分）				
			会按正确的步骤用万用表测直流电压（5分）				
			会正确读数（10分）				
5	职业素养	10	学习态度：积极主动参与学习（3分）				
			团队合作：与小组成员一起分工合作，不影响学习进度（3分）				
			现场管理：服从工位安排、执行实训室“6S”管理规定（4分）				
6	合计	100					
7	综合评价与建议		任课教师签名： 年 月 日				

五、知识拓展

指针式万用表测直流电压的原理

直流电压的测量原理示意图如图 2-6 所示，虚线框内为万用表测量直流电压时的内部等效图。

测量时将红表笔接电池的正极（高电位处），黑表笔接电池的负极（低电位处），于是有电流流过电流表，其途径是：电池正极→红表笔流入→降压电阻 R_1→挡位切换开关 S_1→电流表→黑表笔流出→电池负极。有电流流过电流表，表针会摆到一定的角度，从而指示电压值的大小。降压电阻用来降低加到电流表上的电压（如果电流表两端电压高，流过的电流就会很大，电流表易被烧坏），测量的电压越高，要求降压电阻的阻值越大，这样才能有效地保护电流表。旋转挡位切换开关选择不同直流电压挡就能改变降压电阻的

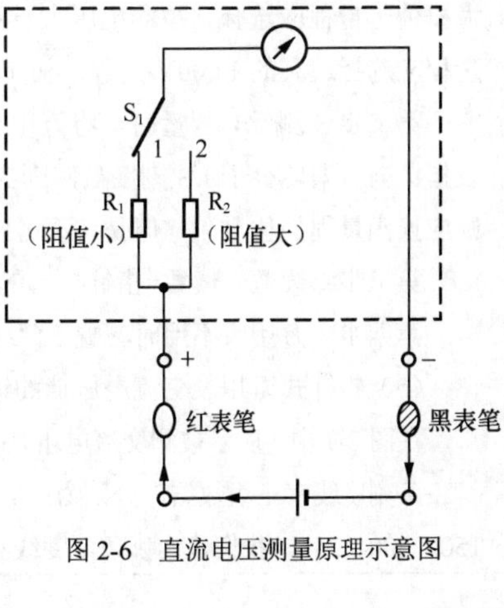

图 2-6 直流电压测量原理示意图

大小。在图 2-6 中，当测量的直流电压很高时，可将挡位切换开关置于“2”位置，将电阻 R_2 接入电路，由于 R_2 的阻值大，测量时 R_2 上的电压降就大，因此电流表上的电压也不会很大，流过的电流也就不大，从而保证了在测高电压时电流表不会被损坏。

在用万用表测电压时，表内需要用电阻与表头串联进行降压限流，测量的电压越高，串联降压电阻的阻值越大。所以在选高电压测量挡时，万用表内部的电阻阻值就大。

任务2.2 指针式万用表测交流电压

【工作任务】

本任务主要介绍指针式万用表测交流电压的识识，并用其进行交流电压测量的相关操作。通过本任务的学习，使学生会用指针式万用表测交流电压，具备交流电压检测的相关技能。

【学习目标】

（1）能正确使用指针式万用表测交流电压；

（2）能正确读数；

（3）在教师的引导下，制定交流电压的测量计划；

（4）根据测量计划，完成交流电压的检测。

一、信息收集与处理

指针式万用表测交流电压按照表 2-5 完成任务 2.2 的信息收集与处理。

表 2–5　信息收集与处理

1. 用指针式万用表测交流电压	备注
（1）指针式万用表测交流电压的步骤 第一步　选择正确的挡位及量程。挡位应选择交流电压挡（ACV 挡），如果知道被测电压的大概值，量程应选择比被测电压大一点（但最接近）的量程；如果不知道被测电压的大概值，量程应选择最大的 1 000V 量程，初步测量后再选择比读数值稍大点的量程重测。 第二步　测量。测量时，将万用表的两支表笔分别接触被测电源的两端。如果测量时万用表指针向右偏转少于 1/3 刻度盘，则应换低量程挡位重测；如果万用表指针偏转超过满刻度值，则应换高量程挡位重测，但是切不可在测量中换挡。 第三步　读数。读数=指针指示的刻度数×量程/该刻度的满刻度值，单位为伏（V）。 第四步　万用表不用时应置于“OFF”挡位处。 （2）指针式万用表交流电压挡的读数 在图 2-7 中，所示被测交流电压是多少呢？因为是在交流电压挡，所以是读第三条刻度线，而第三条刻度线有三组数据，分别为：0、2、4、6、8、10；0、10、20、30、40、50；0、50、100、150、200、250。我们该读哪条刻度线呢？这里我要先给大家解析一下交流电压挡的量程含义，交	

续表

流电压挡的量程是指指针指到满刻度值的读数，即测量值。我按下面几个量程给大家说明一下。

① 如果挡位切换开关置于 ACV1000 位置，我们读的是满刻度值为 10 的刻度线，这时每小格刻度就是 0.2，指针指到的刻度数就是 8.5。根据量程的含义，我们知道此时刻度数 10 就代表 1 000V，那么刻度数 8.5 代表多少伏呢？假设是 N 伏，那么有 $N/8.5=1\,000/10$，即测量值 $N=8.5\times1\,000/10=850$V；如果我们读的不是满刻度值为 10 的刻度线，而是满刻度值为 50 的刻度线，这时每一小格刻度就是 1，指针指到的刻度数就是 42.5，那么测量值 $N=42.5\times1\,000/50=850$V；如果我们读的是满刻度值为 250 的刻度线，这时每一小格刻度就是 5，指针指到的刻度数就是 212.5，那么测量值 $N=212.5\times1\,000/250=850$V。由此可见，不管你读哪条刻度线，最后测量值的结果是一致的。所以我们用公式：读数（测量值）=指针指的刻度数×量程/该刻度的满刻度值，单位为伏（V）就可以了。

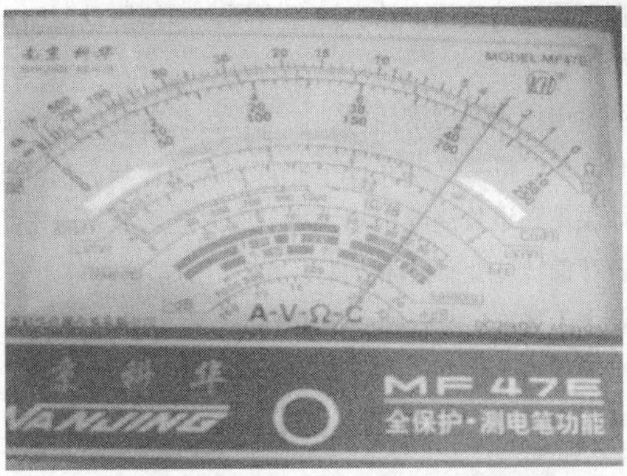

图 2-7　南京科华 MF47E 型万用表的读数

② 如果挡位切换开关置于 ACV250 位置，我们就读满刻度为 250 的刻度线，这时刻度数就是读数，即测量值。那么，测量值就是 212.5V。

③ 如果挡位切换开关置于 ACV50 位置，我们就读满刻度值为 50 的刻度线，这时刻度数就是读数，即测量值。那么，测量值就是 42.5V。

④ 如果挡位切换开关置于 ACV10 位置，我们就读第二条交流 10V 专用刻度线，这时刻度数就是读数，即测量值。那么，测量值就是 8.5V。

想一想

对照图 2-8 中刻度盘上数据，根据其挡位量程情况，填写其测量值。

在图 2-8 中，如果挡位切换开关置于 ACV1 000，用万用表的红、黑表笔接触被测交流电两端，万用表指针指到图 2-8 所示位置，则被测电压是________V；如果挡位切换开关置于 ACV250，用万用表的红、黑表笔接触被测交流电两端，万用表指针也刚好指到图 2-8 所示位置，则被测电压是________V；如果挡位切换开关置于 ACV50，用万用表的红、黑表笔接触被测交流电两端，万用表指针又刚好指到图 2-8 所示位置，则被测电压是________V；如果挡位切换开关是置于 ACV10，用万用表的红、黑表笔接触被测交流电两端，万用表指针还是刚好指到图 2-8 所示位置，则被测电压应是________V。

图 2-8　万用表测交流电压时的读数训练

续表

2. 使用指针式万用表测交流电压时的注意事项	
万用表是比较精密的仪器，如果使用不当，不仅造成测量不准确而且极易损坏。但是，只要我们掌握万用表的使用方法和注意事项，谨慎测量，那么万用表就能经久耐用。使用万用表时应注意如下事项。 （1）测量电压不能旋错挡位。如果误旋到电阻挡或电流挡去测电压，就会烧坏万用表。万用表不用时，最好将挡位旋至 OFF 挡或交流电压最高挡，避免因使用不当而损坏。 （2）如果不知道被测电压的大小，应先选用最高电压挡进行估测，再选用合适的挡位来测量，以免表针偏转过度而损坏表头。所选用的挡位越靠近被测值，测量的数值就越准确（当然，量程一定要大于被测值，否则会烧表）。 （3）当万用表不用时，挡位切换开关不要旋在电阻挡，因为万用表内有电池，如不小心易使两支表笔相碰短路，不仅耗费电池，严重时甚至会损坏表头。	
想一想 说说你平时使用万用表时，最容易违反以上哪些注意事项？为什么？	

学习小结：

二、制定交流电压的测量计划

现在要求用指针式万用表检测市电的交流电压，注意安全事项，制定市电电压的测量计划如表 2-6 所示。

表 2–6　　制定市电交流电压的测量计划

序　号	计 划 步 骤	具 体 内 容	备　注
1	测量前的准备	前期要准备什么？	
2	市电电压的测量及其简单步骤		

续表

序　　号	计 划 步 骤	具 体 内 容	备　　注
3	市电电压测量时的工作安全	市电电压测量时需要注意哪些工作安全？	
4	意见及建议		

三、实施交流电压的测量作业

根据市电交流电压的测量作业计划实施基本测量作业，基本测量作业任务书如表 2-7 所示。

表 2–7　　市电交流电压的测量作业任务书

<table>
<tr><td colspan="2">1．前期准备</td><td colspan="3">1．检查万用表是否是好的；　是□否□
2．检查试电笔是否是好的；　是□否□
3．检查消防器具是否良好。　是□否□</td></tr>
<tr><td rowspan="2">2. 市电电压的测量</td><td>检查任务</td><td>作业要领</td><td>技术标准及检查记录</td><td>备　注</td></tr>
<tr><td>市电电压的测量</td><td>1．检查市电是否有电
（1）将确认是好的试电笔接触火线，看导线是否带电；

检查结果：火线是否有电？

2．在火线有电的情况下进行市电电压的测量
（1）将指针式万用表的挡位切换开关置于 ACV250 处；
（2）将万用表的两表笔接触市电的火线和零线；
（3）读数，将测量值记录下来，测量值是________；
（4）将万用表挡位切换开关旋置 OFF 处。

检查结果：测量值是 220V 吗？如果不是，请说明为什么？
如果测量值是 0V，请说明是什么原因？</td><td></td><td>完成□

是□否□

完成□
完成□
完成□
完成□</td></tr>
<tr><td colspan="2">检查结论</td><td colspan="3"></td></tr>
</table>

四、检验评估

1. 评价反馈

根据所学知识，各小组分析火线有电而万用表测量值为零伏的原因，并在课堂上向其他小组的同学陈述自己的观点。

2. 检验评估

填写市电电压的测量作业任务检验评估表，如表 2-8 所示。

表 2–8　　市电电压的测量作业任务检验评估

序号	评价内容	配分	评分标准	自评	互评	师评	总评
1	任务完成情况	30	制定检查计划（6 分）				
			完成作业任务书（6 分）				
			完成任务过程情况（6 分）				
			任务完成质量（6 分）				
			在小组完成任务过程中所起作用（6 分）				
2	专业知识	30	能描述试电笔测火线的机理（6 分）				
			能描述指针式万用表的使用注意事项（6 分）				
			能描述指针式万用表测交流电压的步骤（8 分）				
			会描述指针式万用表交流电压挡的读数（10 分）				
3	仪器、工具选用	10	会正确选择合适的工、量具（5 分）				
			会正确使用工、量具（5 分）				
4	基本技能	20	会对试电笔及万用表使用前进行检查（8 分）				
			会按正确的步骤用万用表测直流电压（5 分）				
			会正确读数（7 分）				
5	职业素养	10	学习态度：积极主动参与学习（3 分）				
			团队合作：与小组成员一起分工合作，不影响学习进度（3 分）				
			现场管理：服从工位安排、执行实训室“6S”管理规定（4 分）				
6	合计	100					
7	综合评价与建议		任课教师签名：　　年　月　日				

五、知识拓展

指针式万用表测交流电压的原理

交流电压挡的测量原理同直流电压挡，由于万用表的表头为磁电系测量机构，只有通过直流电流才能使线圈偏转。因此在测量交流电压时，要经过整流电路把交流电压变换为直流电压后才能进行测量。万用表交流电压的测量原理示意图如图 2-9 所示，虚线框内为万用表测量交流电压时的内部等效图。

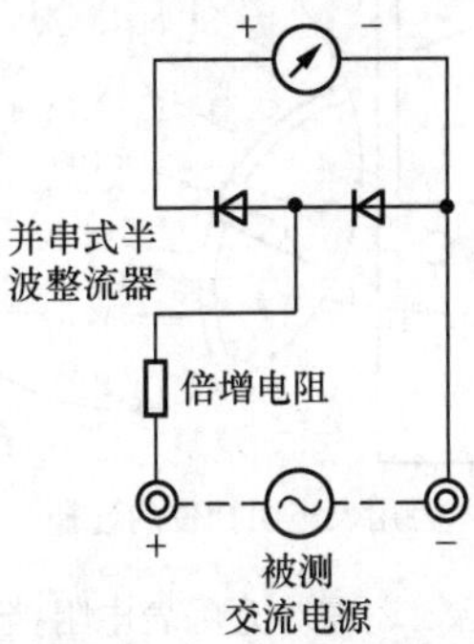

图 2-9 万用表测交流电压时的内部等效电路

任务2.3 指针式万用表测电阻

【工作任务】

本任务主要介绍指针式万用表测电阻的知识，并用其进行元器件阻值测量的操作。通过本任务的学习，使学生能使用指针式万用表测物体的电阻阻值，具备使用指针式万用表进行电阻阻值检测的相关技能。

【学习目标】

（1）会使用指针式万用表测量元器件的阻值，并能正确读数；
（2）掌握指针式万用表电阻挡的内部电路结构；
（3）在教师的引导下，制定元器件阻值的测量计划；
（4）根据测量计划，完成元器件的检测。

一、信息收集与处理

指针式万用表元器件阻值的测量按照表 2-9 完成任务 2.3 的信息收集与处理。

表 2–9 信息收集与处理

1. 指针式万用表测元器件的阻值	备注
（1）指针式万用表测元器件阻值的步骤： 第一步 选择正确的挡位及量程。检测时首先根据元器件阻值的大小，将指针式万用表（以下简称万用表）上的挡位旋钮转到适当的“Ω”挡位，如图 2-10 所示。 由于万用表电阻挡一般按中心阻值校准，而其刻度线又是非线性的，因此测量元器件阻值时应避免表针指在刻度线两端。一般测量 100Ω 以下阻值可选“R×1”挡，100Ω～1kΩ 阻值可选“R×10”挡，1～10kΩ 阻值可选“R×100”挡，10～100kΩ 阻值可选“R×1k”挡，100kΩ 以上阻值可选“R×10k”挡。	

续表

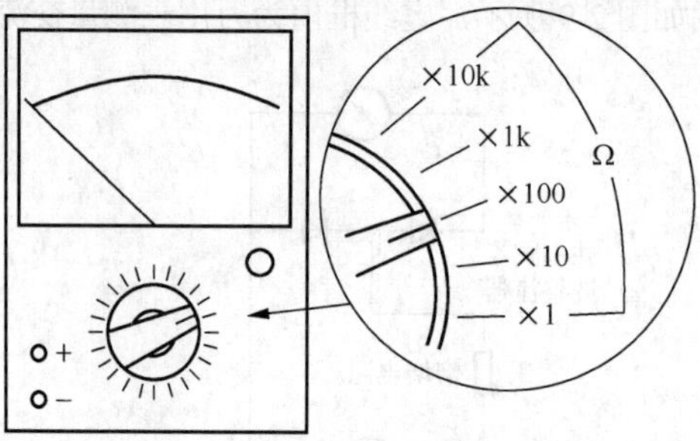

图 2-10　万用表电阻挡位的选择

第二步　欧姆调零。测量挡位选定后，还需对万用表电阻挡进行欧姆调零。如图 2-11 所示将万用表两表笔互相短接，旋转“欧姆调零”旋钮使指针指向电阻刻度的“0”位（满度）。需要特别注意的是，测量中每更换一次挡位，均应重新对该挡进行欧姆调零。

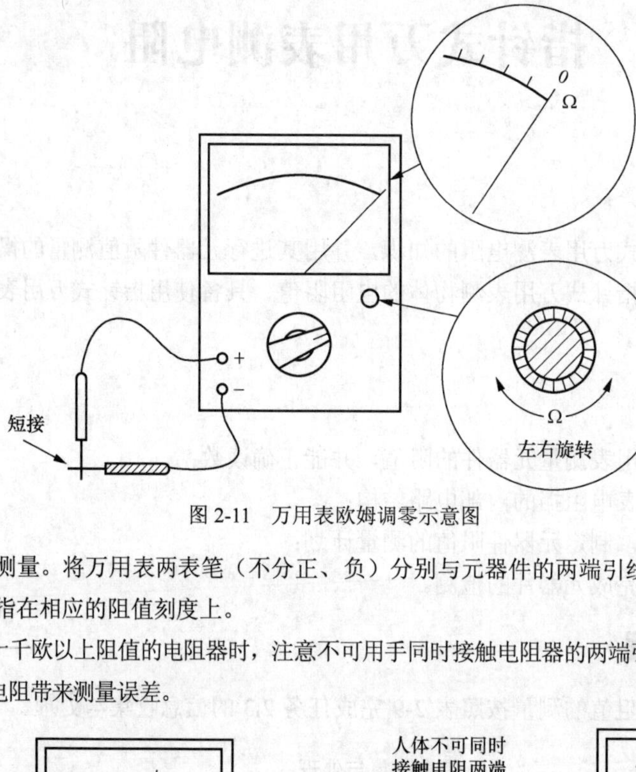

图 2-11　万用表欧姆调零示意图

第三步　测量。将万用表两表笔（不分正、负）分别与元器件的两端引线相接，如图 2-12 所示，表针应指在相应的阻值刻度上。

在测量几十千欧以上阻值的电阻器时，注意不可用手同时接触电阻器的两端引线（见图 2-13），以免接入人体电阻带来测量误差。

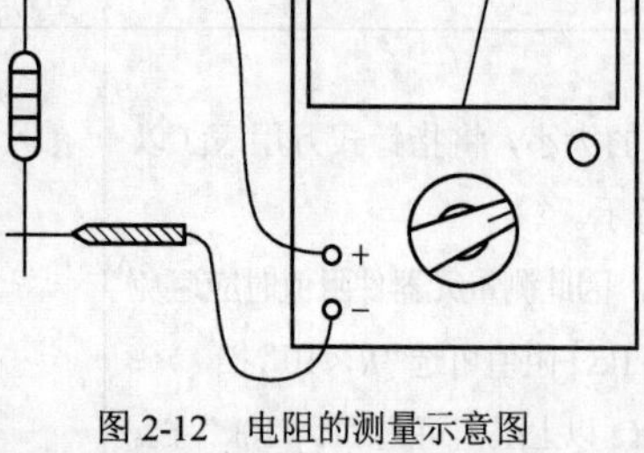

图 2-12　电阻的测量示意图

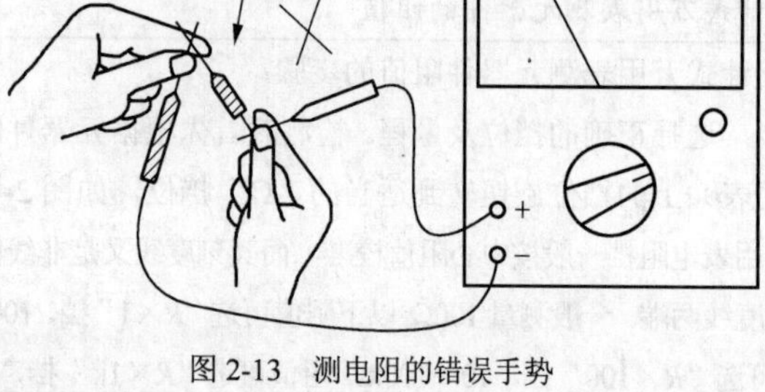

图 2-13　测电阻的错误手势

续表

如果测量时万用表指针向右偏转少于 1/3 刻度盘，则应换高倍率电阻挡位重测；如果指针向右偏转接近满偏，则应换低倍率电阻挡位重测。注意：被测物不能带电，也不能在有电的回路中。

第四步　读数。读数 = 指针指的刻度数×量程倍率，单位为欧姆（Ω）。

第五步　万用表不用时应置于“OFF”挡位处。

（2）指针式万用表电阻挡的读数

在图 2-14 中，所示被测元件的阻值是多少呢？因为是在电阻挡，所以是读第一条刻度线，此时指针指到的刻度数是 36。我按下面几个量程给大家说明一下。

图 2-14　万用表测元件阻值时的读数

如果挡位切换开关置于 $R\times10$k，则被测电阻是 360kΩ；如果挡位切换开关置于 $R\times1$k，则被测电阻是 36kΩ；如果挡位切换开关置于 $R\times100$，则被测电阻是 3.6kΩ；如果挡位切换开关置于 $R\times10$，则被测电阻应是 360Ω；如果挡位切换开关置于 $R\times1$，则被测电阻应是 36Ω。

想一想

1. 用指针式万用表测量电阻时，步骤如下

第一步　选择正确的挡位及量程。挡位应选择________挡。

第二步　欧姆调零。将红、黑表笔________，调节________旋钮，直到指针指到欧姆零点为止。

第三步　测量。测量时，将万用表的两支表笔分别接触被测电阻的两端，这时，不要用手同时触及元件导电的两端（或两支表笔的金属部分），以免________与被测电阻并联，使测量结果不准确。

第四步　读数。

第五步　万用表不用时应置于________挡位处。

2. 对照图 2-15 中刻度盘上数据，根据其挡位量程情况，填写其测量值。

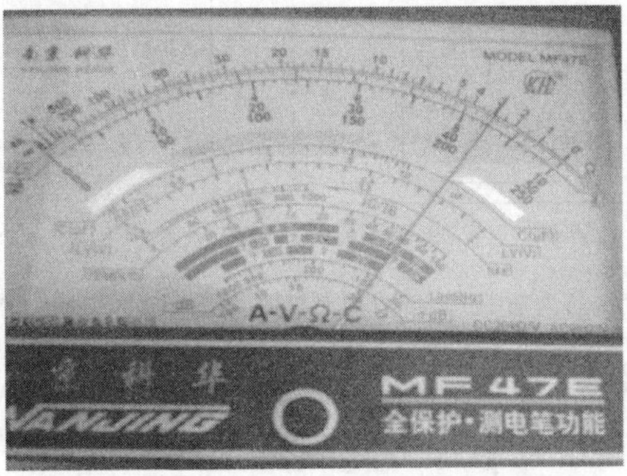

图 2-15　万用表测元件阻值时的读数训练

续表

在图 2-15 中，如果挡位切换开关置于 $R\times10k$，则被测电阻是________Ω；如果挡位切换开关置于 $R\times1k$，则被测电阻是________Ω；如果挡位切换开关置于 $R\times100$，则被测电阻是________Ω；如果挡位切换开关置于 $R\times10$，则被测电阻应是________Ω；如果挡位切换开关置于 $R\times1$，则被测电阻应是________Ω。

2. 使用指针式万用表测元件阻值时的注意事项

（1）万用表不用时，最好将挡位旋至 OFF 挡或交流电压最高挡，避免因使用不当而损坏。

（2）测量元件阻值时，不要用手同时触及元件导体的两端（或两支表笔的金属部分），以免人体电阻与被测电阻并联，使测量结果不准确。

（3）测量元件阻值时，如将两支表笔短接，顺时针旋转"欧姆调零"旋钮至最大，指针仍然指不到欧姆零点，这种现象通常是由于表内电池电压不足造成的，应换上新电池方能准确测量。

（4）测量元件阻值时应尽量使指针指在刻度线的 1/3 至 2/3 刻度之间，这样测得的值最准。

（5）万用表不用时，挡位切换开关不要旋在电阻挡，因为万用表内有电池，如不小心易使两支表笔相碰短路，不仅耗费电池，严重时甚至会损坏表头。

想一想　说说你平时使用万用表时，最容易违反以上哪项注意事项？为什么？

3. 万用表电阻挡的几点说明

（1）万用表电阻挡的内电路如图 2-16 所示。

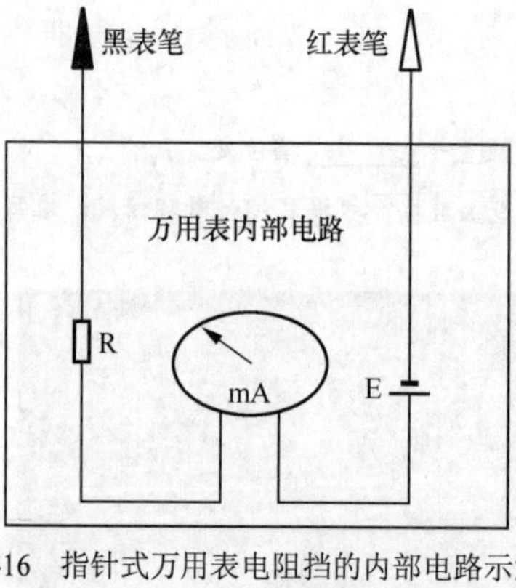

图 2-16　指针式万用表电阻挡的内部电路示意图

（2）万用表只有在欧姆挡才接通内部电池，并且黑表笔接内部电池的正极，红表笔接内部电池的负极。

（3）万用表在欧姆挡的 R×1、蜂鸣挡（R×3）、R×10、R×100 及 R×1k 挡，内部接通的是 1.5V 电池。

（4）万用表只有在欧姆挡的 R×10k 挡，才使用内部的 9V 电池。

续表

想一想

甲乙两位同学对指针式万用表测电压时需不需要内部电池持有不同意见。甲同学说："指针式万用表内部不装电池肯定不能使用，所以指针式万用表内部没有装电池就不能测电压。"乙同学说："指针式万用表只有在欧姆挡才需要内部电池，其他挡位不需要内部电池，因此，指针式万用表内部没有电池也能正常测量电压。"亲爱的同学们，你能判断甲乙两位同学谁说的是对的吗？为什么？

学习小结：

二、制定元件阻值的测量计划

现在要求检测一些元件的阻值，制定元件阻值的测量计划见表 2-10。

表 2–10　制定元件阻值的测量计划

序　号	计 划 步 骤	具 体 内 容	备　注
1	测量前的准备工作	1．前期要准备什么？ 2．需要哪些工、量具？	
2	元件阻值测量的项目	1．元件阻值的开路测量 2．元件阻值的在路测量	
3	元件测量时的工作安全	测量时需要注意哪些工作安全？	
4	其他方面		
5	意见及建议		

三、实施元件阻值的测量作业

根据元件阻值测量作业计划实施测量作业，测量作业任务书如表 2-11 所示。

表 2-11　　　　　　　　元件阻值测量作业任务书

<table>
<tr><td colspan="2">1．前期准备</td><td colspan="3">1．检查万用表是否是好的；　是□否□
2．检查消防器具是否良好。　是□否□</td></tr>
<tr><td rowspan="2">2．元件阻值的测量</td><td>检查任务</td><td>作业要领</td><td>技术标准及检查记录</td><td>备　注</td></tr>
<tr><td>元件阻值的测量</td><td>1．元件阻值的开路测量
（1）将指针式万用表的挡位切换开关置于“Ω”挡；
（2）欧姆调零；
（3）测量。如果指针偏转少于 1/3 刻度，则应换高倍率电阻挡位重测；如果指针满偏，则应换低倍率电阻挡位重测。但换挡后必须重复第二步，即每次换挡都需欧姆调零；
（4）读数，将测量值记录下来，测量值是________；
（5）将万用表挡位切换开关旋置 OFF 处。
检查结果：测量值与元件上标注的电阻值相同吗？如果不同，请说明为什么？

2．元件阻值的在路测量
（1）将指针式万用表的挡位切换开关置于“Ω”挡；
（2）欧姆调零；
（3）测量。如果指针偏转少于 1/3 刻度，则应换高倍率电阻挡位重测；如果指针满偏，则应换低倍率电阻挡位重测。但换挡后必须重复第二步，即每次换挡都需欧姆调零；
（4）读数，将测量值记录下来，测量值是________；
（5）将万用表挡位切换开关旋置 OFF 处。
检查结果：测量值与元件上标注的电阻值相同吗？如果不同，请说明为什么？</td><td></td><td>完成□
完成□
完成□
完成□
完成□

完成□
完成□
完成□
完成□
完成□</td></tr>
<tr><td colspan="2">检查结论</td><td colspan="3"></td></tr>
</table>

四、检验评估

1．评价反馈

根据所学知识，各小组分析一下：元件阻值在路测量时的阻值跟开路测量的阻值有什么不同？为什么？并在课堂上向其他小组的同学陈述自己的观点。

2. 检验评估

填写元件阻值测量作业任务检验评估表，如表 2-12 所示。

表 2-12 元件阻值测量作业任务检验评估

序号	评价内容	配分	评分标准	自评	互评	师评	总评
1	任务完成情况	30	制定检查计划（6 分）				
			完成作业任务书（6 分）				
			完成任务过程情况（6 分）				
			任务完成质量（6 分）				
			在小组完成任务过程中所起作用（6 分）				
2	专业知识	30	能描述指针式万用表测元件阻值的注意事项（6 分）				
			能描述指针式万用表测元件阻值的步骤（6 分）				
			会描述指针式万用表直流电压挡的读数（8 分）				
			能描述阻值在路测量与开路测量的差异（10 分）				
3	仪器、工具选用	10	会正确选择合适的工、量具（5 分）				
			会正确使用工、量具（5 分）				
4	基本技能	20	会对万用表使用前进行检查（5 分）				
			会按正确的步骤用万用表测元件阻值（5 分）				
			会正确读数（10 分）				
5	职业素养	10	学习态度：积极主动参与学习（3 分）				
			团队合作：与小组成员一起分工合作，不影响学习进度（3 分）				
			现场管理：服从工位安排、执行实训室“6S”管理规定（4 分）				
6	合计	100					
7	综合评价与建议	任课教师签名： 年 月 日					

五、知识拓展

指针式万用表测元件阻值的原理

元件阻值的测量原理示意图如图 2-17 所示，虚线框内为万用表测元件阻值时的内部等效图。

在测元件阻值时，被测元件不能提供电流，所以在测元件阻值时，万用表内部需要用电池来提供电源（测电压或电流时，万用表内部不需要电池）。测量时将红、黑表笔分别接被测电阻 R 两端，于是有电流流过电流表，途径是：电池正极→R_1→电流表→黑表笔→被测电阻 R→红表笔→电池负极，电流表表针摆动到一定角度来指示被测电阻的阻值大小。电阻 R 的阻值越大，流过电流表的电流越小，表针摆动幅度越小，指示阻值越大。

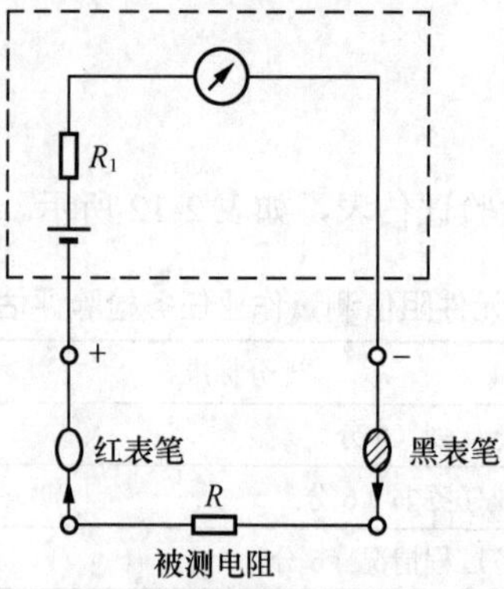

图 2-17　万用表测元件阻值时的内部电路

注意　在测电压或电流时，若流过电流表的电流小，表针摆动幅度小，指示电压和电流的值就小，而测电阻时情况恰好相反，故万用表刻度盘上欧姆刻度线标注的数值大小与电压、电流刻度线相反。

这里需要重点说明的是，在测电阻时，万用表内部需要用到电池（测电压、电流时内部电池处于断开状态），并且红表笔接内部电池的负极，黑表笔接内部电池的正极。

任务三 电子元器件的识别与检测

任务3.1 电阻器和电位器的识别与检测

【工作任务】

本任务主要介绍电阻器和电位器的相关知识，并进行相关检测。通过本任务的学习，使学生能认识电阻器和电位器的外观，理解其参数含义，具备对这些元件进行性能检测的相关技能。

【学习目标】

（1）能辨别电阻器和电位器的种类；
（2）能正确识别电阻器及电位器的参数；
（3）能正确检测电阻器及电位器的性能；
（4）能正确识别和检测各种敏感电阻器；
（5）在教师的引导下，制定电阻器和电位器的检测内容；
（6）根据检测计划，完成电阻器和电位器的检测。

一、信息收集与处理

电阻器和电位器的识别与检测按照表 3-1 完成任务 3.1 的信息收集与处理。

表 3-1 信息收集与处理

1. 电阻器的识别与检测	备注
电阻器是分流和限流的元件，通常简称为电阻，是一种最常用的电子元器件。电阻器包括固定电阻器、可变电阻器和敏感电阻器等。 （1）电阻器的种类及符号 由于制造材料和结构不同，电阻器有许多种类，常见的有碳膜电阻器、金属膜电阻器、有机实芯电阻器、线绕电阻器、固定抽头电阻器、可变电阻器、滑线式变阻器、片状电阻器等，如图 3-1 所示。 在电子电路制作中一般常用碳膜或金属膜电阻器。碳膜电阻器具有稳定性较高、高频特性好、负温度系数小、脉冲负荷稳定及成本低等特点，应用广泛。金属膜电阻器具有稳定性高、温度系数小、耐热性能好、噪声小、工作频率范围宽及体积小等特点，应用也很广泛。	

续表

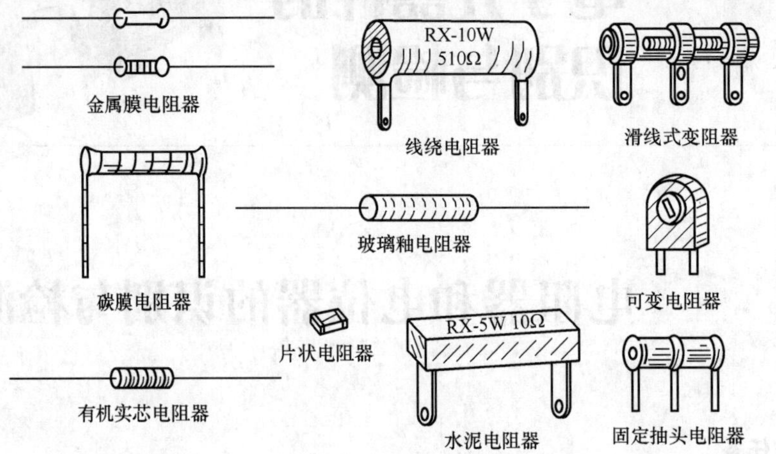

图 3-1　电阻器的种类

电阻器的文字符号为“*R*”，图形符号如图 3-2 所示。

（2）电阻器的型号命名

电阻器的型号命名由 4 部分组成，如图 3-3 所示。第一部分用字母“*R*”表示电阻器的主称，第二部分用字母表示构成电阻器的材料，第三部分用数字或字母表示电阻器的分类，第四部分用数字表示序号。电阻器型号的意义如表 3-2 所示。例如，型号为 RT11，表示这是普通碳膜电阻器；型号为 RJ71，表示这是精密金属膜电阻器。

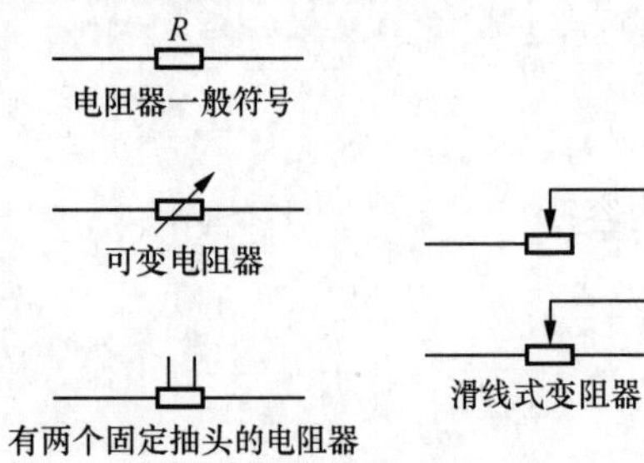

图 3-2　电阻器的图形符号

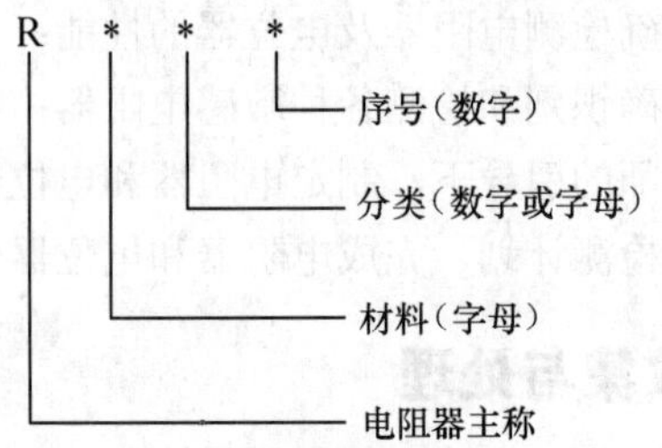

图 3-3　电阻器的型号命名

表 3–2　电阻器型号的意义

第一部分（主称）	第二部分（材料）	第三部分（分类）	第四部分（序号）
R	F：复合膜	1：普通	代表第几批次生产
	G：沉积膜	2：普通	
	H：合成膜	3：超高频	
	I：玻璃釉膜	4：高阻	
	J：金属膜	5：高温	
	N：无机实芯	7：精密	
	X：线绕	8：高压	
	Y：氧化膜	9：特殊	
	S：有机实芯	G：高功率	
	T：碳膜	T：可调	

续表

（3）电阻器的参数

电阻器的主要参数有标称阻值、容许误差和额定功率。

标称阻值简称电阻值或阻值，单位是欧姆，简称欧（Ω）。常用单位还有千欧（kΩ）和兆欧（MΩ）。它们之间的换算关系是：$1M\Omega = 10^3k\Omega = 10^6\Omega$。

电阻器上阻值的标示方法常用的有两种。

① 直标法，即将标称阻值直接印刷在电阻器上。例如，在5.1Ω的电阻器上印有“5.1”或“5R1”字样，在6.8kΩ的电阻器上印有“6.8k”或“6k8”字样，如图3-4所示。

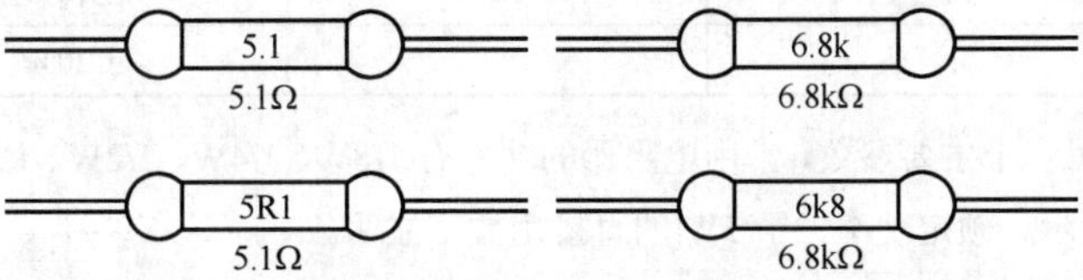

图3-4 电阻器阻值的直标法

② 色环法，即在电阻器上印刷四道或五道色环来表示标称阻值和容许误差，阻值的单位为Ω。

对于四色环电阻而言，第1、2环表示两位有效数字，第3环表示倍乘数（即零的个数），第4环表示容许误差，如图3-5所示。三色环电阻是四色环电阻的特例，即误差环为无色。

对于五色环电阻而言，第1、2、3环表示3位有效数字，第4环表示倍乘数（即零的个数），第5环表示容许误差，如图3-6所示。

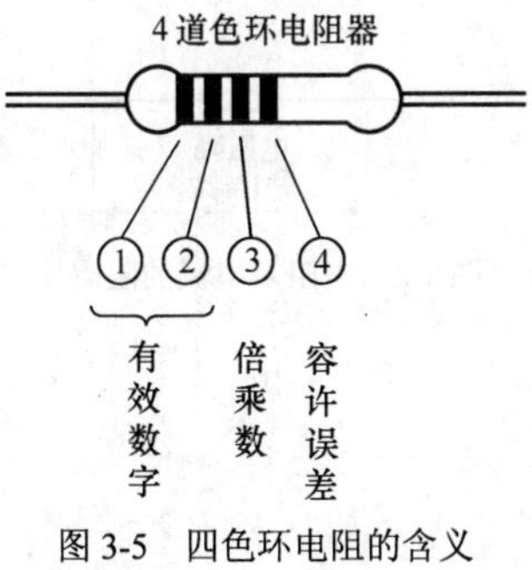

图3-5 四色环电阻的含义

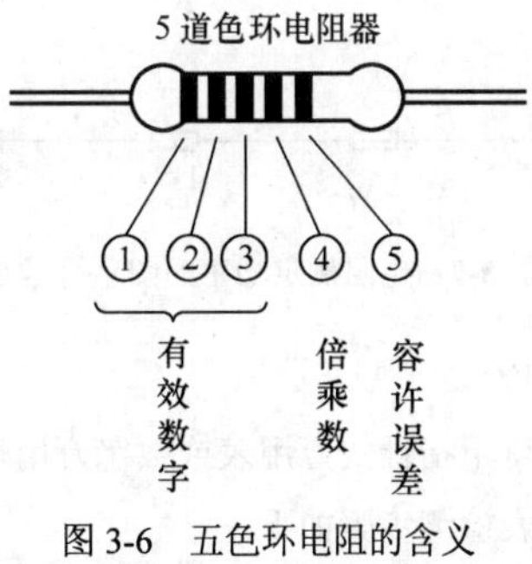

图3-6 五色环电阻的含义

色环一般采用黑、棕、红、橙、黄、绿、蓝、紫、灰、白、金、银12种颜色，它们的意义如表3-3所示。例如，某电阻器的4道色环依次为“黄、紫、橙、银”，则其阻值为47kΩ，误差为±10%；某电阻器的5道色环依次为“红、黄、黑、橙、金”，则其阻值为240kΩ，误差为±5%。

表3–3 电阻器上色环颜色的意义

颜色	有效数字	倍乘率	容许误差
黑	0	10^0	—
棕	1	10^1	±1%
红	2	10^2	±2%
橙	3	10^3	—
黄	4	10^4	—
绿	5	10^5	±0.5%

续表

续表

颜　色	有效数字	倍乘率	容许误差
蓝	6	10^6	±0.25%
紫	7	10^7	±0.1%
灰	8	10^8	—
白	9	10^9	—
金	—	10^{-1}	±5%
银	—	10^{-2}	±10%
无色	—	—	±20%

额定功率是电阻器的另一个主要参数，常用电阻器的功率有 1/8W、1/4W、1/2W、1W、2W、5W 等，其符号如图 3-7 所示。额定功率大于 5W 的直接用数字注明。

使用中应选用额定功率等于或大于电路要求的电阻器。电路图中不作标示的表示该电阻器工作中消耗功率很小，可不必考虑。例如，大部分业余电子制作中对电阻器功率都没有要求，这时可选用 1/8W 或 1/4W 电阻器。

（4）电阻器的特点

电阻器的特点是任何电流流过电阻器都要受到一定的阻碍和限制，并且该电流必然在电阻器上产生电压降，如图 3-8 所示。

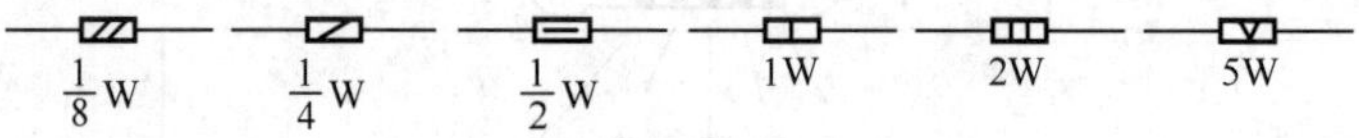

图 3-7　电阻额定功率的图示符号

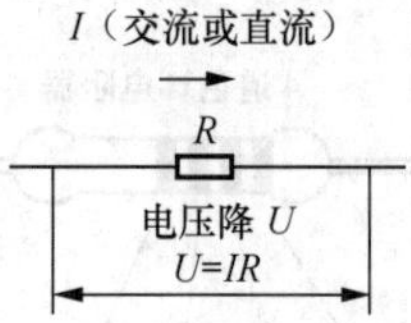

图 3-8　电阻对电流的阻碍作用

（5）电阻器的检测

电阻器的好坏可用指针式万用表或数字万用表的电阻挡检测。

用指针式万用表检测步骤如下。

① 选择挡位。检测时首先根据电阻器阻值的大小，将指针式万用表（以下简称万用表）上的挡位旋钮转到适当的“Ω”挡位。

由于万用表电阻挡一般按中心阻值校准，而其刻度线又是非线性的，因此测量电阻器应避免表针指在刻度线两端。一般测量 100Ω 以下电阻器可选“$R\times1$”挡，100Ω～1kΩ 电阻器可选“$R\times10$”挡，1～10kΩ 电阻器可选“$R\times100$”挡，10～100kΩ 电阻器可选“$R\times1$k”挡，100kΩ 以上电阻器可选“$R\times10$k”挡。

② 欧姆调零。测量挡位选定后，还需对万用表电阻挡进行欧姆调零。将万用表两表笔互相短接，旋转“欧姆调零”旋钮使指针指向电阻刻度的“0”位（满度）。需要特别注意的是，在测量中每更换一次挡位，均应重新对该挡进行欧姆调零。

③ 测量。将万用表两表笔（不分正、负）分别与电阻器的两端引线相接，表针应指在相应的阻值刻度上。如表针不动、指示不稳定或指示值与电阻器上标示值相差很大，则说明该电阻器已损坏。

续表

用数字万用表检测步骤如下。

① 数字万用表测量电阻器前不用校零，将挡位旋钮转到适当的“Ω”挡位，打开电源开关即可测量。

② 选择挡位。选择测量挡位时应尽量使显示屏显示较多的有效数字，一般测量 200Ω 以下电阻器可选“200Ω”挡，200～1 999Ω 电阻器可选“2kΩ”挡，2～19.99kΩ 电阻器可选“20kΩ”挡，20～199.9kΩ 电阻器可选“200kΩ”挡，200～1 999kΩ 电阻器可选“2MΩ”挡，2～19.99MΩ 电阻器可选“20MΩ”挡，20～199.9MΩ 电阻器可选“200MΩ”挡。200MΩ 以上电阻器因已超出最高量程而无法测量（以 DT890B 数字万用表为例）。

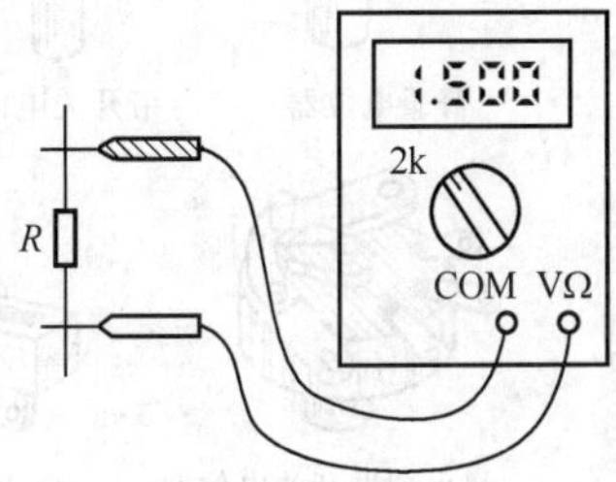

图 3-9 数字表测电阻示意图

③ 测量。将万用表两表笔（不分正、负）分别接被测电阻器的两端，LCD 显示屏即显示出被测电阻 R 的阻值，如图 3-9 所示。如显示“000”（短路）、仅最高位显示“1”（断路）或显示值与电阻器上标示值相差很大，则说明该电阻器已损坏。

想一想

对教师发放的各种电阻器的类别、阻值大小、功率大小和容许误差进行直观识别，将结果填入下表中。

序号	电阻底色	电阻器类别	阻值标称方法（直标法、色标法）	标称阻值	误差表示方法	误差大小

2. 电位器的识别与检测

电位器是一种最常用的调节分压比的电子元件。电位器是从可变电阻器发展派生出来的，它由一个电阻体和一个转动或滑动系统组成，其动臂的接触刷在电阻体上滑动，即可连续改变动臂与两端间的阻值。

（1）电位器的种类及符号

电位器的种类很多。按结构可分为旋转式电位器、直滑式电位器、带开关电位器、双连电位器及多圈电位器等，如图 3-10 所示。

按照电阻体所用制造材料的不同，电位器又分为碳膜电位器、金属膜电位器、有机实芯电位器、无机实芯电位器、玻璃釉电位器及线绕电位器等。

电位器的文字符号为“RP”，图形符号如图 3-11 所示。

（2）电位器的型号命名

电位器的型号命名由 4 部分组成，如图 3-12 所示。第一部分用字母“W”表示电位器的主称，第二部分用字母表示构成电位器电阻体的材料，第三部分用字母表示电位器的分类，第四部分用数字表示序号。电位器型号的意义如表 3-4 所示。例如，型号为 WHJ3，表示这是精密合成碳膜电位器。

续表

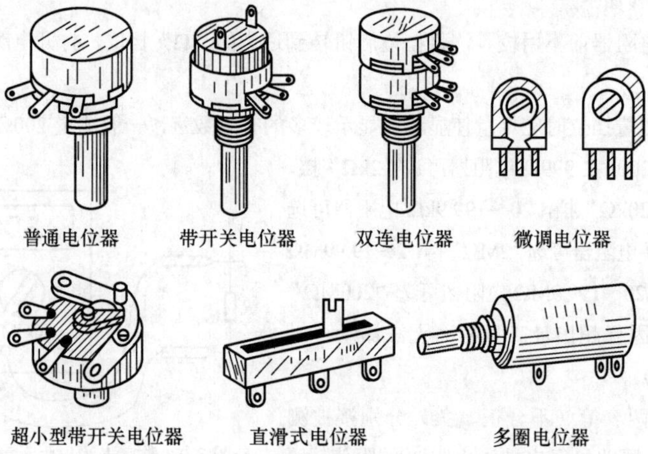

图 3-10　电位器的种类

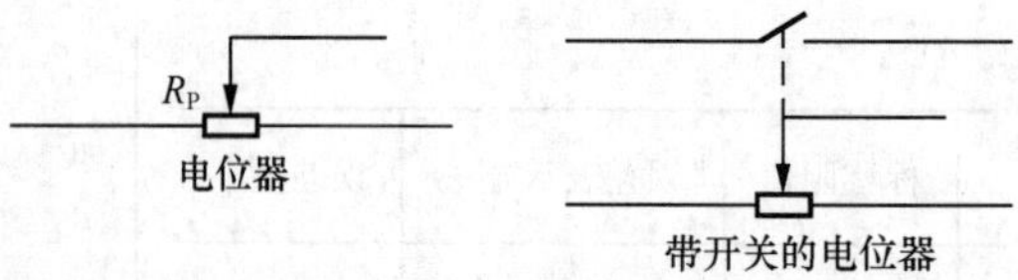

图 3-11　电位器的图形符号

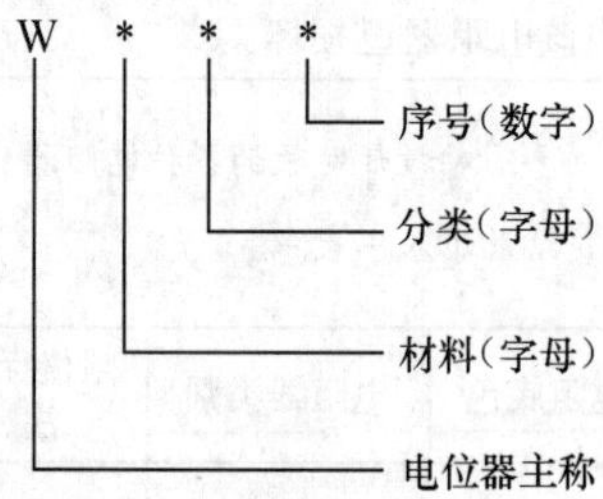

图 3-12　电位器的型号命名

表 3–4　电位器型号的意义

第一部分（主称）	第二部分（材料）	第三部分（分类）	第四部分（序号）
W	D：导电塑料	B：片式类	代表第几批次生产
	F：复合膜	D：多旋精密类	
	G：沉积膜	G：高压类	
	H：合成碳膜	H：组合类	
	I：玻璃釉膜	J：单旋精密类	
	J：金属膜	M：直滑精密类	
	N：无机实芯	P：旋转功率类	
	X：线绕	T：特殊类	
	Y：氧化膜	W：螺杆预调类	
	S：有机实芯	X：旋转低功率	

（3）电位器的参数

电位器的主要参数有标称阻值、阻值变化特性和额定功率。

① 标称阻值：是指电位器的两定臂引出端之间的阻值，如图 3-13 所示。标称阻值通常用数字直接标示在电位器壳体上，如图 3-14 所示。

续表

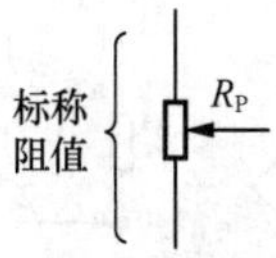

图 3-13　电位器的标称阻值

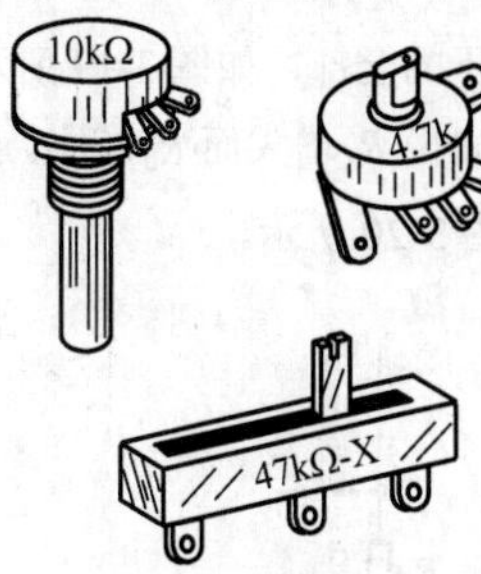

图 3-14　电位器标称阻值的标示

② 阻值变化特性：是指电位器的阻值随动臂的旋转角度或滑动行程而变化的关系。常用的有直线式（*X*）、指数式（*Z*）和对数式（*D*），如图 3-15 所示。

直线式适用于大多数场合，指数式适用于音量控制电路，对数式适用于音调控制电路。

③ 额定功率：是指电位器长时间工作所允许承受的最大功率，电路中电位器承受的实际功率不得超过其额定功率。额定功率值通常直接标示在电位器上，如图 3-16 所示。

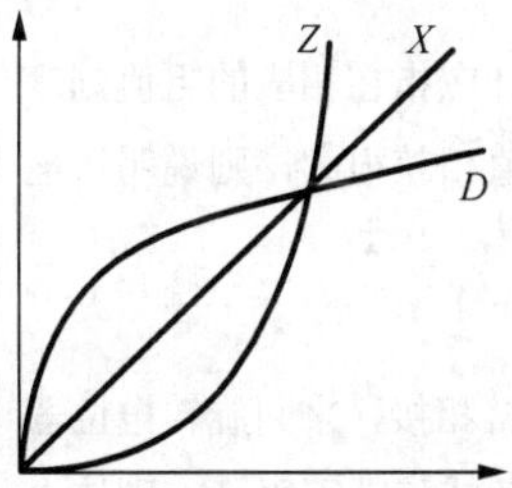

图 3-15　电位器的阻值变化特性

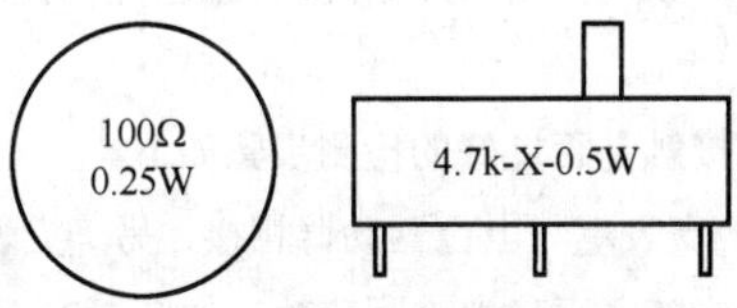

图 3-16　电位器额定功率的标示

（4）电位器的特点及分压原理

电位器的特点是可以连续改变电阻比。电位器的结构如图 3-17 所示，电阻体的两端各有一个定臂引出端，中间是动臂引出端。动臂在电阻体上移动，即可使动臂与上、下定臂引出端间的电阻比值连续变化。

电位器 R_P 可等效为电阻 R_a 和 R_b 构成的分压器。

① 当动臂 2 端处于电阻体中间时，$R_a = R_b$，动臂 2 端输出电压为输入电压的一半，如图 3-18 所示。

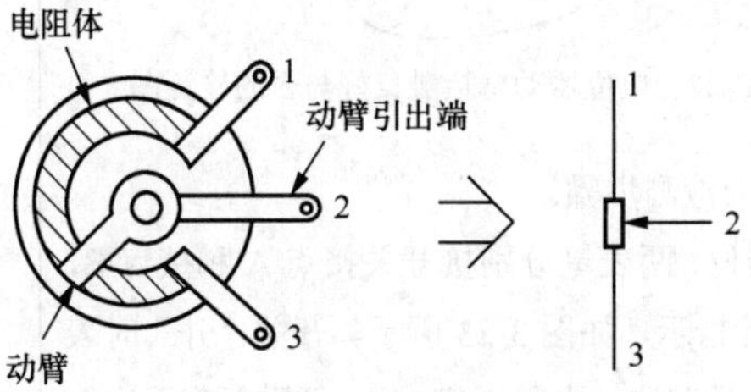

图 3-17　电位器结构示意图

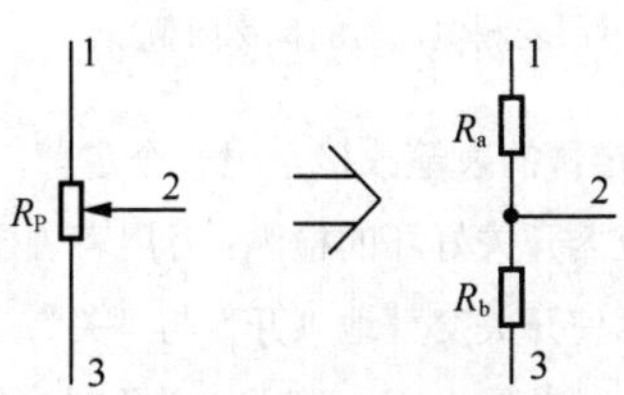

图 3-18　电位器滑动臂处中间时

续表

② 当动臂 2 端向上移动时，R_a 减小而 R_b 增大。当动臂 2 端移至最上端时，$R_a=0$，$R_b=R_{Rp}$，动臂 2 端输出电压为输入电压的全部，如图 3-19 所示。

③ 当动臂 2 端向下移动时，R_a 增大而 R_b 减小。当动臂 2 端移至最下端时，$R_b=0$，$R_a=R_{Rp}$，动臂 2 端输出电压为 0，如图 3-20 所示。

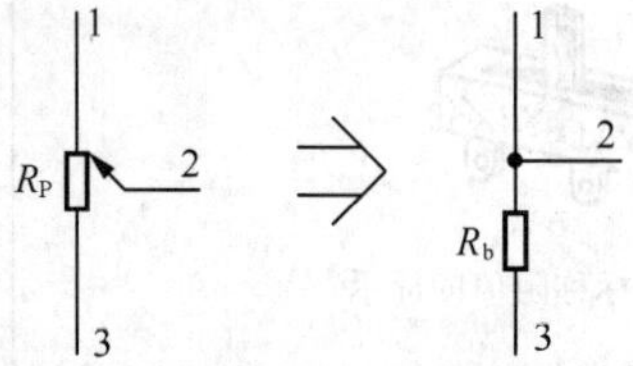

图 3-19　电位器动臂滑至最上端时

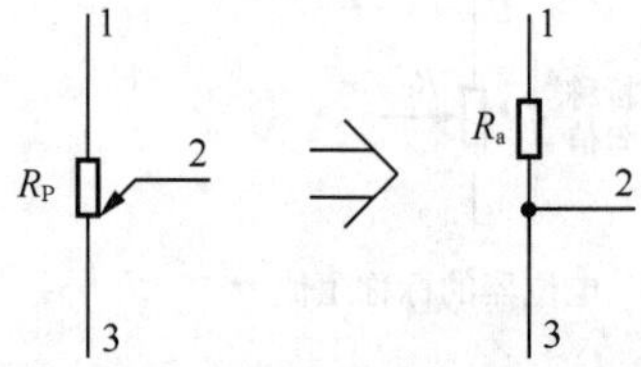

图 3-20　电位器动臂滑至最下端时

（5）电位器的检测

电位器可根据实物进行标称阻值、动臂及开关检测，检测时使用万用表的电阻挡进行。

标称阻值的检测步骤如下。

① 根据电位器标称阻值的大小，将万用表置于适当的“Ω”挡位，两表笔短接，然后转动欧姆调零旋钮校准“Ω”挡“0”位。

② 万用表两表笔（不分正、负）分别与电位器的两定臂相接，表针应指在相应的阻值刻度上，如图 3-21 所示。如表针不动、指示不稳定或指示值与电位器标称值相差很大，则说明该电位器已损坏。

动臂与电阻体接触是否良好的检测步骤如下。

① 万用表的一支表笔与电位器动臂相接，另一支表笔与某一个定臂相接，来回旋转电位器旋柄，万用表表针应随之平稳地来回移动，如图 3-22 所示。如表针不动或移动不平稳，则该电位器动臂接触不良。

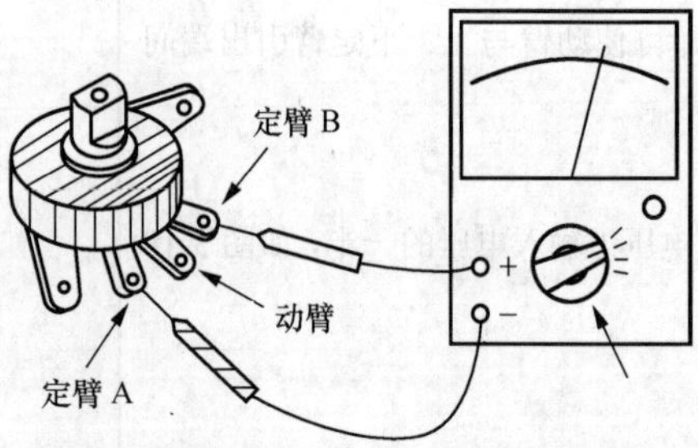

图 3-21　万用表测电位器的标称阻值

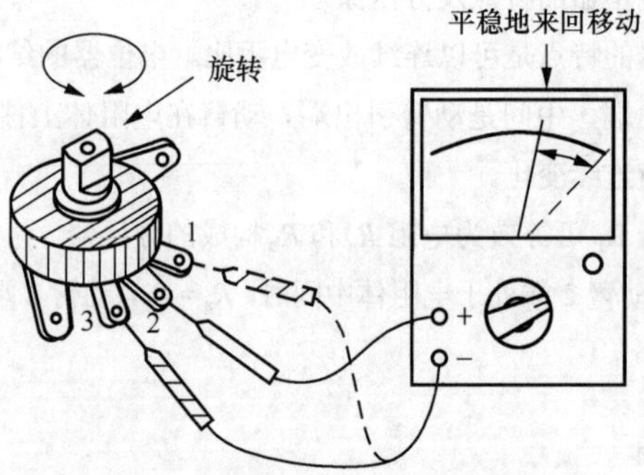

图 3-22　电位器动臂接触良好与否的检测图

② 再将接定臂的表笔改接至另一个定臂，重复以上检测步骤。

带开关电位器开关好坏的检测：万用表置于“Ω”挡位，两表笔分别接开关接点 A 和接点 B，旋转电位器旋柄使开关交替地“开”与“关”，观察表针指示，如图 3-23 所示。开关“开”时表针应指向最右边（电阻为 0），开关“关”时表针应指向最左边（电阻无穷大）。可重复若干次以观察开关是否接触不良。

续表

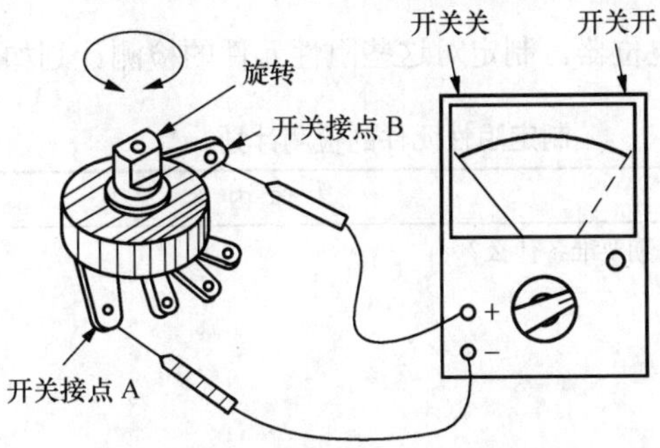

图 3-23 电位器开关检测示意图

想一想

根据图 3-24 的外观，写出图示电阻器及电位器的种类。

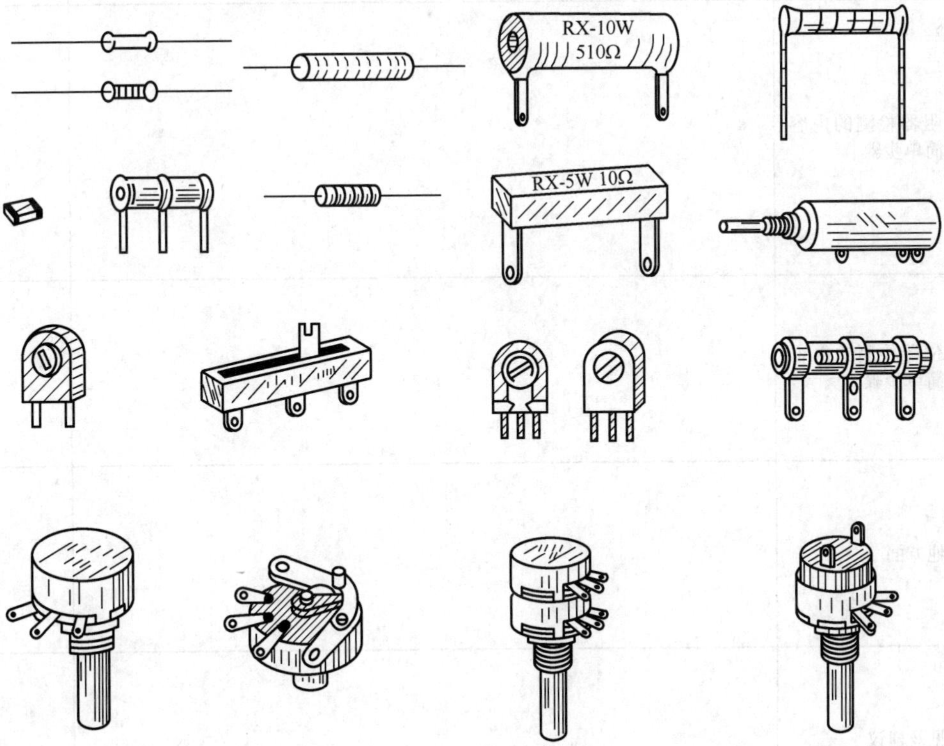

图 3-24 电阻器及电位器的种类识别

学习小结：

二、制定电阻器和电位器的检测计划

根据教师发放的电阻器和电位器，制定对这些阻性元件的检测计划如表 3-5 所示。

表 3–5　　制定阻性元件的检测计划

序号	计 划 步 骤	具 体 内 容	备注
1	检测前的准备	1．前期要准备什么？ 2．检测作业需要哪些工、量具？	
2	电阻器检测的内容及简单步骤		
3	电位器检测的内容及简单步骤		
4	其他方面		
5	意见及建议		

三、实施电阻器和电位器的检测作业

根据电阻器和电位器的检测作业计划实施检测作业，任务书见表 3-6。

表 3-6　　　　电阻器和电位器的检测作业任务书

<table>
<tr><td>1．前期准备</td><td colspan="4">1．检查万用表是否是好的；　　是□否□
2．检查消防器具是否良好。　　是□否□</td></tr>
<tr><td rowspan="4">2. 电阻器及电位器的检测</td><td>检查任务</td><td>作业要领</td><td>技术标准及检查记录</td><td>备注</td></tr>
<tr><td rowspan="3">电阻器及电位器的检测</td><td>1．用万用表对碳膜电阻、金属膜电阻、线绕电阻、水泥电阻、热敏电阻和压敏电阻的阻值进行测量，对其标称值和实际值进行比较，将结果填入下表中。
<table>
<tr><td>序号</td><td>电阻类型</td><td>电阻标称阻值</td><td>电阻实际测量值</td><td>标称阻值误差</td><td>实际阻值误差</td></tr>
<tr><td></td><td></td><td></td><td></td><td></td><td></td></tr>
<tr><td></td><td></td><td></td><td></td><td></td><td></td></tr>
<tr><td></td><td></td><td></td><td></td><td></td><td></td></tr>
<tr><td></td><td></td><td></td><td></td><td></td><td></td></tr>
<tr><td></td><td></td><td></td><td></td><td></td><td></td></tr>
<tr><td></td><td></td><td></td><td></td><td></td><td></td></tr>
</table></td><td rowspan="3"></td><td>完成□</td></tr>
<tr><td>2．对各种电位器进行直观识别，用万用表对电位器进行测量，对其标称值和实际值进行比较，将结果填入下表中。
<table>
<tr><td>序号</td><td>电位器阻值类型</td><td>标称阻值</td><td>实际测量值</td><td>标称阻值误差</td><td>实际阻值误差</td></tr>
<tr><td></td><td></td><td></td><td></td><td></td><td></td></tr>
<tr><td></td><td></td><td></td><td></td><td></td><td></td></tr>
<tr><td></td><td></td><td></td><td></td><td></td><td></td></tr>
<tr><td></td><td></td><td></td><td></td><td></td><td></td></tr>
<tr><td></td><td></td><td></td><td></td><td></td><td></td></tr>
</table></td><td>完成□</td></tr>
<tr><td>3．先对不同规格的热敏电阻、压敏电阻进行直观识别，再用万用表对其阻值进行测量，将结果填入下表中。
<table>
<tr><td>序号</td><td>敏感电阻类型</td><td>标称阻值</td><td>室温下阻值</td><td>加热（压）后阻值</td><td>阻值变化量</td></tr>
<tr><td></td><td></td><td></td><td></td><td></td><td></td></tr>
<tr><td></td><td></td><td></td><td></td><td></td><td></td></tr>
<tr><td></td><td></td><td></td><td></td><td></td><td></td></tr>
</table></td><td>完成□</td></tr>
<tr><td>检查结论</td><td colspan="4"></td></tr>
</table>

四、检验评估

填写电阻器和电位器的检测作业任务检验评估表，如表 3-7 所示。

表 3-7　　电阻器和电位器的检测作业任务检验评估

序号	评价内容	配分	评 分 标 准	自评	互评	师评	总评
1	任务完成情况	30	制定检查计划（6 分）				
			完成作业任务书（6 分）				
			完成任务过程情况（6 分）				
			任务完成质量（6 分）				
			在小组完成任务过程中所起作用（6 分）				
2	专业知识	30	能识别电阻的种类（5 分）				
			能识别色环电阻的阻值及误差（5 分）				
			能识别电位器的种类（6 分）				
			会描述特殊电阻的检测方法（8 分）				
			会描述检查作业时的安全事项（6 分）				
3	仪器、工具选用	10	会正确选择合适的工、量具（5 分）				
			会正确使用工、量具（5 分）				
4	基本技能	20	会检测电阻器（5 分）				
			会检测电位器（5 分）				
			会检测特殊电阻（10 分）				
5	职业素养	10	学习态度：积极主动参与学习（3 分）				
			团队合作：与小组成员一起分工合作，不影响学习进度（3 分）				
			现场管理：服从工位安排、执行实训室“6S”管理规定（4 分）				
6	合计	100					
7	综合评价与建议		任课教师签名：　　年　月　日				

五、知识拓展

敏感电阻器

电阻器除普通电阻器外，还有敏感电阻器。敏感电阻器是一类对电压、温度、湿度、光或磁场等物理量反应敏感的电阻元件，包括压敏电阻器、热敏电阻器、光敏电阻器、湿敏电阻器、气敏电阻器、力敏电阻器及磁敏电阻器等。

1. *敏感电阻器的型号命名*

敏感电阻器的型号命名由 4 部分组成，如图 3-25 所示。第一部分用字母“M”表示敏感电阻器的主称，第二部分用字母表示类别，第三部分用字母或数字表示用途或特征，第四部分用数字表示序号。敏感电阻器型号的意义如表 3-8、表 3-9 和表 3-10 所示。例如，型号为 MF11，表示

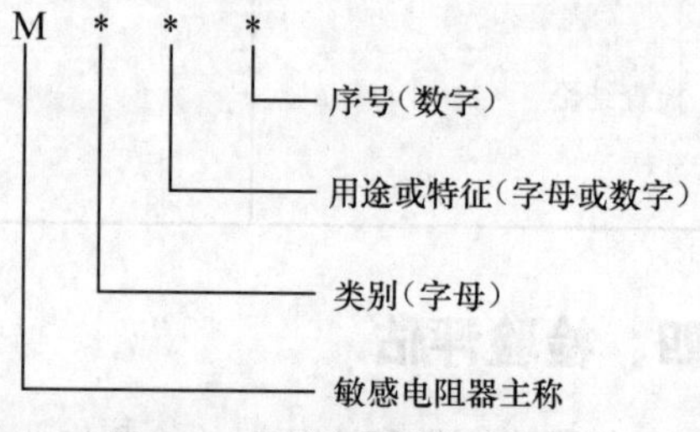

图 3-25　敏感电阻器的型号命名

这是普通负温度系数热敏电阻器；型号为MG41，表示这是可见光光敏电阻器。

表3-8　　敏感电阻器型号的意义

第一部分（主称）	第二部分（类别）	第三部分（用途或特征）	第四部分（序号）
M	C：磁敏电阻	数字或字母	代表生产批次
	F：负温度系数热敏电阻		
	G：光敏电阻		
	L：力敏电阻		
	Q：气敏电阻		
	S：湿敏电阻		
	Y：压敏电阻		
	Z：正温度系数热敏电阻		

表3-9　　敏感电阻器型号中第三部分数字代号的意义

代　号	负温度系数热敏电阻	正温度系数热敏电阻	光 敏 电 阻	力 敏 电 阻
0	特殊	—	特殊	—
1	普通	普通	紫外光	硅应变片
2	稳压	—		—
3	微波测量	—		硅杯
4	旁热式	—	可见光	—
5	测温	测温		—
6	控温	控温		—
7	—	消磁	红外光	—
8	线性	—		—
9	—	恒温		—

表3-10　　敏感电阻器型号中第三部分字母代号的意义

代　号	压 敏 电 阻	湿 敏 电 阻	气 敏 电 阻	磁 敏 电 阻
B	补偿	—	—	—
C	消磁	测湿	—	—
E	消噪	—	—	电阻器
G	高压保护	—	—	—
H	灭弧	—	—	—
K	高可靠型	控湿	可燃性	—
L	防雷	—	—	—
N	高能	—	—	—
P	高频	—	—	—
W	稳压	—	—	电位器
Y	—	—	烟敏	—

2. 热敏电阻器

热敏电阻器大多由单晶或多晶半导体材料制成，它的阻值会随温度的变化而变化。

热敏电阻器的文字符号为“R_T”，图形符号和外形如图 3-26 所示。

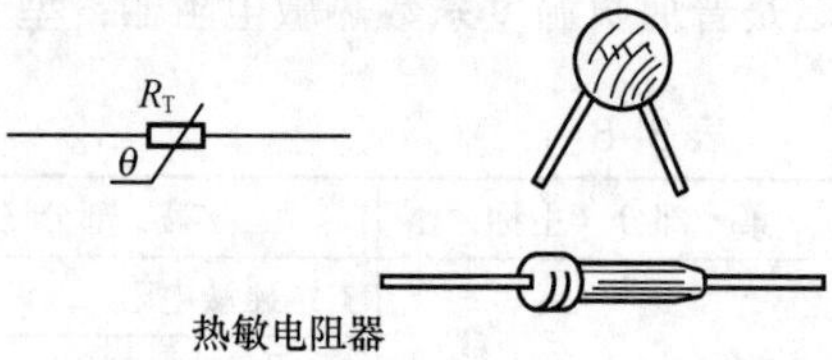

图 3-26　热敏电阻器的图形符号及外形图

热敏电阻器分为正温度系数和负温度系数两种。正温度系数热敏电阻器（PTC）的阻值随温度的升高而增加，负温度系数热敏电阻器（NTC）的阻值随温度的升高而降低。检查时，用万用表欧姆挡测量电阻（不一定与标称值一致 R25），再用手捏住或用电烙铁靠近（加热），阻值会发生变化。如果阻值不发生变化，则热敏电阻器已损坏。

热敏电阻器的主要用途是进行温度检测，常用于自动控制、自动测温、电器设备的软启动电路等。目前用得较多的是负温度系数热敏电阻器，汽车的水温传感器就是负温度系数热敏电阻器。

3. 光敏电阻器

光敏电阻器大多数由硫化镉沉积膜制成，它是利用半导体的光导电特性原理工作的。沉积膜做成“弓”字形，以增大其面积，沉积膜面积越大，受光照后阻值变化越大。

光敏电阻器的文字符号为“R”，图形符号和外形如图 3-27 所示。

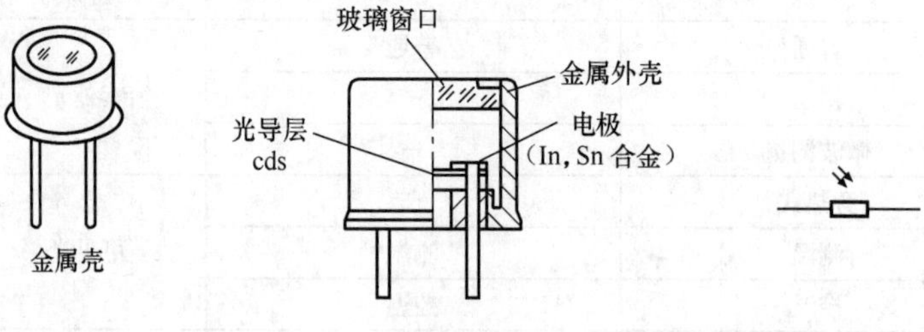

（a）外形　　（b）内部结构　　（c）符号

图 3-27　光敏电阻器的图形符号及外形图

光敏电阻器的特点是其阻值会随入射光线的强弱而变化，入射光线越强，其阻值越小；入射光线越弱，其阻值越大。根据光敏电阻器的光谱特性，可分为红外线光敏电阻器、可见光光敏电阻器、紫外光光敏电阻器等。

检查时，将万用表置于 R × 10kΩ 挡，先测量其亮值电阻，再用遮光厚纸片遮住受光区，测量其阻值，两者应相差很大。若阻值变化不大，或有光照时，测得电阻为 0 或无穷大，可判定产品已坏。

光敏电阻器的主要用途是进行光的检测，广泛应用于自动控制、光电控制、通信、报警等电路中。汽车自动空调的阳光传感器就是光敏电阻器，还有远近灯光自动转换的传感器也是光敏电阻器。

任务3.2　电容器的识别与检测

【工作任务】

本任务主要介绍电容器的相关知识，并进行相关检测。通过本任务的学习，使学生能认识电容器的外观，理解其参数含义，具备对电容器进行性能检测的相关技能。

【学习目标】

（1）能辨别电容器的种类；

（2）能正确识别电容器的参数；

（3）能正确检测电容器的性能；

（4）在教师的引导下，制定电阻器和电位器的检测内容；

（5）根据检测计划，完成电阻器和电位器的检测。

一、信息收集与处理

电容器的识别与检测按照表 3-11 完成任务 3.2 的信息收集与处理。

表 3–11　　信息收集与处理

1. 电容器的种类及符号	备注

电容器是一种最基本、最常用的电子元件，它能储存电荷，有通交流、隔直流、通高频、阻低频的特性，通常简称为电容。按电容器的电容量是否可调，电容器分为固定电容器和可变电容器两大类。

固定电容器包括无极性电容器和有极性电容器，外形如图 3-28 所示。按介质材料不同，固定电容器又有许多种类。

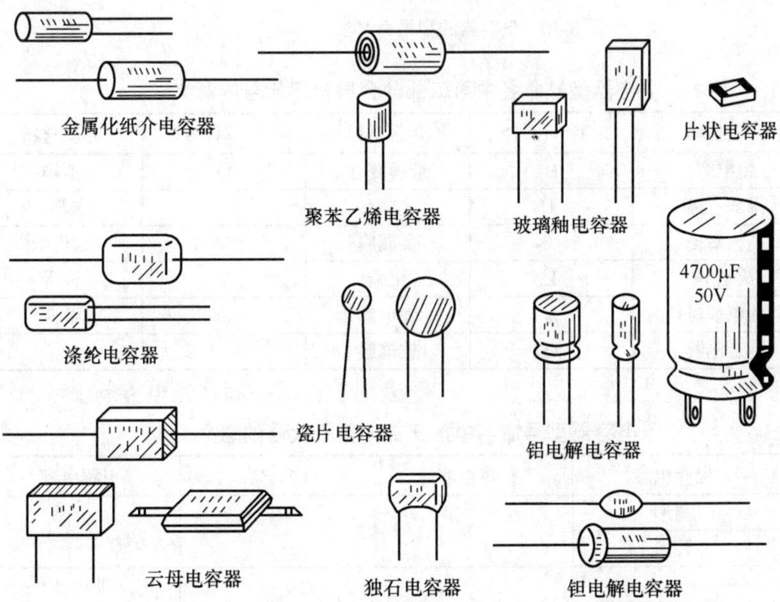

图 3-28　固定电容器的外形

（1）无极性固定电容器有纸介电容器、涤纶电容器、云母电容器、聚苯乙烯电容器、聚酯电容器、玻璃釉电容器及瓷介电容器等。

（2）有极性固定电容器有铝电解电容器、钽电解电容器、铌电解电容器等。

电容器的文字符号为“C”，图形符号如图 3-29 所示。

续表

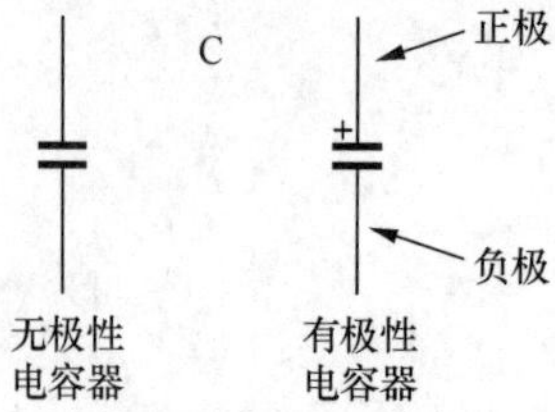

图 3-29　电容器的图形及文字符号

2. 电容器的型号命名

电容器的型号命名由 4 部分组成，如图 3-30 所示。第一部分用字母“C”表示电容器的主称，第二部分用字母表示电容器的介质材料，第三部分用数字或字母表示电容器的类别，第四部分用数字表示序号。在电容器型号中，第二部分介质材料字母代号的意义如表 3-12 所示，第三部分类别代号的意义如表 3-13 所示。

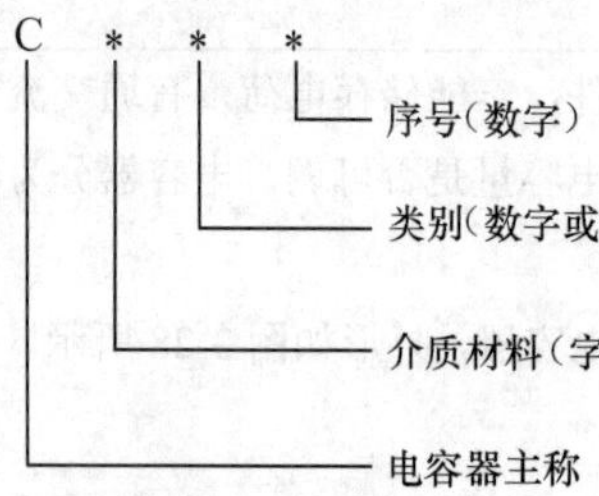

图 3-30　电容器的型号命名法

表 3–12　电容器型号命名中第二部分介质材料代号的意义

字母代号	介质材料	字母代号	介质材料	字母代号	介质材料
A	钽电解	H	纸膜复合	Q	漆膜
B	聚苯乙烯	I	玻璃釉	T	低频陶瓷
C	高频陶瓷	J	金属膜	V	云母纸
D	铝电解	L	聚酯	Y	云母
E	其他电解材料	N	铌电解	Z	纸介
G	合金电解	O	玻璃膜		

表 3–13　电容器型号命名中第三部分类别代号的意义

<table>
<tr><th>代号</th><th>瓷介电容</th><th>云母电容</th><th>有机电容</th><th>电解电容</th></tr>
<tr><td>1</td><td>圆形</td><td colspan="2" rowspan="2">非密封</td><td rowspan="2">箔式</td></tr>
<tr><td>2</td><td>管形</td></tr>
<tr><td>3</td><td>叠片</td><td colspan="2" rowspan="2">密封</td><td>非固体</td></tr>
<tr><td>4</td><td>独石</td><td>固体</td></tr>
<tr><td>5</td><td>穿心</td><td>—</td><td>穿心</td><td>—</td></tr>
<tr><td>6</td><td>支柱</td><td>—</td><td>—</td><td>—</td></tr>
<tr><td>7</td><td>—</td><td>—</td><td>—</td><td>无极性</td></tr>
<tr><td>8</td><td colspan="3">高压</td><td>—</td></tr>
<tr><td>9</td><td>—</td><td>—</td><td colspan="2">特殊</td></tr>
</table>

续表

续表

代号	瓷介电容	云母电容	有机电容	电解电容
G	高功率型			
J	金属化型			
W	微调型			
Y	高压型			

注意

使用有极性电容器时应注意其引线有正、负极之分，在电路中，其正极引线应接在电位高的一端，负极引线应接在电位低的一端。如果极性接反了，会使漏电流增大并易损坏电容器。

3. 电容器的参数

电容器的主要参数有电容量和耐压。

（1）电容量

电容器储存电荷的能力叫做电容量，简称容量，基本单位是法拉，简称法（F）。由于法拉作单位在实际应用中往往显得太大，所以常用微法（μF）、纳法（nF）和皮法（pF）作为单位。它们之间的换算关系是：$1F = 10^6 \mu F = 10^9 nF = 10^{12} pF$。

（2）电容器容量的常用标示方法

① 直标法。将容量数值直接标在电容器上，如图 3-31 所示。例如，100pF 的电容器上标有“100”字样，0.01μF 的电容器上标有“0.01”字样，2.2μF 的电容器上标有“2.2μ”或“2μ2”字样，47μF 的电容器上标有“47μ”字样。有极性电容器上还标有极性标志。

② 数码法。用 3 位数字表示容量的大小，其单位为 pF。3 位数字中，前两位是有效数字，第 3 位是倍乘数，即表示有效数字后零的个数，如图 3-32 所示。倍乘数的标示数为 0～8 时分别表示 $10^0 \sim 10^8$，为 9 时则表示 10^{-1}。例如，104 表示 10×10^4=100 000pF=0.1μF，479 表示 47×10^{-1}=4.7pF。

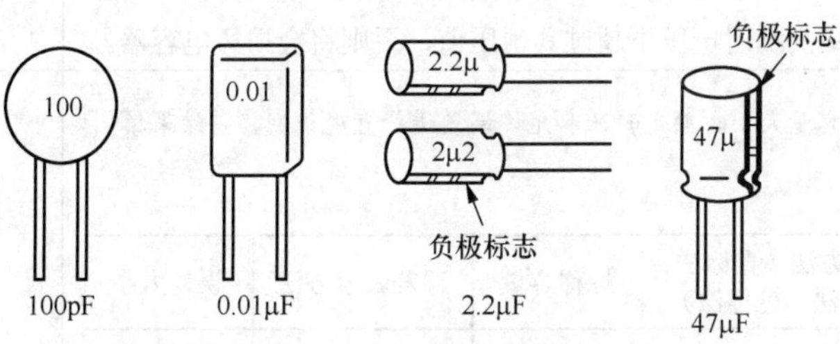

图 3-31　电容容量直标示意图

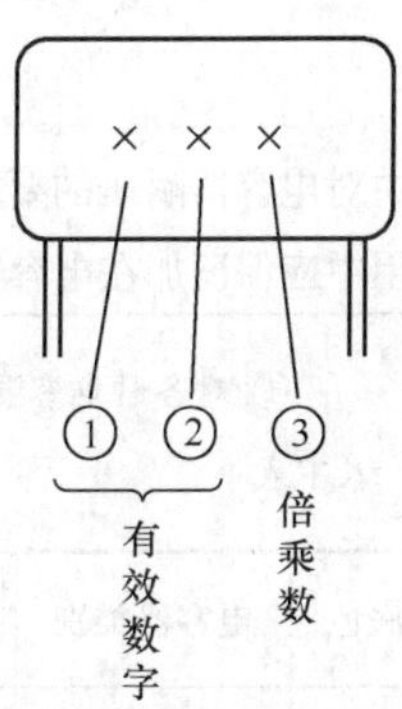

图 3-32　数码法标示容量示意图

③ 色标法。电容器的色标法与电阻器相似，单位为 pF，靠近引线端是第一环。采用色标法电容器的各色环代表的含义如表 3-14 所示。

续表

表 3–14　　电容器色环代表的意义

颜　色	有效数字	倍乘率	容许误差	耐　压
黑	0	10^0	—	—
棕	1	10^1	±1%	100
红	2	10^2	±2%	200
橙	3	10^3	—	300
黄	4	10^4	—	400
绿	5	10^5	—	500
蓝	6	10^6	—	600
紫	7	10^7	—	700
灰	8	10^8	—	800
白	9	10^9	—	900
金	—	10^{-1}	±5%	1000
银	—	10^{-2}	±10%	2000
无色	—	—	±20%	—

色标电容也分 4 环和 5 环：第 1、2、（3）环是有效数，第 3（4）环是倍率，第 4（5）环是误差，距 4（5）环较远的 5（6）环是耐压；一道色环的宽度是标准宽度的 2～3 倍，表示是相同颜色的 2 或 3 道环。例：红红橙为 22 000pF。

（3）耐压

耐压是电容器的另一个主要参数，表示电容器在连续工作中所能承受的最高电压。耐压值一般直接标在电容器上，如图 3-33 所示。也有一些体积很小的小容量电容器不标示耐压值。

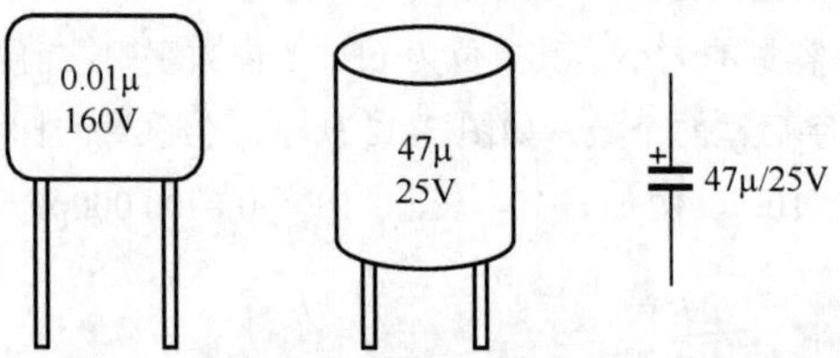

图 3-33　电容器耐压值的标示

在电路图中对电容器耐压的要求一般直接用数字标出，不作标示的可根据电路的电源电压选用电容器。在使用中应保证加在电容器两端的最高瞬时电压不超过其耐压值，否则将会损坏电容器。

想一想

① 对各种电容器的类别、容量大小、额定耐压和允许误差进行直观识别，将结果填入下表中。

序号	电容底色	电容器类别	容量标称方法（直标法、文字符号法、色标法）	标称容量	误差表示方法	误差大小

续表

② 识读高频瓷片电容器、云母电容器、涤纶电容器、铝电解电容器上的标志，将结果填入下表中。

序号	电容器标志	电容器名称	电容值	额定耐压	误差

4. 电容器的工作原理

电容器的作用是隔直流通交流，即直流电流不能通过电容器，交流电流可以通过电容器。电容器对交流电流也具有一定的阻力，称之为容抗，用符号“X_C”表示，单位为Ω。容抗等于电容器两端交流电压（有效值）与通过电容器的交流电流（有效值）的比值。容抗X_C分别与交流电流的频率f和电容器的容量C成反比。

电容器的基本结构是两块金属电极之间夹着一绝缘介质层，如图3-34所示。可见，两电极之间是互相绝缘的，直流电无法通过电容器。但是对于交流电来说情况就不同了，交流电可以通过在两电极之间充、放电而“通过”电容器。

（1）在交流电正半周时，电容器被充电，有一个充电电流通过电容器，如图3-35（a）所示。

（2）在交流电负半周时，电容器放电并反方向充电，放电和反充电流通过电容器，如图3-35（b）所示。

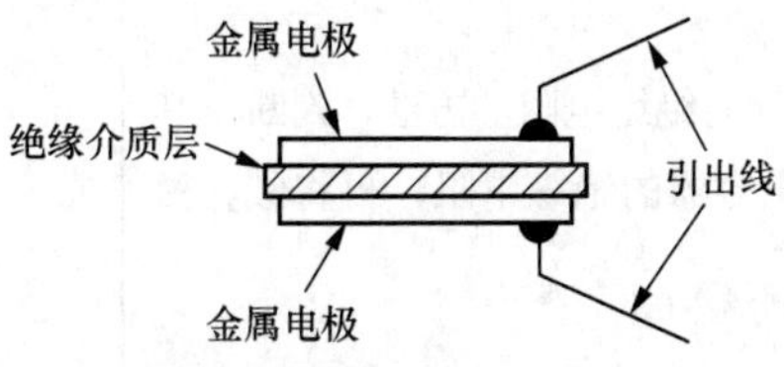

图3-34 电容器的结构示意图

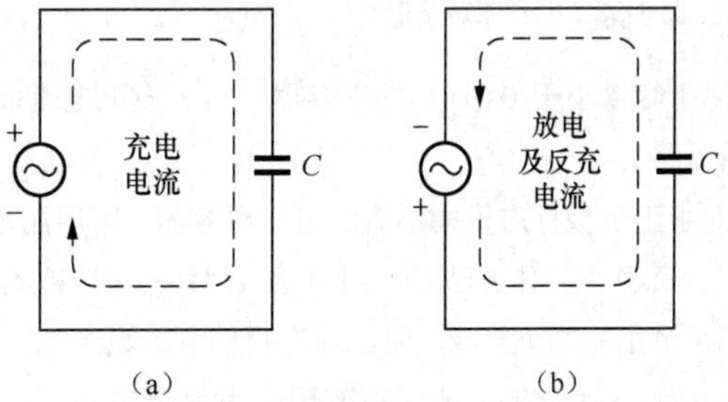

图3-35 电容器充放电示意图

5. 电容器的检测

（1）用指针式万用表检测

电容器的好坏可用指针式万用表的电阻挡检测。

① 根据电容器容量的大小，将万用表上的挡位旋钮转到适当的“Ω”挡位。例如，100μF以上的电容器用“$R\times100$”挡，1～100μF的电容器用“$R\times1k$”挡，1μF以下的电容器用“$R\times10k$”挡。

② 用万用表的两表笔（不分正、负）分别去接电容器的两引脚，在刚接触的一瞬间，表针应向右偏转，然后缓慢向左回归，如图3-36所示。对调两表笔后再测，表针应重复以上过程。电容器容量越大，表针右偏就越大，向左回归也越慢。

如果万用表表针不动，说明该电容器已断路损坏，如图3-37所示。如果表针向右偏转后不向左回归，说明该电容器已短路损坏，如图3-38所示。如果表针向右偏转然后向左回归稳定后，阻值指示小于500kΩ，如图3-39所示，说明该电容器漏电流较大，也不宜使用。

续表

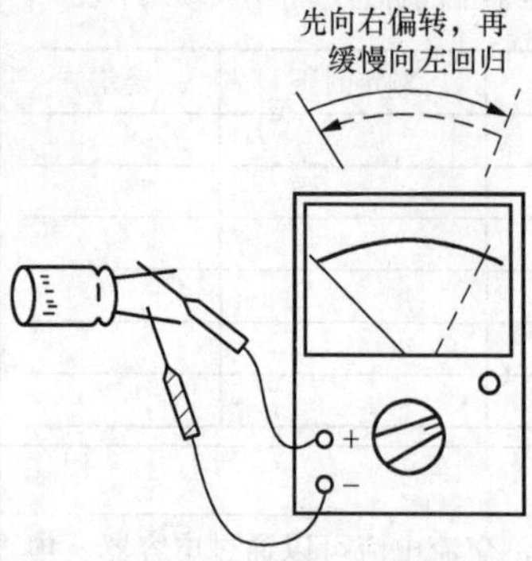

图 3-36　万用表测 0.1μF 以上电容示意图

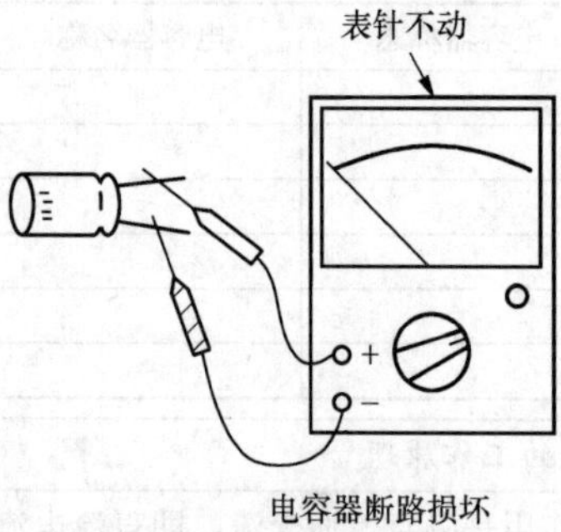

图 3-37　电容器断路情况

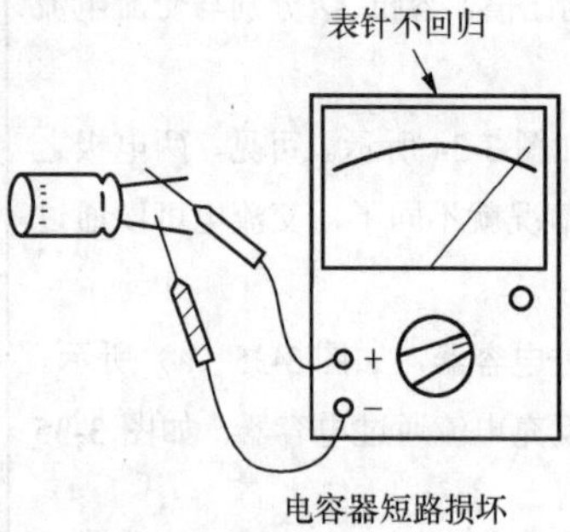

图 3-38　电容器短路情况

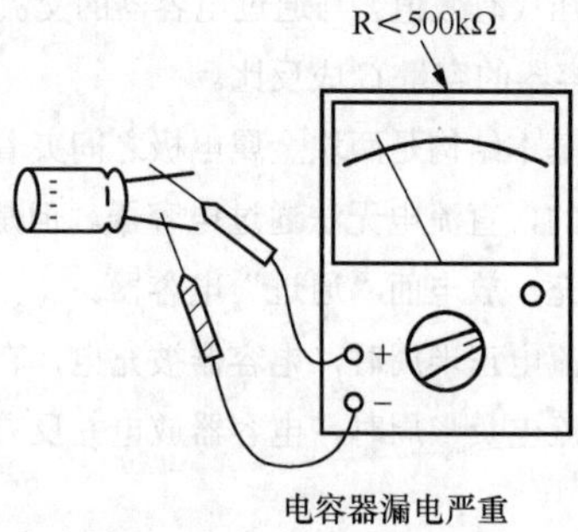

图 3-39　电容器漏电严重情况

③ 对于容量小于 0.01μF 的电容器，由于充电电流极小，几乎看不出表针右偏，因此只能检测其是否短路。

④ 对于正负极标志模糊不清的电解电容器，可用测量其正、反向绝缘电阻的方法，判断出其引脚的正、负极。具体方法是：用万用表“$R\times1$k”挡测出电解电容器的绝缘电阻，再将红、黑表笔对调后测出第二个绝缘电阻。两次测量中，绝缘电阻较大的那一次，黑表笔（与万用表内电池正极相连）所接为电解电容器的正极，红表笔（与万用表内电池负极相连）所接为电解电容器的负极，如图 3-40 所示。

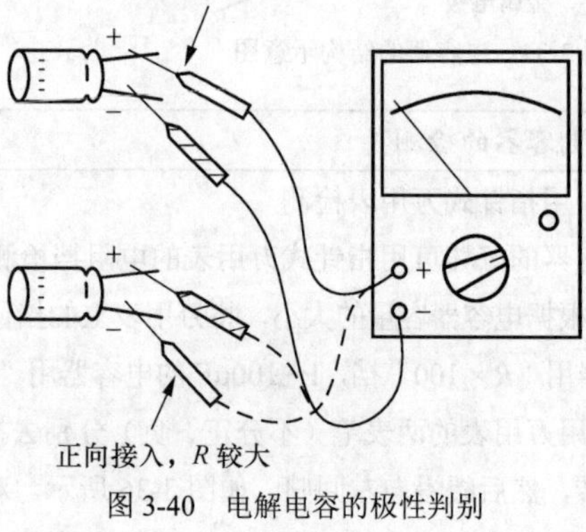

图 3-40　电解电容的极性判别

（2）用数字万用表检测

电容器也可用数字万用表的电容挡进行检测。特别是对于容量很小、指针式万用表无法检测的电容器，只能用数字万用表检测。

① 将数字万用表上挡位旋钮转到适当的“F”挡位。一般测量 2 000pF 以下电容器可选“2nF”挡，2 000pF～19.99nF 电容器可选“20nF”挡，20～199.9nF 电容器可选“200nF”挡，200nF～1.999μF 电容器可选“2μF”挡，2～19.99μF 电容器可选“20μF”挡。

② 将被测电容器插入数字万用表上的“Cx”插孔，LCD 显示屏即显示出被测电容器 C 的容

续表

量。如显示“000”（短路）、仅最高位显示“1”（断路）或显示值与电容器上标示值相差很大，则说明该电容器已损坏。
学习小结：

二、制定电容器的检测计划

根据教师发放的电容器，制定对电容元件的检测计划见表 3-15。

表 3–15　制定电容元件的检测计划

序号	计划步骤	具体内容	备注
1	检测前的准备	1．前期要准备什么？ 2．检测作业需要哪些工、量具？	
2	电容器检测的内容及简单步骤		
3	其他方面		
4	意见及建议		

三、实施电容器的检测作业

根据电容器的检测作业计划实施检测作业，任务书如表 3-16 所示。

表 3–16　　电容器的检测作业任务书

<table>
<tr><td>1．前期准备</td><td colspan="4">1．检查万用表是否是好的；　　是□否□
2．检查消防器具是否良好。　　是□否□</td></tr>
<tr><td rowspan="4">2．电容器的检测</td><td>检查任务</td><td>作业要领</td><td>技术标准及检查记录</td><td>备注</td></tr>
<tr><td rowspan="3">电容器的检测</td><td>1．用指针式万用表的欧姆挡对各种容量的高频瓷片电容器、云母电容器、涤纶电容器、铝电解电容器、钽电解电容器进行测量，将结果填入下表中。
<table>
<tr><th>序号</th><th>电容器类型</th><th>电容器标称容量</th><th>电容器实际测量值</th><th>标称电容量误差</th></tr>
<tr><td></td><td></td><td></td><td></td><td></td></tr>
<tr><td></td><td></td><td></td><td></td><td></td></tr>
<tr><td></td><td></td><td></td><td></td><td></td></tr>
<tr><td></td><td></td><td></td><td></td><td></td></tr>
<tr><td></td><td></td><td></td><td></td><td></td></tr>
<tr><td></td><td></td><td></td><td></td><td></td></tr>
</table>
</td><td rowspan="3"></td><td>完成□</td></tr>
<tr><td>2．用指针式万用表的欧姆挡判断电解电容的正负极性。</td><td>完成□</td></tr>
<tr><td>3．用指针式万用表的电容挡对各种容量的容量进行检测。</td><td>完成□</td></tr>
<tr><td>检查结论</td><td colspan="4"></td></tr>
</table>

四、检验评估

填写电容器的检测作业任务检验评估表，见表 3-17。

表 3–17　　电容器的检测作业任务检验评估

序号	评价内容	配分	评 分 标 准	自评	互评	师评	总评
1	任务完成情况	30	制定检查计划（6 分）				
			完成作业任务书（6 分）				
			完成任务过程情况（6 分）				
			任务完成质量（6 分）				
			在小组完成任务过程中所起作用（6 分）				

续表

序号	评价内容	配分	评 分 标 准	自评	互评	师评	总评
2	专业知识	30	能识别电容器的种类（5 分）				
			能识别色环电容器的容量、误差及耐压值（5 分）				
			会描述电解电容器极性判别的方法（6 分）				
			会描述电容器好坏检测方法（8 分）				
			会描述检查作业时的安全事项（6 分）				
3	仪器、工具选用	10	会正确选择合适的工、量具（5 分）				
			会正确使用工、量具（5 分）				
4	基本技能	20	会检测电容器的好坏（5 分）				
			会检测电容器的极性（5 分）				
			会检测电容器的容量（10 分）				
5	职业素养	10	学习态度：积极主动参与学习（3 分）				
			团队合作：与小组成员一起分工合作，不影响学习进度（3 分）				
			现场管理：服从工位安排、执行实训室“6S”管理规定（4 分）				
6	合计	100					
7	综合评价与建议		任课教师签名： 年 月 日				

五、知识拓展

（一）贴片电容器

（1）贴片电容器的容量代码由 3 位数字组成，单位为 pF；

（2）贴片钽电解电容器通常用四色环标注，前三环表示容量，第四环表示耐压。

（3）有一种贴片电容器容量由字母＋数字表示，字母表示有效数，数字表示 0 的个数，单位 pF。例：B3 表示：1 100pF

A:1　B:1.1　C:1.2　D:1.3　E1.5　F:1.6　G:1.8　H:2.0………

（二）电容器的选用原则

（1）电容器的类型选择

电源滤波和退耦电路中选用电解电容；高频电路和高压电路中选用瓷介和云母电容；谐振电路中可选用云母、陶瓷、有机薄膜电容；用作隔直时可选用纸介、涤纶、云母、电解电容。

（2）电容器的耐压选择

电容器的额定电压应高于其实际工作电压 10%～20%。

（3）电容器允许误差的选择

业余制作电路时，一般不考虑误差；用在振荡和延时电路中的电容器，允许误差应尽可能小

（<5%）；低频耦合电路中的电容器误差可以大一些（10%～20%）。

任务3.3 开关器件的识别与检测

【工作任务】

本任务主要介绍开关器件的相关知识，并对其进行相关检测。通过本任务的学习，使学生能认识开关的外观，理解其参数含义，具备对开关器件进行性能检测的相关技能。

【学习目标】

（1）能辨别开关器件的种类；
（2）能正确识别开关器件的参数；
（3）能正确检测开关器件的性能；
（4）在教师的引导下，制定开关器件的检测内容；
（5）根据检测计划，完成开关器件的检测。

一、信息收集与处理

开关器件的识别与检测按照表 3-18 完成任务 3.3 的信息收集与处理。

表 3–18　　信息收集与处理

1. 机械式开关	备注
开关是一种广泛应用的主控器件，在各种电子电路和电控设备中起着接通、切断、转换等控制作用。 机械式开关是最常见的电路控制装置，在汽车的各种电气系统中，会用到很多种开关，按结构分有单刀单掷开关、单刀双掷开关和多刀多掷开关等，如图 3-41 所示。 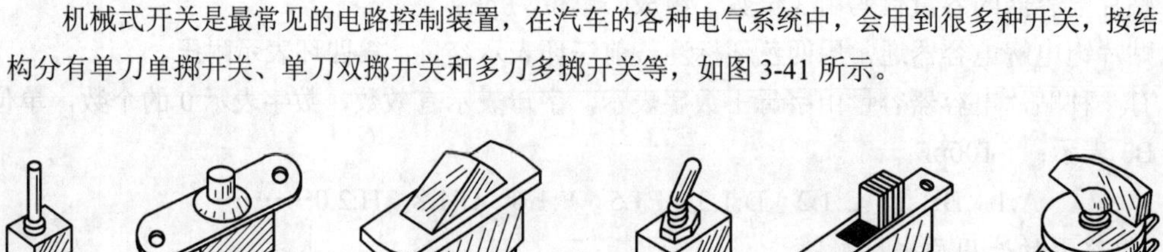 图 3-41　开关的外形结构图 （1）单刀单掷开关 这种开关是最简单的开关，它可以控制单个电路的通断，只有一个输出端和一个输入端，图形符号如图 3-42 所示。 （2）单刀多掷开关 这种开关有一个输入端和两个输出端，通过单刀多掷开关可以改变电流的流向，前照灯的变	

续表

光开关就是一种单刀多掷开关。司机可以根据需要调整开关，选择远光或近光，单刀多掷开关图形符号如图 3-43 所示。

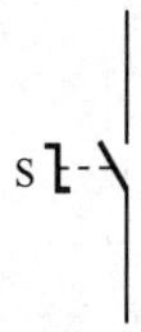

图 3-42 单刀单掷开关

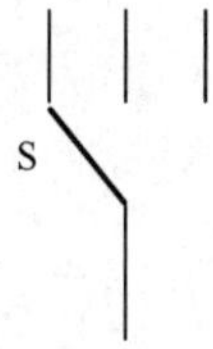

图 3-43 单刀多掷开关

（3）多刀多掷开关

这种开关有多个（两个或两个以上）输入端和多个输出端，它能同时控制多个平行的电路。常见的开关有双刀双掷、双刀三掷、多刀多掷等，点火开关就是典型的多刀多掷开关，图形符号如图 3-44 所示。

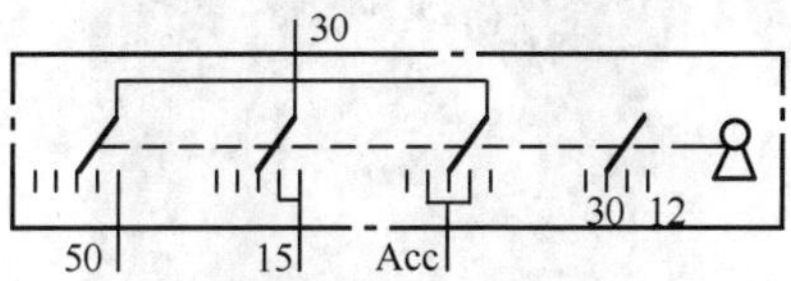

图 3-44 多刀多掷开关

（4）点触开关

这种开关有一个弹性触点，有“常开”和“常闭”式点触开关。

在汽车电路中，开关装置的功能是接通和切断电源与用电设备的连接电路。汽车上常用的开关介绍如下。

（1）电源总开关

电源总开关主要用于切断蓄电池与外电路的连接，以防止汽车停驶过程中蓄电池经外电路漏电。货车上使用的电源总开关结构如图 3-45 所示。

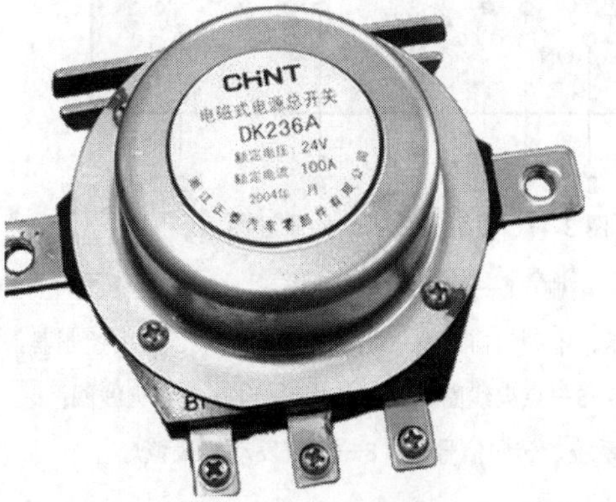

图 3-45 货车上使用的电源总开关

续表

（2）点火开关

点火开关是汽车电路中最重要的开关，是各条电路分支的控制枢纽。其外观如图 3-46 所示，结构原理如图 3-47 所示。

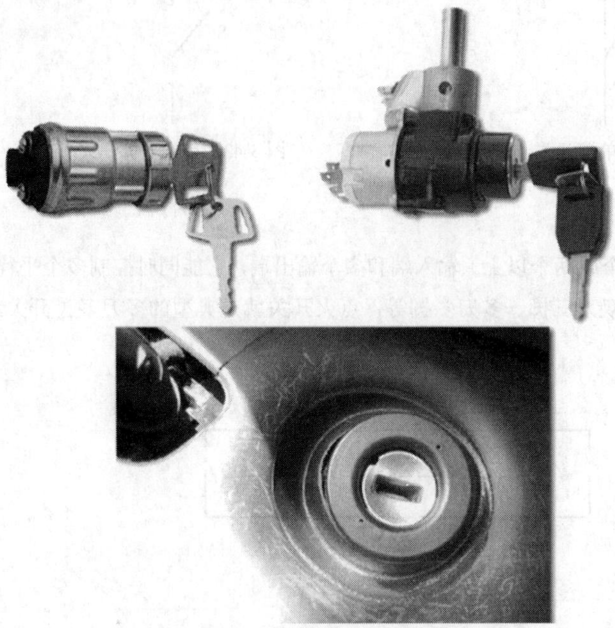

图 3-46 点火开关外观图

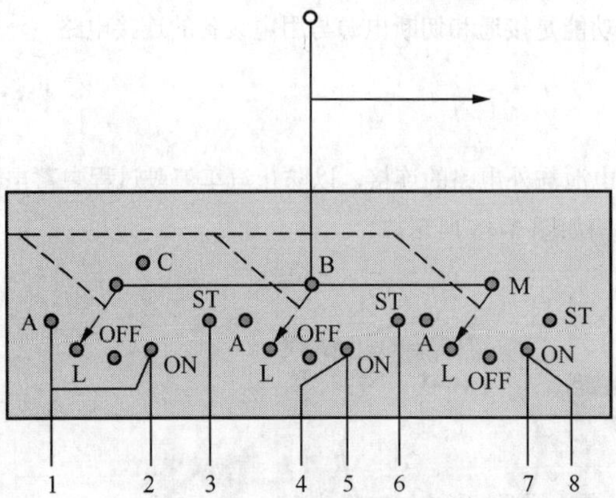

图 3-47 点火开关的结构原理图

A—附件；M、B、C—电刷；L—锁住；OFF—断开；ON—运行；ST—启动

1—刮水器、洗涤器、电动门窗；2—仪表；3—启动系、点火控制器；

4—点火控制器；5—点火线圈、安全带报警灯；6—点火线圈；

7—空调系统、转向信号灯；8—交流发动机报警灯

点火开关的各个工况如图 3-48 所示。

续表

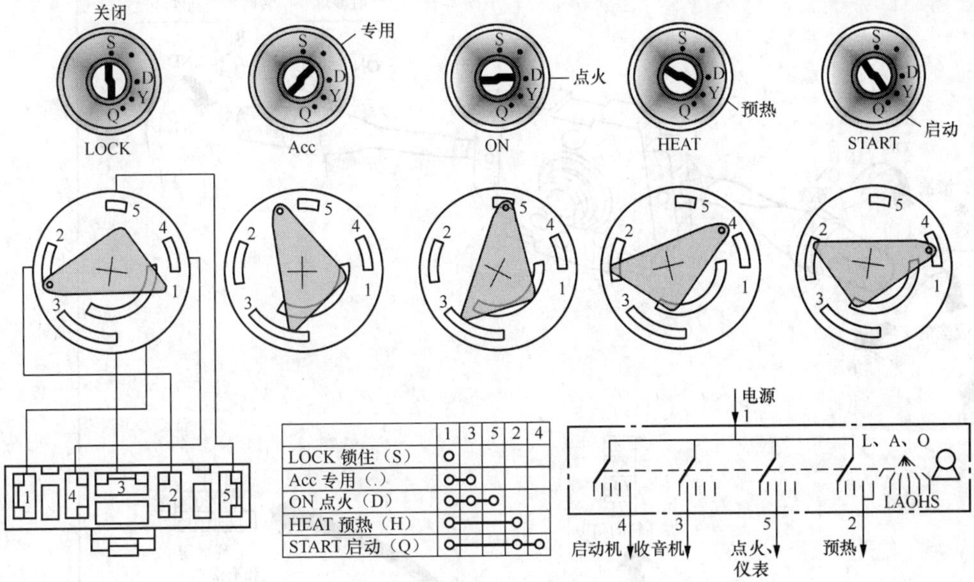

图 3-48　点火开关的工况图

（3）组合开关

组合开关将灯光开关（前照灯开关、变光开关）、转向灯开关、紧急报警灯开关、刮水器/清洗器开关等组合一体，是个多功能开关，安装在便于驾驶员操纵的转向柱上，如图 3-49 所示。多功能组合开关的结构如图 3-50 所示。

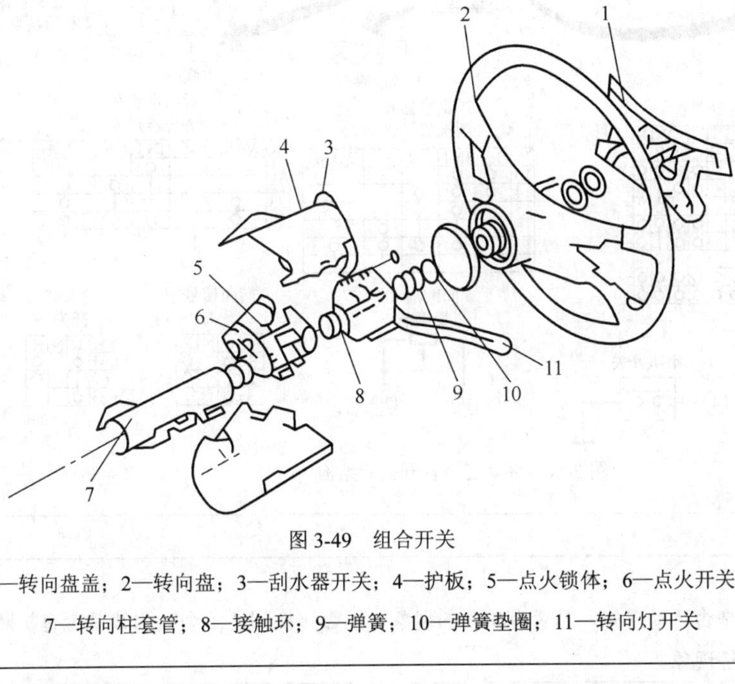

图 3-49　组合开关

1—转向盘盖；2—转向盘；3—刮水器开关；4—护板；5—点火锁体；6—点火开关；

7—转向柱套管；8—接触环；9—弹簧；10—弹簧垫圈；11—转向灯开关

续表

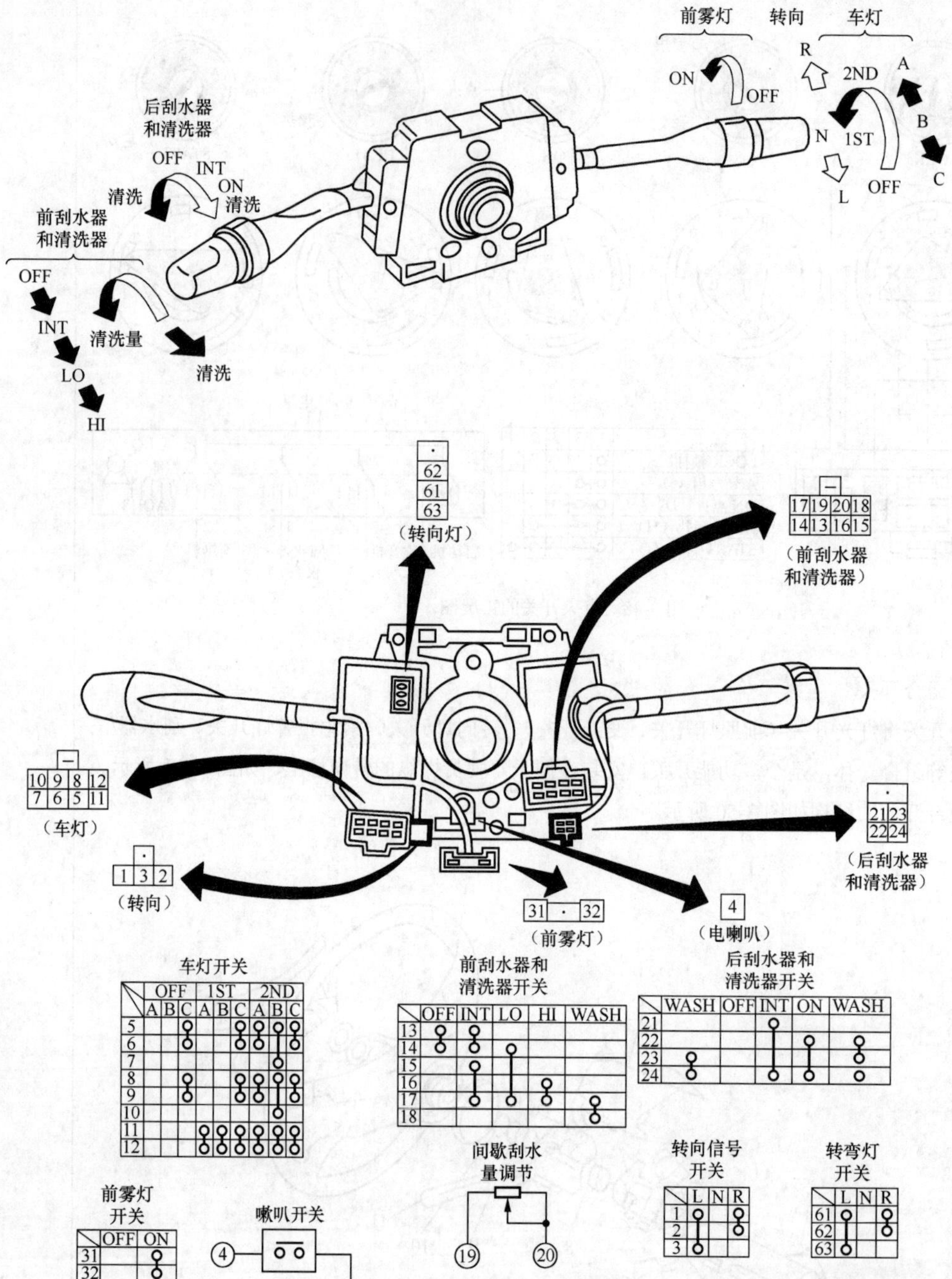

图 3-50　多功能组合开关的结构

2. 开关的检测

（1）外观检查

观察开关的手柄是否活动自如，是否有松动的现象，能否转换到位。观察引线是否有折断、紧固螺丝是否有松动等现象。

续表

（2）测量开关的接通电阻值

将万用表置于 $R\times1$ 挡，用一支表笔接开关的“极”触点的引线，另一支表笔接开关的“位”触点的引线，并将开关处于接通状态，此时所测的阻值应为 0Ω；若大于 0.5Ω，表明触点之间有接触不良故障。

（3）测量开关的断开电阻

将万用表置于 $R\times10\text{k}$ 挡，用一支表笔接开关的“极”触点引线，另一支表笔接开关的“位”触点的引线，让开关处于断开状态，此时所测的阻值应为∞；如果小于几百千欧姆时，表明开关触点之间有漏电现象。

（4）测量各触点之间的电阻

用万用表 $R\times10\text{k}$ 挡测量各组独立触点之间的电阻值，其阻值应为∞，各触点与外壳之间的电阻值也应为∞；若测出有一定阻值则表明有漏电现象。

（5）开关故障解决方法

开关出现故障率比较高，主要是接地不良、不能接通、触点之间有漏电、工作状态无法转换等。其中，接触不良的故障较为多见，表现为时通、时断，且造成的原因有多种。其中有触点氧化、触点表面脏污等故障可通过用细砂纸打磨与无水酒精清洗触点的方法来解决。对因触点打火而损坏的、触点无法接通的、触点之间有漏电的、工作状态无法转换的等，只能通过更换来解决。

想一想

如何对各种开关进行检测？主要检测哪些数据？

学习小结：

二、制定点火开关及组合开关的检测计划

根据教师发放的点火开关及组合开关，制定对这些元件的检测计划如表 3-19 所示。

表 3-19　制定点火开关及组合开关的检测计划

序号	计 划 步 骤	具 体 内 容	备注
1	检测前的准备	1．前期要准备什么？ 2．检测作业需要哪些工、量具？	

续表

序号	计划步骤	具体内容	备注
2	点火开关及组合开关检测的内容及简单步骤		
3	其他方面		
4	意见及建议		

三、实施点火开关及组合开关的检测作业

根据点火开关及组合开关的作业计划实施检测作业，任务书如表 3-20 所示。

表 3-20　点火开关及组合开关的检测作业任务书

<table>
<tr><td>1．前期准备</td><td colspan="3">1．检查万用表是否是好的；　是□否□
2．检查消防器具是否良好。　是□否□</td></tr>
<tr><td rowspan="4">2. 点火开关及组合开关的检测</td><td>检查任务</td><td>作业要领</td><td>技术标准及检查记录</td><td>备　注</td></tr>
<tr><td rowspan="3">点火开关及组合开关的检测</td><td>1．对教师发放的各种开关的类别、额定电压、额定电流进行直观识别，用万用表测量开关闭合时的阻值和开关断开时的阻值，并判断其好坏，将结果填入下表中。
<table><tr><td>序号</td><td>开关类别</td><td>额定电压</td><td>额定电流</td><td>闭合时的电阻值</td><td>断开时的电阻值</td><td>开关好坏</td></tr><tr><td></td><td></td><td></td><td></td><td></td><td></td><td></td></tr><tr><td></td><td></td><td></td><td></td><td></td><td></td><td></td></tr><tr><td></td><td></td><td></td><td></td><td></td><td></td><td></td></tr></table></td><td></td><td>完成□</td></tr>
<tr><td>2．对点火开关的各触点进行判断。
<table><tr><td>标号</td><td>1</td><td>2</td><td>3</td><td>4</td></tr><tr><td>1</td><td></td><td></td><td></td><td></td></tr><tr><td>2</td><td></td><td></td><td></td><td></td></tr><tr><td>3</td><td></td><td></td><td></td><td></td></tr><tr><td>4</td><td></td><td></td><td></td><td></td></tr></table></td><td></td><td>完成□</td></tr>
<tr><td>3．对组合开关的各挡开关进行测量、判断。</td><td></td><td>完成□</td></tr>
</table>

续表

检查结论	

四、检验评估

填写点火开关及组合开关的检测作业任务检验评估表，如表3-21所示。

表3-21 点火开关及组合开关的检测作业任务检验评估

序号	评价内容	配分	评分标准	自评	互评	师评	总评
1	任务完成情况	30	制定检查计划（6分）				
			完成作业任务书（6分）				
			完成任务过程情况（6分）				
			任务完成质量（6分）				
			在小组完成任务过程中所起作用（6分）				
2	专业知识	30	能识别各种开关（5分）				
			能描述电源总开关的结构（5分）				
			能描述点火开关的结构（6分）				
			会描述组合开关的检测方法（8分）				
			会描述检查作业时的安全事项（6分）				
3	仪器、工具选用	10	会正确选择合适的工、量具（5分）				
			会正确使用工、量具（5分）				
4	基本技能	20	会检测开关的好坏（5分）				
			会检测点火开关（5分）				
			会检测组合开关（10分）				
5	职业素养	10	学习态度：积极主动参与学习（3分）				
			团队合作：与小组成员一起分工合作，不影响学习进度（3分）				
			现场管理：服从工位安排、执行实训室“6S”管理规定（4分）				
6	合计	100					
7	综合评价与建议		任课教师签名： 年 月 日				

五、知识拓展

（一）汽车用导线和线束

1．导线

汽车导线可分为低压导线和高压导线两种。低压导线中又有普通导线、屏蔽线、启动电缆和搭铁电缆之分；高压导线有铜芯线和阻尼线两种。

（1）低压导线

① 普通低压导线，如图 3-51 所示。

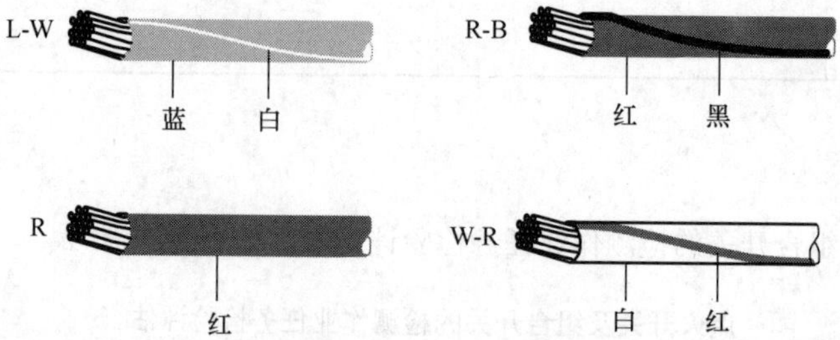

导线颜色

B—黑	L—蓝	R—红	BR—棕	LG—浅绿	V—紫
G—绿	O—橙	W—白	GR—灰	P—粉红	Y—黄

低压导线标称截面积
允许负载电流值

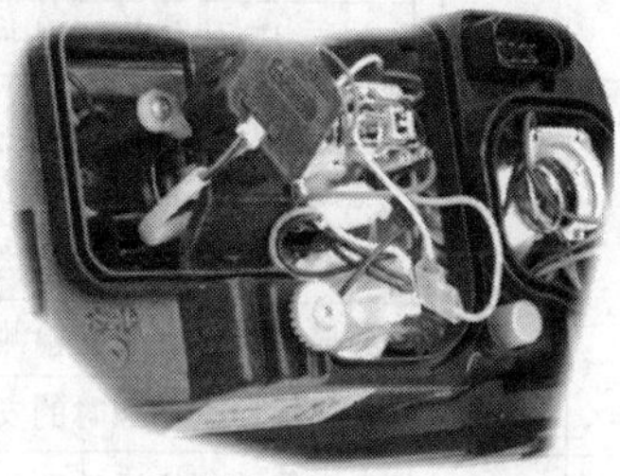

导线标称截面积 /mm²	1.0	1.5	2.5	3.0	4.0	6.0	10	13
允许电流值 /A	11	14	20	22	25	35	50	60

图 3-51 导线的颜色及载流量

② 屏蔽线。屏蔽线也称同轴射频电缆，在外层绝缘层中带有金属纺织网管或很多股导线装在一层编织金属网内，再在网管外套装一层护套，成为屏蔽网。

③ 启动电缆。启动电缆多为带绝缘包层的大截面铜质多丝软线，用来连接蓄电池与启动开关的主接线柱，它不以工作电流的大小来选定，而受工作时的电压限制。

④ 搭铁电缆。搭铁电缆常用于电池与车架、车架与车身、发动机与车架等总成之间的连接。

（2）高压导线

高压导线用来传送点火系的高压电。汽车高压导线的线芯截面积小，约为 1.5mm^2。

绝缘包层厚，耐压数值高，一般应在 15kV 以上，高压导线如图 3-52 所示。

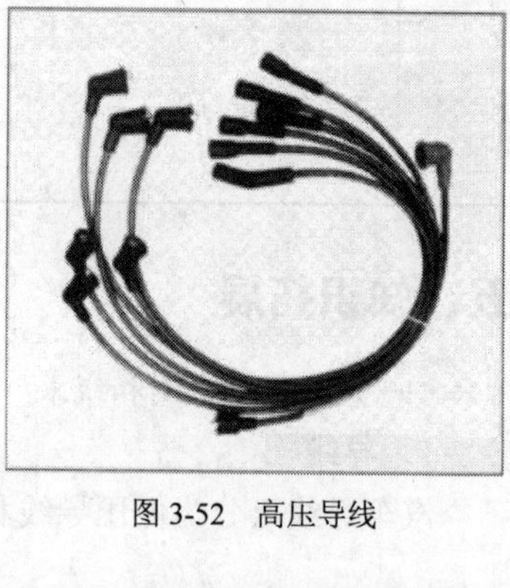

图 3-52 高压导线

2．线束：发动机线束、仪表线束、车身线束。

（二）开关的参数

1．额定电压

额定电压是指开关长期安全运行所允许的最高工作电压。选用开关时应注意，开关的额定电压应大于或等于其工作电路的最大电压。

2. 额定电流

额定电流是指开关在长期正常工作的前提下所能按通或切断的最大负载电流。选用开关时应注意，所控制电路的最大电流不能超过其额定电流。

（三）继电开关及电子开关

机械式开关由人工操作，不便于实现远程控制和自动控制，因此在很多电路中应用了继电开关和电子开关。继电开关和电子开关的有关内容介绍，我们将放在后面的章节中介绍。

任务3.4 电磁器件的识别与检测

【工作任务】

本任务主要介绍电磁器件的相关知识，并对其进行相关检测。通过本任务的学习，学生能认识电磁器件的外观，理解其参数含义，具备对电磁器件进行性能检测的相关技能。

【学习目标】

（1）能理解电磁器件的结构；

（2）能正确识别电磁器件的参数；

（3）能正确检测电磁器件的性能；

（4）在教师的引导下，制定电磁器件的检测内容；

（5）根据检测计划，完成电磁器件的检测。

一、信息收集与处理

电磁器件的识别与检测按照表3-22完成任务3.4的信息收集与处理。

表3-22 信息收集与处理

1. 继电器的基本结构	备注
继电器在汽车上应用非常广泛，通常一辆汽车上要有几十种各种型号的继电器。但无论哪种型号的继电器，其工作原理都是一样的。通俗地说，继电器是一种利用小电流来控制大电流电路的电磁开关，如图3-53所示。  图3-53 继电器基本结构图	

续表

继电器内部结构，如图 3-54 所示。

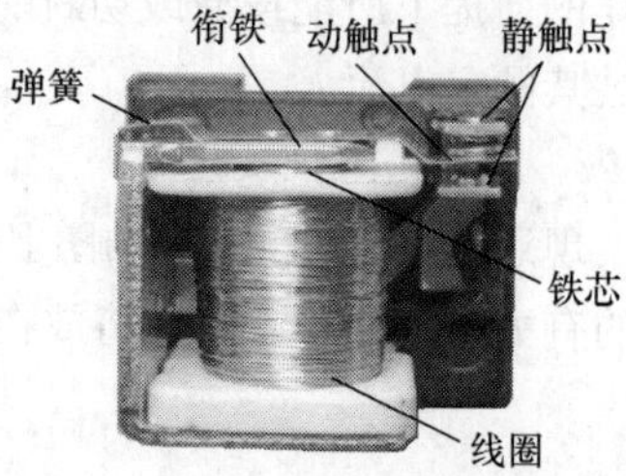

图 3-54　继电器内部结构图

2. 继电器的型号命名

（1）命名格式

继电器的型号命名格式如图 3-55 所示，命名格式中各部分含义见表 3-23。

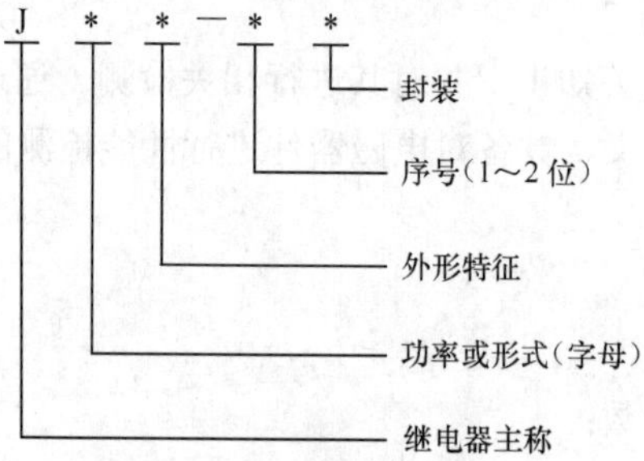

图 3-55　继电器的命名格式

表 3–23　继电器命名中各部分的含义

第一部分	第二部分	第三部分	第四部分	第五部分
继电器主称	功率或形式	外形	序号	封装
J	W：微功率 R：弱功率 Z：中功率 Q：大功率 A：舌簧 M：磁保持 H：极化 P：高频 L：交流 S：时间 U：温度	W：微型 C：超小型 X：小型 G：干式 S：湿式		F：封闭式 M：密封式 （无）：敞开式

例如：JZC-21F/006-1Z21 的含义如下。

J	Z	C	-21	F	/006	-1Z	2	1
继电器	中功率	超小型	序号	封闭式	额定电压 6V	组转换触点	1：表示塑封式 2：表示防尘罩式	1：表示纯银镀金触点 2：表示纯银触点

续表

（2）继电器的文字符号含义如下。

继电器线圈符号	继电器触点符号		说　明
KT	动合触点（常开触点），称 H 型	KA	平时断开，有电接通
	动断触点（常闭触点），称 D 型	KA	平时接通，有电断开
	切断触点（转换触点），称 Z 型	KA	有电转换接通方向

3. 继电器的工作原理

继电器工作原理如图 3-56 所示。继电器有两个电路，一个是控制电路，另一个是负载电路。控制电路由一个线圈控制负载电路中开关的开闭。当给控制电路中的线圈 85-86 引脚接通电流后，就会产生一个磁场，该磁场会作用于负载电路 30-87 引脚中的开关使其闭合，从而接通负载电路。当切断控制电路中的电流后，磁场消失，负载电路中的开关会恢复原位（断开状态）。这样，就可以实现以小电流流过线圈 85-86 引脚控制大电流流过开关 30-87 引脚。

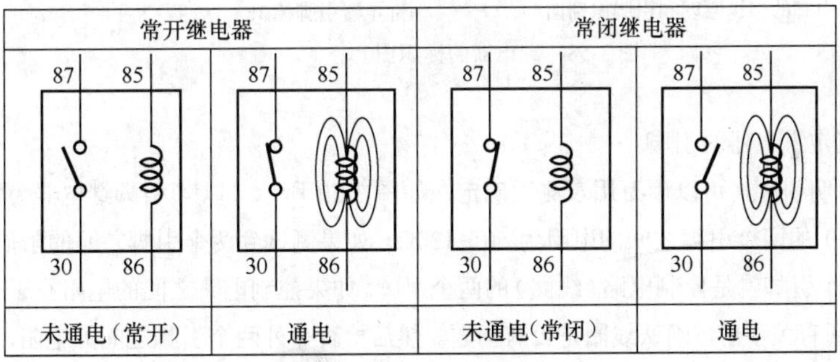

图 3-56　继电器工作原理图

以上介绍的继电器为常开继电器。在继电器的控制电路（线圈）不通电时，开关（30-87）是保持断开状态的。

还有一种继电器是常闭继电器。常闭继电器和常开继电器的工作原理是一样的，所不同的是，该继电器的负载电路（开关）是常闭的。在接通控制电路（线圈）后，开关会在磁力的作用下断开。断开控制电路的电流后，磁场消失，负载电路（开关）就会恢复到闭合状态。

4. 继电器的分类

根据不同需要，继电器引脚是不同的，有 3 引脚、4 引脚、5 引脚等，如图 3-57 所示。

3 引脚继电器的控制电路（线圈）和负载电路（开关）共用一个电源。5 引脚继电器有两个负载电路（开关），当控制电路接通电源时，引脚 30-87a 接通，当断开控制电路时，引脚 30-87 接通。继电器还可以分为电磁继电器（上述均是电磁继电器）、固态继电器和温度继电器。

续表

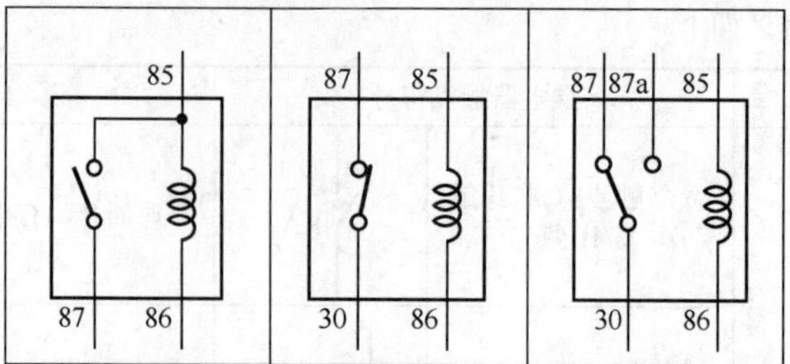

3 引脚继电器	4 引脚继电器	5 引脚继电器

图 3-57 继电器的分类图

5. 继电器的检测

诊断出现故障的继电器的主要方法是测试继电器的电路，测试的首要问题是要分清楚继电器的各个引脚。一般情况下厂家会在继电器的外壳上标明继电器的引脚和内部接线图，如图 3-58 所示，通过标识可以辨别控制电路和负载电路的引脚。

内部引脚的接线原理和引脚识别图

继电器引脚标识

图 3-58 继电器的标识图

（1）用欧姆表确定继电器的引脚

如果厂家没有标明引脚，可以用万用表测试确定，如图 3-59 所示（以 4 引脚继电器为例）。通常控制电路（线圈）的两个引脚之间的电阻为 50～120Ω。如果测试到两个引脚之间的阻值在这个范围内，那么这两个引脚就是控制电路（线圈）的两个引脚。如果控制电路之间的电阻小于 50Ω，大于 0Ω，那么要查阅有关手册，确认线圈是否有问题。然后检查另外两个引脚之间的电阻，阻值应该是 0Ω（常闭继电器）或者无穷大（常开继电器）。

注意

如果任何两个引脚之间的阻值都不在控制电路（线圈）所标明的范围内，或者所有引脚之间的阻值都是 0Ω 或无穷大，说明线圈已损坏，请更换继电器。

确定各个引脚之后，可以将引脚 85 接通电源，将引脚 86 接地。如果在控制电路（线圈）通电的同时，能听到“咔哒”声，说明线圈良好。

此时只能确定线圈良好，还不能判定继电器是否良好，如果判定继电器是否良好还需要进一步测试另外开关的两个引脚之间的电阻。如果为 0Ω 或者无穷大，说明继电器良好，如果不是，说明继电器存在高电阻故障。

如果在控制电路（线圈）通电的同时听不到“咔哒”声，说明控制电路（线圈）损坏，请更换继电器。

续表

注意

事实上，实际应用中的继电器要复杂得多。许多继电器内部接有二极管和电阻。测试内部有二极管的继电器时要特别注意，不要接反电源的极性，否则，会损坏继电器。测试复杂的继电器时，要参阅相关资料，确认继电器的内部结构，按正确程序测试。

继电器线圈检查	
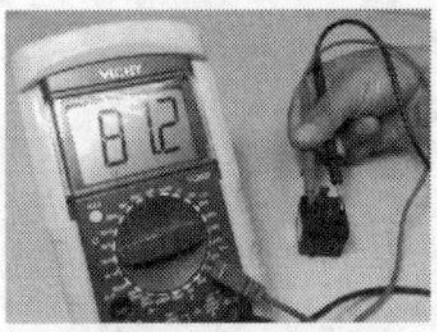	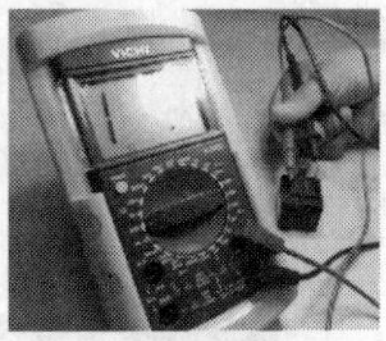
电阻值: 50～120Ω（正常）	电阻值: ∞（无穷大）（故障）

开关检查
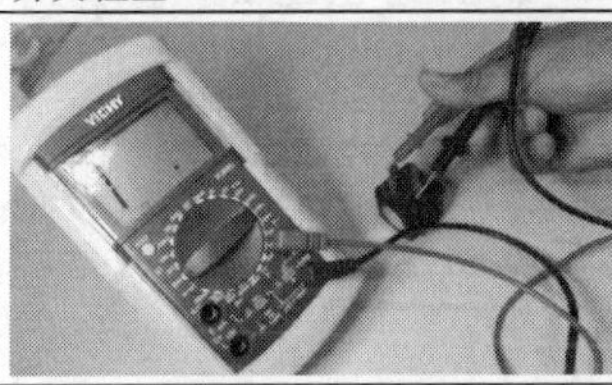
开关断开时电阻：∞（无穷大） 开关闭合时电阻：0Ω

图 3-59　继电器检查图

想一想

查阅资料，根据继电器命名方法解释下列继电器。

JZX-13F/012-2Z12　AC220V5A

J：______　Z：______　X：______

13：______　F：______　/012：______

−2Z：______　1：______　2：______

AC220V：______　5A：______指的是接点负荷，使用时要注意______参数，否则将会造成接点______、______或______，会影响接点电阻及其寿命。

（2）看图 3-60（a）写出继电器图的未通电工作状态，看图 3-60（b）写出通电时工作过程。

图（a）______

______

______

______

______

图（b）______

______

______

______

______

续表

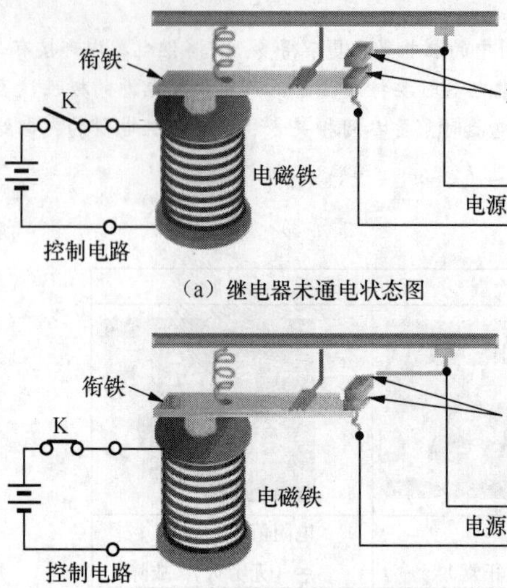

（a）继电器未通电状态图

（b）继电器通电状态图

图 3-60　继电器通电与未通电状态图

学习小结：

二、制定继电器的检测计划

根据教师发放的继电器，制定对继电器的检测计划如表 3-24 所示。

表 3-24　　制定继电器的检测计划

序号	计划步骤	具体内容	备注
1	检测前的准备	1．前期要准备什么？ 2．检测作业需要哪些工、量具？	

续表

序号	计划步骤	具体内容	备注
2	继电器检测的内容及简单步骤		
3	其他方面		
4	意见及建议		

三、实施继电器的检测作业

根据继电器的检测作业计划实施检测作业，任务书见表 3-25 所示。

表 3–25 继电器的检测作业任务书

<table>
<tr><td colspan="2">1．前期准备</td><td colspan="3">1．检查万用表是否是好的；是□否□
2．检查消防器具是否良好。是□否□</td></tr>
<tr><td rowspan="2">2．继电器的检测</td><td>检查任务</td><td>作业要领</td><td>技术标准及检查记录</td><td>备 注</td></tr>
<tr><td>继电器的检测</td><td>1．在不通电状态下检测继电器。
线圈：
触点状态：
2．在通电状态下检测继电器。
触点状态：</td><td></td><td>完成□
完成□</td></tr>
</table>

续表

检查结论	

四、检验评估

填写继电器的检测作业任务检验评估表，如表 3-26 所示。

表 3-26 继电器的检测作业任务检验评估

序号	评价内容	配分	评 分 标 准	自评	互评	师评	总评
1	任务完成情况	30	制定检查计划（6 分）				
			完成作业任务书（6 分）				
			完成任务过程情况（6 分）				
			任务完成质量（6 分）				
			在小组完成任务过程中所起作用（6 分）				
2	专业知识	30	能识别继电器的类别（5 分）				
			能识别继电器的参数（5 分）				
			会描述继电器的工作原理及主要用途（6 分）				
			会描述继电器好坏检测方法（8 分）				
			会描述检查作业时的安全事项（6 分）				
3	仪器、工具选用	10	会正确选择合适的工、量具（5 分）				
			会正确使用工、量具（5 分）				
4	基本技能	20	会检测继电器的吸合电流和释放电流（5 分）				
			会检测继电器的各引脚（5 分）				
			会检测继电器的好坏（10 分）				
5	职业素养	10	学习态度：积极主动参与学习（3 分）				
			团队合作：与小组成员一起分工合作，不影响学习进度（3 分）				
			现场管理：服从工位安排、执行实训室“6S”管理规定（4 分）				
6	合计	100					
7	综合评价与建议		任课教师签名：　　　　年　月　日				

五、知识拓展

继电器接线

按照指导老师给的零件，连接带有继电器的电路。

电池、点火开关、继电器（电源电磁开关）、导线、灯泡，如图 3-61 所示。

蓄电池	点火开关	电磁开关	导线及灯泡	

图 3-61 继电器接线

任务3.5 二极管的识别与检测

【工作任务】

本任务主要介绍二极管的相关知识，并对其进行相关检测。通过本任务的学习，使学生能认识二极管的外观，理解其参数含义，具备对二极管性能进行检测的相关技能。

【学习目标】

（1）能辨别二极管的种类；

（2）能正确识别二极管的参数；

（3）能正确检测二极管的性能；

（4）在教师的引导下，制定二极管性能的检测内容；

（5）根据检测计划，完成二极管性能的检测。

一、信息收集与处理

二极管的识别与检测按照表 3-27 完成任务 3.5 的信息收集与处理。

表 3–27 信息收集与处理

1．二极管的种类及符号	备注
（1）二极管的种类 晶体二极管简称二极管，是一种常用的半导体器件，它只有一个 PN 结。 二极管的种类很多，形状大小也各异，从外观上看，常见的有玻璃壳二极管、塑封二极管、金属壳二极管、大功率螺栓状金属壳二极管、微型二极管、片状二极管等，如图 3-62 所示。 二极管按其制造材料的不同，可分为锗管和硅管两大类，每一类又分为 N 型和 P 型；按其制造工艺不同，可分为点接触型二极管和面接触型二极管。 二极管按功能与用途不同，可分为一般二极管和特殊二极管两大类。一般二极管包括检波二极管、整流二极管、开关二极管等。特殊二极管主要有稳压二极管、敏感二极管（磁敏二极管、	

续表

温度效应二极管、压敏二极管等）、变容二极管、发光二极管、光电二极管、激光二极管等。没有特别说明时，二极管即指一般二极管。

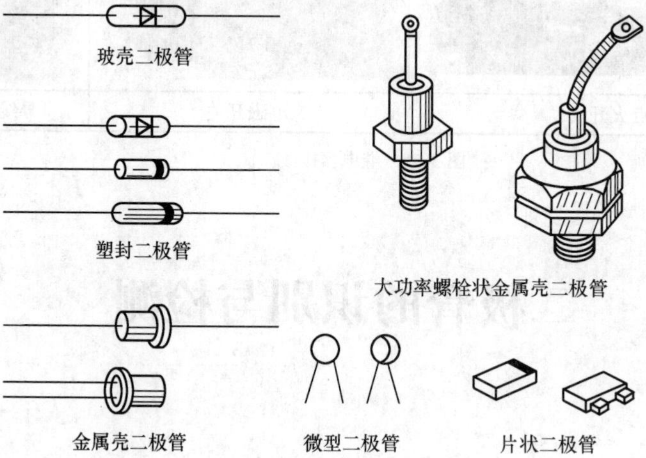

图 3-62　二极管的外观图

（2）二极管的符号

二极管的文字符号是“VD”，结构及图形符号如图 3-63 所示。

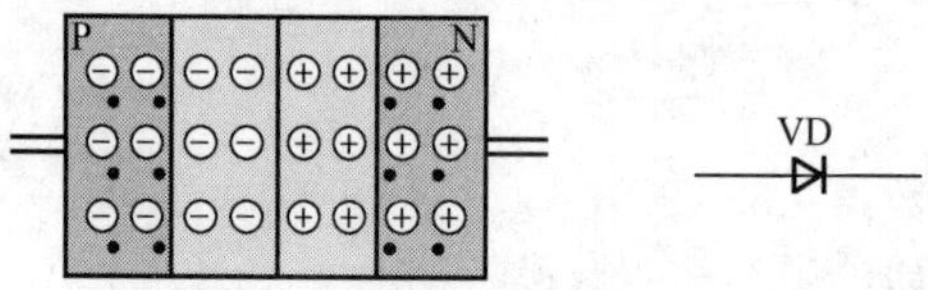

图 3-63　二极管的结构和图形符号

2. 二极管的型号命名

国产二极管的型号命名由 5 部分组成，如图 3-64 所示。第一部分用数字“2”表示两个电极，即二极管，第二部分用字母表示材料和极性，第三部分用字母表示类型，第四部分用数字表示序号，第五部分用字母表示规格。

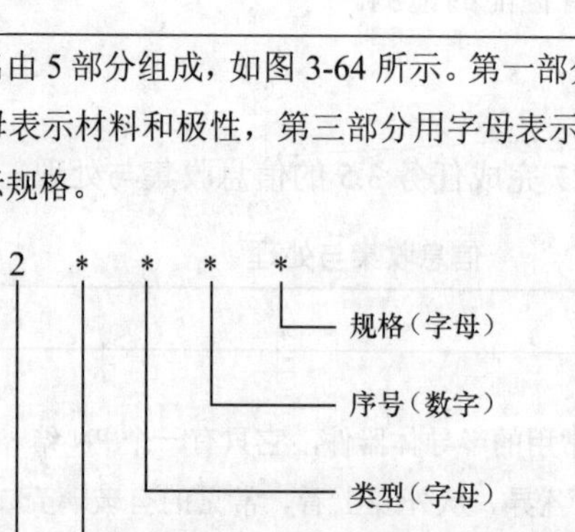

图 3-64　二极管的型号命名

二极管型号的意义见表 3-28。例如，2AP9 为 N 型锗材料普通检波二极管，2C255A 为 N 型硅材料整流二极管，2CK71B 为 N 型硅材料开关二极管。

续表

表 3-28 二极管型号的意义

第一部分	第二部分	第三部分	第四部分	第五部分
2：二极管（两个电极）	A：N 型锗材料	C：变容管	用数字代表序号，表示生产批次。	用字母代表规格，可以默认。
	B：P 型锗材料	K：开光管		
	C：N 型硅材料	L：整流堆		
	D：P 型硅材料	N：阻尼管		
	E：化合物材料	P：普通管		
		S：隧道管		
		U：光电管		
		V：微波管		
		W：稳压管		
		Z：整流管		

3．二极管的参数

二极管的参数很多，常用的检波、整流二极管的主要参数有最大整流电流 I_{FM}、最大反向电压 U_{RM} 和最高工作频率 f_M。

（1）最大整流电流

最大整流电流 I_{FM} 是指二极管长期连续工作时，允许正向通过 PN 结的最大平均电流。在使用中，实际工作电流应小于二极管的 I_{FM}，否则将损坏二极管。

（2）最大反向电压

最大反向电压 U_{RM} 是指反向加在二极管两端而不至于引起 PN 结被击穿的最大电压。使用中应选用 U_{RM} 大于实际工作电压 2 倍的二极管。如果实际工作电压的峰值超过 U_{RM}，二极管将被击穿。

（3）最高工作频率

由于 PN 结极间电容的影响，使二极管所能应用的工作频率有一个上限。f_M 是指二极管能正常工作的最高频率。在作检波或高频整流使用时，应选用 f_M 至少 2 倍于电路实际工作频率的二极管，否则不能正常工作。

4．二极管的极性

二极管两引脚有正、负极之分，如图 3-65 所示。

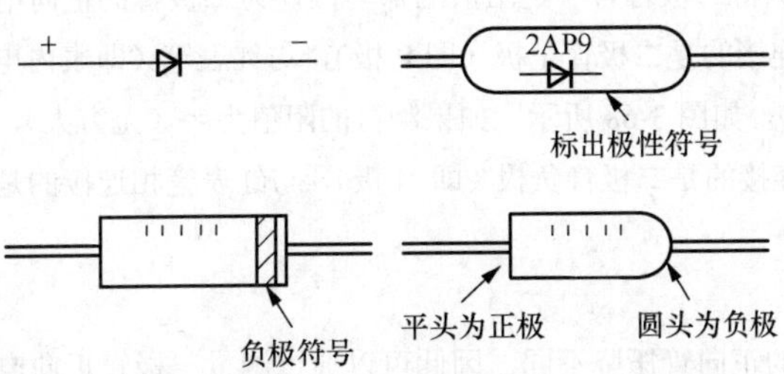

图 3-65 二极管的极性图

① 在二极管电路符号中，三角一端为正极，短杠一端为负极。

续表

② 在二极管实物中，有的将电路符号印在二极管上并标示出极性；有的在二极管负极一端印上一道色环作为负极标记；有的二极管两端形状不同，平头为正极，圆头为负极，使用时应注意识别。

5. 二极管的特点

（1）单向导电特性

二极管的特点是具有单向导电特性。一般情况下只许电流从正极流向负极，而不允许电流从负极流向正极。

（2）非线性特性

二极管是非线性半导体器件。二极管正向导通时，要在PN结上产生管压降 U_{VD}，锗二极管的正向管压降约为0.3V，如图3-66所示；硅二极管的正向管压降约为0.7V，如图3-67所示。另外，硅二极管的反向漏电流比锗二极管小得多。从伏安特性曲线可见，二极管的电压值与电流值为非线性关系。

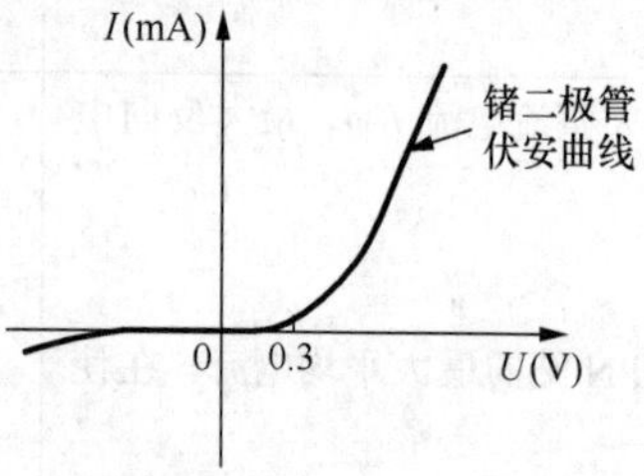

图3-66　锗二极管的特性曲线

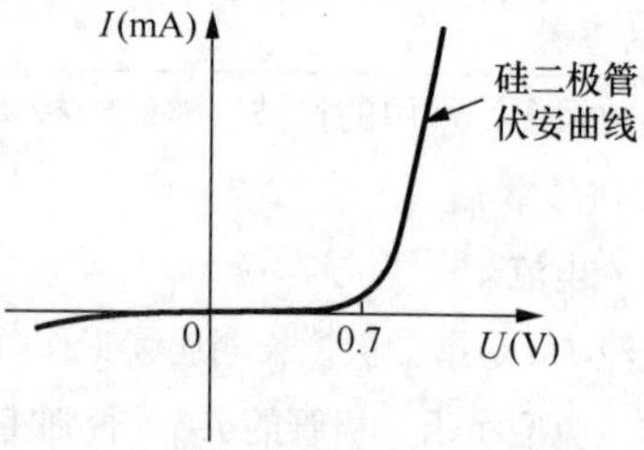

图3-67　硅二极管的特性曲线

6. 二极管的引脚判别和检测

（1）二极管的检测和引脚判别

第一步　万用表置于“$R \times 1k$”或“$R \times 100$”挡，并进行欧姆调零。

第二步　用万用表的两表笔分别接到二极管的两端，测量两端间的电阻，正、反各测量一次。如果测得一次有一定的阻值，另一次阻值为∞（无穷大），则说明二极管是好的。如果正、反两次测量的阻值均为无穷大，说明该二极管内部断路损坏；如果正、反两次测量的阻值均为0，说明该二极管已被击穿短路；如果正、反两次测量的阻值相差不大，说明该二极管质量太差，也不宜使用。在二极管是好的情况下，才能进行第三步引脚判别。

第三步　在两次测量中，测得二极管有一定阻值的那一次，为二极管的正向电阻。这时与黑表笔（即表内电池正极）相连接的是二极管正极（即P极），与红表笔（即表内电池负极）相连接的是二极管负极（即N极），如图3-68所示。如果测得的阻值为∞（无穷大），则为二极管的反向电阻。这时与黑表笔相连接的是二极管负极（即N极），与红表笔相连接的是二极管正极（即P极），如图3-69所示。

（2）锗管与硅管的判别

由于锗二极管和硅二极管的正向管压降不同，因此可以通过测量二极管正向电阻的方法来区分。用万用表的“$R \times 1k$”挡测量，如果正向电阻小于1kΩ则为锗二极管；如果正向电阻为1～10kΩ，则为硅二极管。

续表

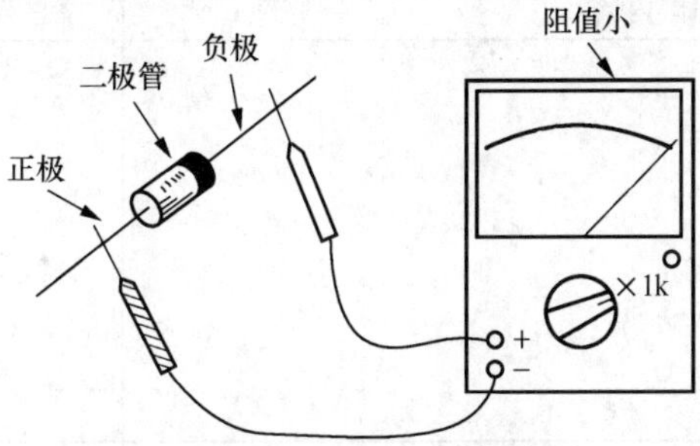

图 3-68　二极管的正向电阻

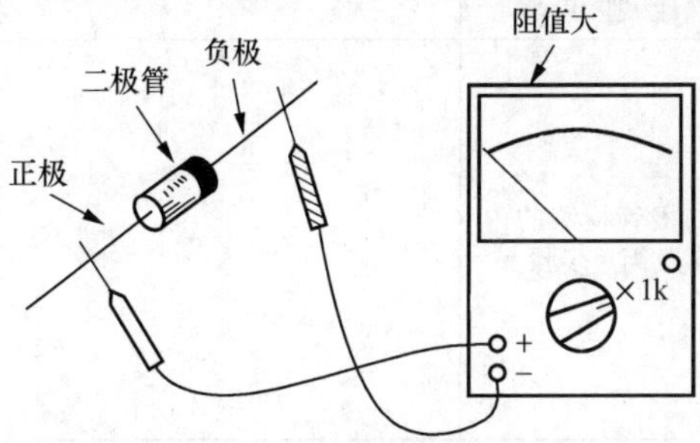

图 3-69　二极管的反向电阻

想一想

二极管的直观识别。要求：对各种二极管进行直观识别，将结果填入下表中。

序号	二极管外形	二极管型号	二极管材料	二极管在电路中用途	备注

学习小结：

二、制定各类二极管的检测计划

根据教师发放的各种二极管，制定对各类二极管的检测计划如表 3-29 所示。

表 3–29　制定各类二极管的检测计划

序号	计 划 步 骤	具 体 内 容	备注
1	检测前的准备	1．前期要准备什么？ 2．检测作业需要哪些工、量具？	

续表

序号	计 划 步 骤	具 体 内 容	备注
2	二极管检测的内容及简单步骤		
3	发光二极管及稳压二极管检测的内容及简单步骤		
4	其他方面		
5	意见及建议		

三、实施各类二极管的检测作业

根据各类二极管的检测作业计划实施检测作业，任务书如表 3-30 所示。

表 3-30　　各类二极管的检测作业任务书

<table>
<tr><td colspan="2">1．前期准备</td><td colspan="3">1．检查万用表是否是好的；　　是□否□
2．检查消防器具是否良好。　　是□否□</td></tr>
<tr><td rowspan="2">2．晶体二极管的检测</td><td>检查任务</td><td>作业要领</td><td>技术标准及检查记录</td><td>备　注</td></tr>
<tr><td>二极管、发光二极管、稳压二极管的检测</td><td>1．用指针式万用表对各类二极管进行质量检测。
要求：用指针式万用表对各类二极管的正向电阻、反向电阻进行测量，将结果填入下表中。
<table>
<tr><td>序号</td><td>二极管型号</td><td>二极管的正向电阻</td><td>二极管的反向电阻</td><td>万用表挡位</td><td>质量判断结果</td></tr>
<tr><td></td><td></td><td></td><td></td><td></td><td></td></tr>
<tr><td></td><td></td><td></td><td></td><td></td><td></td></tr>
<tr><td></td><td></td><td></td><td></td><td></td><td></td></tr>
<tr><td></td><td></td><td></td><td></td><td></td><td></td></tr>
<tr><td></td><td></td><td></td><td></td><td></td><td></td></tr>
</table></td><td></td><td>完成□</td></tr>
</table>

续表

<table>
<tr><th></th><th>检查任务</th><th>作业要领</th><th>技术标准及检查记录</th><th>备 注</th></tr>
<tr><td rowspan="2">2. 晶体二极管的检测</td><td rowspan="2">二极管、发光二极管、稳压二极管的检测</td><td>2. 用万用表对各类二极管进行质量检测。要求：测量各类二极管的正向压降，将结果填入下表中。
<table>
<tr><th>序号</th><th>二极管型号</th><th>二极管的正向压降</th><th>二极管的反向压降</th><th>万用表挡位</th><th>质量判断结果</th></tr>
<tr><td></td><td></td><td></td><td></td><td></td><td></td></tr>
<tr><td></td><td></td><td></td><td></td><td></td><td></td></tr>
<tr><td></td><td></td><td></td><td></td><td></td><td></td></tr>
<tr><td></td><td></td><td></td><td></td><td></td><td></td></tr>
<tr><td></td><td></td><td></td><td></td><td></td><td></td></tr>
</table></td><td rowspan="2"></td><td>完成□</td></tr>
<tr><td>3. 用指针式万用表判断锗管与硅管。</td><td>完成□</td></tr>
<tr><td colspan="2">检查结论</td><td colspan="3"></td></tr>
</table>

四、检验评估

填写各类二极管的检测作业任务检验评估表，见表 3-31 所示。

表 3–31 各类二极管的检测作业任务检验评估

序号	评价内容	配分	评 分 标 准	自评	互评	师评	总评
1	任务完成情况	30	制定检查计划（6 分）				
			完成作业任务书（6 分）				
			完成任务过程情况（6 分）				
			任务完成质量（6 分）				
			在小组完成任务过程中所起作用（6 分）				
2	专业知识	30	能识别二极管的种类（5 分）				
			能识别二极管的参数（5 分）				
			会描述二极管极性判别的方法（6 分）				
			会描述二极管好坏检测方法（8 分）				
			会描述检查作业时的安全事项（6 分）				
3	仪器、工具选用	10	会正确选择合适的工、量具（5 分）				
			会正确使用工、量具（5 分）				
4	基本技能	20	会检测二极管的好坏（5 分）				
			会检测二极管的极性（5 分）				
			会检测发光二极管的好坏和稳压管的稳压值（10 分）				

续表

序号	评价内容	配分	评 分 标 准	自评	互评	师评	总评
5	职业素养	10	学习态度：积极主动参与学习（3 分）				
			团队合作：与小组成员一起分工合作，不影响学习进度（3 分）				
			现场管理：服从工位安排、执行实训室“6S”管理规定（4 分）				
6	合计	100					
7	综合评价与建议	任课教师签名：　　　　年　月　日					

五、知识拓展

（一）发光二极管

发光二极管简称 LED，是一种具有一个 PN 结的半导体发光器件。

1. 发光二极管的种类

（1）按发光光谱可分为可见光 LED 和红外光 LED 两类，其中可见光 LED 包括红、绿、黄、橙、蓝等颜色。按发光效果可分为固定颜色 LED 和变色 LED 两类，其中变色 LED 包括双色和三色等。

（2）发光二极管的体积有大、中、小等多种规格。

（3）发光二极管还可分为普通型和特殊型两类。特殊型包括组合 LED、带阻 LED（电压型 LED）、闪烁 LED 等。

2. 发光二极管的符号

发光二极管的文字符号为“VD”，图形符号如图 3-70 所示。

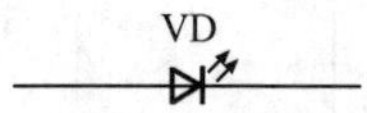

图 3-70　发光二极管的图形符号

3. 发光二极管的识别

发光二极管是一个有正、负极之分的器件，使用前应先分清它的正、负极。

对于新的发光二极管而言，两引脚中，较长的是正极，较短的是负极。对于透明或半透明塑料封装的发光二极管，可以用肉眼观察到它的内部电极的形状，正极的内电极较小，负极的内电极较大，如图 3-71 所示。

4. 发光二极管的参数

发光二极管的主要参数有最大工作电流 I_{FM} 和最大反向电压 U_{RM}。

（1）最大工作电流

最大工作电流 I_{FM} 是指发光二极管长期正常工作所允许通过的最大正向电流。使用中电流不能超过此值，否则将会烧毁发光二极管。

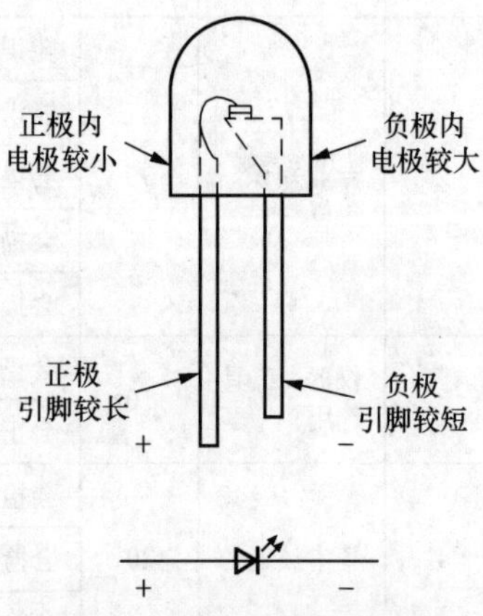

图 3-71　发光二极管的正负极

（2）最大反向电压

最大反向电压 U_{RM} 是指发光二极管在不被击穿的前提下，所能承受的最大反向电压。发光二极管的最大反向电压 U_{RM} 一般在 5V 左右，在使用中不应使发光二极管承受超过 5V 的反向电压，否则发光二极管将可能被击穿。

（3）其他参数

发光二极管还有发光波长、发光强度等参数，业余使用时可不必考虑，只要选择自己喜欢的颜色和形状就可以了。

5. 发光二极管的特点

发光二极管的特点是能够发光。发光二极管与普通二极管一样具有单向导电性，当有足够的正向电流通过 PN 结时，便会发出不同颜色的可见光或红外光。发光二极管的管压降一般比普通二极管大，约为 2V 左右，电源电压必须大于管压降，发光二极管才能正常工作。

6. 发光二极管的检测

用万用表检测发光二极管时，必须使用“$R\times10$k”挡。因为发光二极管的管压降为 2V 左右，而万用表“$R\times1$k”及其以下各电阻挡表内电池仅为 1.5V，低于管压降，无论正、反向接入，发光二极管都不可能导通，也就无法检测。“$R\times10$k”挡时表内接有 9V 电池，高于管压降，所以，可以用来检测发光二极管。万用表黑表笔（表内电池正极）接 LED 正极，红表笔（表内电池负极）接 LED 负极，这时发光二极管为正向接入，表针应偏转过半，同时 LED 中有一发光亮点，如图 3-72 所示。

再将两表笔对调后与发光二极管相接，这时为反向接入，表针应不动，LED 无发光亮点，如图 3-73 所示。如果无论正向接入还是反向接入，表针都偏转到头或都不动，则说明该发光二极管已损坏。

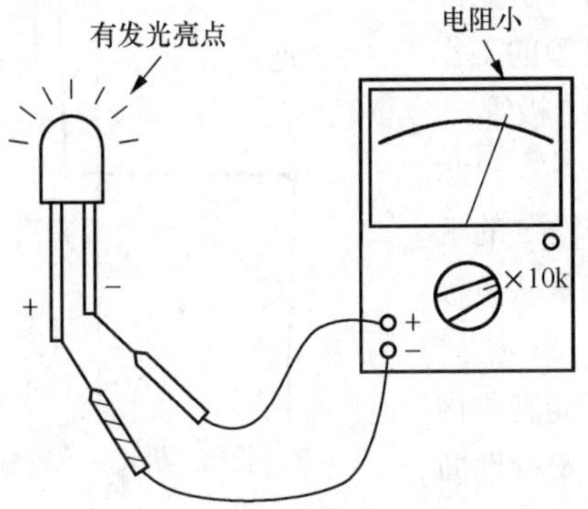

图 3-72 发光二极管正向导通

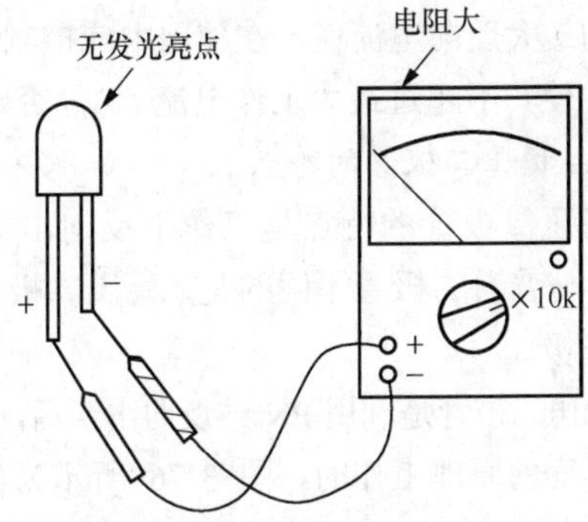

图 3-73 发光二极管反向截止

（二）稳压二极管

稳压二极管是一种特殊的具有稳压功能的二极管。它也是具有一个 PN 结的半导体器件。与一般二极管不同的是，稳压二极管工作于反向击穿状态。

1. 稳压二极管的种类

稳压二极管有许多种类。按封装不同，可分为玻璃外壳、塑料封装、金属外壳稳压二极管等；按功率不同，可分为小功率（1W 以下）和大功率稳压二极管。

2. 稳压二极管的符号

稳压二极管的文字符号为“VD”，图形符号如图 3-74 所示。

3. 稳压二极管的识别

稳压二极管两引脚有正、负极之分。由于稳压二极管工作于反向击穿状态，所以接入电路时，其负极应接电源正极，其正极应接地，如图 3-75（a）所示，*R* 为限流电阻。

稳压二极管的管体上一般均印有负极标志或图形符号，如图 3-75（b）和（c）所示，使用时应注意识别。

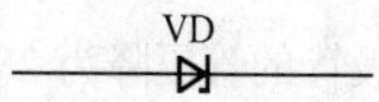

图 3-74 稳压二极管的图形符号

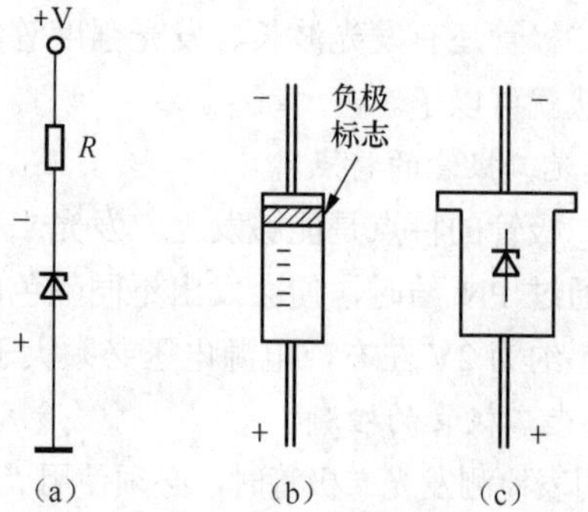

图 3-75 稳压二极管的识别

4. 稳压二极管的参数

稳压二极管的主要参数是稳定电压 U_Z 和最大工作电流 I_{ZM}。

（1）稳定电压

稳定电压 U_Z 是指稳压二极管在起稳压作用的范围内，其两端的反向电压值。不同型号的稳压二极管具有不同的稳定电压 U_Z，使用时应根据需要选取。

（2）最大工作电流

最大工作电流 I_{ZM} 是指稳压二极管长期正常工作时，所允许通过的最大反向电流值。在使用中应控制通过稳压二极管的工作电流，使其不超过最大工作电流 I_{ZM}，否则将烧毁稳压二极管。

5. 稳压二极管的特点

稳压二极管的特点是工作于反向击穿状态时具有稳定的端电压。与普通二极管不同的是，稳压二极管的工作电流是从负极流向正极。

稳压二极管是利用 PN 结反向击穿后，其端电压在一定范围内保持不变的原理工作的。图 3-76 所示为稳压二极管伏安特性曲线。在加正向电压或反向电压较小时，稳压二极管与一般二极管一样具有单向导电性。当反向电压增大到一定程度时，反向电流剧增，二极管进入了反向击穿区，这时即使反向电流在很大范围内变化，二极管端电压仍保持基本不变，这个端电压即为稳定电压 U_Z。只要使反向电流不超过最大工作电流 I_{ZM}，稳压二极管是不会损坏的。

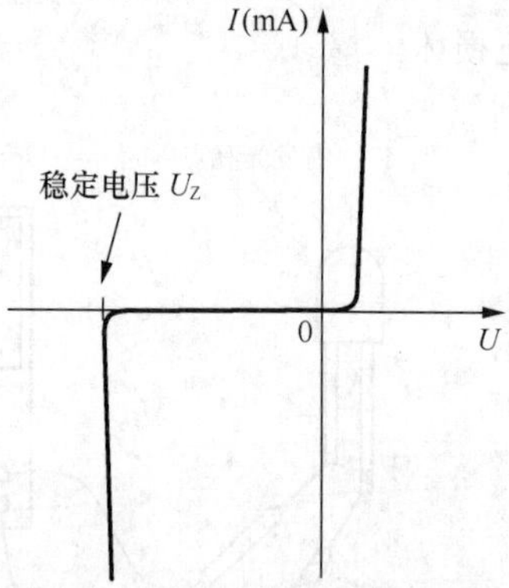

图 3-76 稳压二极管伏安特性曲线

6. 稳压二极管的检测

（1）常规检测

稳压二极管可用万用表进行引脚识别和检测。其检测方法与检测晶体二极管基本相同，只是稳压二极管的反向电阻要小一些。

（2）测量稳压值

稳压值在 9V 以下的稳压二极管，可以用南京科华 MF47E 万用表直接测量其稳压值。具体方法是：将万用表置于“$R\times$10k”挡，红表笔（表内电池负极）接稳压二极管正极，黑表笔（表内电池正极）接稳压二极管负极，如图 3-77 所示。

因为 MF47E 万用表内“$R\times$10k”档所用电池为 9V，所以读数时刻度线最左端为 9V，最右端为 0。例如，测量时表针指在左 1/3 处，则其读数为 6V。

可利用万用表原有的 50V 挡刻度来读数，并代入以下公式求出稳压值 U_Z：

$$U_Z = 9(50 - x)/50\ \text{V}$$

式中，x 为 50V 挡刻度线上的读数。如果所用万用表的“$R\times$10k”挡电池不是 9V，则将上式中的“9V”改为自己所用万用表内电池的电压值即可。

对于稳压值 $U_Z \geqslant 9$V 的稳压二极管，可接入模拟工作电路进行测量。电路如图 3-78 所示，直流电源输出电压应大于被测稳压二极管的稳压值，适当选取限流电阻 R 的阻值，使稳压二极管反向工作电流为 5～10mA，用万用表直流电压挡即可直接测量出稳压二极管的稳压值。

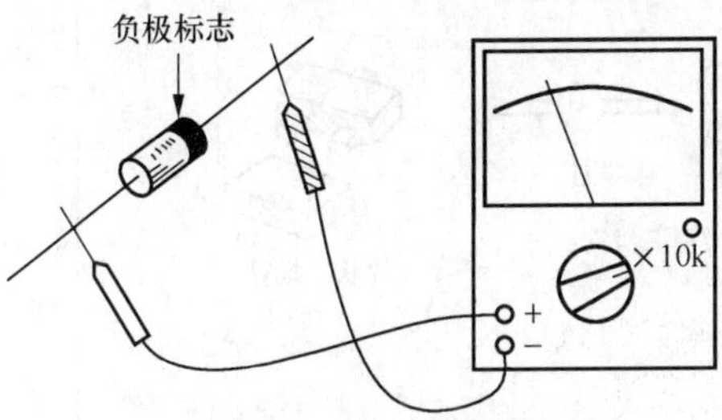

图 3-77　稳压二极管稳压值测量

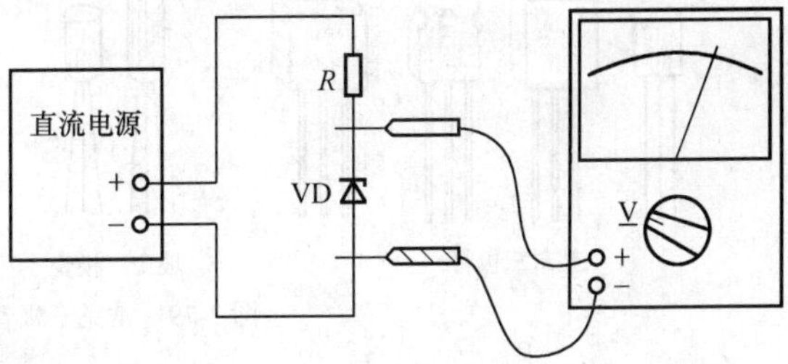

图 3-78　稳压值大于 9V 的稳压二极管稳压值测量电路

任务3.6　三极管的识别与检测

【工作任务】

本任务主要介绍三极管的相关知识，并对其进行相关检测。通过本任务的学习，使学生能认识三极管的外观，理解其参数含义，具备对三极管进行性能检测的相关技能。

【学习目标】

（1）能辨别三极管的种类；

（2）能正确识别三极管的参数；

（3）能正确检测三极管的性能；

（4）在教师的引导下，制定三极管性能的检测内容；

（5）根据检测计划，完成三极管性能的检测。

一、信息收集与处理

三极管的识别与检测按照表 3-32 完成任务 3.6 的信息收集与处理。

表 3–32　　信息收集与处理

1. 三极管的种类及符号　　备注

晶体三极管通常简称晶体管或三极管，是一种具有两个 PN 结的半导体器件。常见的三极管外形如图 3-79 所示。

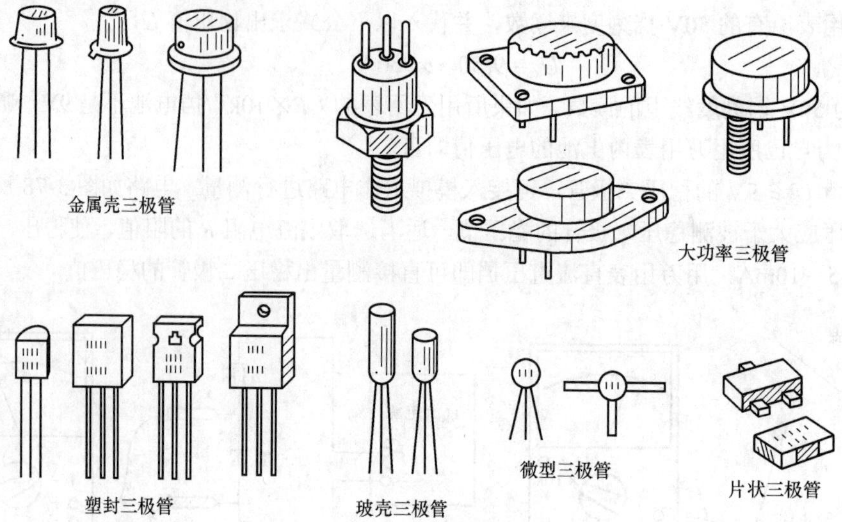

图 3-79　常见三极管外形

（1）三极管的种类

① 按所用半导体材料的不同，可分为锗管、硅管和化合物管。

② 按导电极性不同，可分为 NPN 型和 PNP 型两大类。NPN 型管工作时，集电极 c 和基极 b 接正电，电流由集电极 c 和基极 b 流向发射极 e。PNP 型管工作时，集电极 c 和基极 b 接负电，电流由发射极 e 流向集电极 c 和基极 b。

③ 按截止频率不同，可分为超高频管、高频管（≥3MHz）和低频管（＜3MHz）。

④ 按耗散功率不同，可分为小功率管（＜1W）和大功率管（≥1W）。

⑤ 按用途不同，可分为低频放大管、高频放大管、开关管、低噪声管、高反压管、复合管等。

（2）三极管的结构和符号

三极管的结构是三区三极两结。三区：发射区、基区、集电区；三极：发射极、基极、集电极；两结：发射结、集电结。晶体三极管有 PNP 和 NPN 两种，如图 3-80 所示。

三极管的文字符号为“VT”，图形符号如图 3-81 所示。

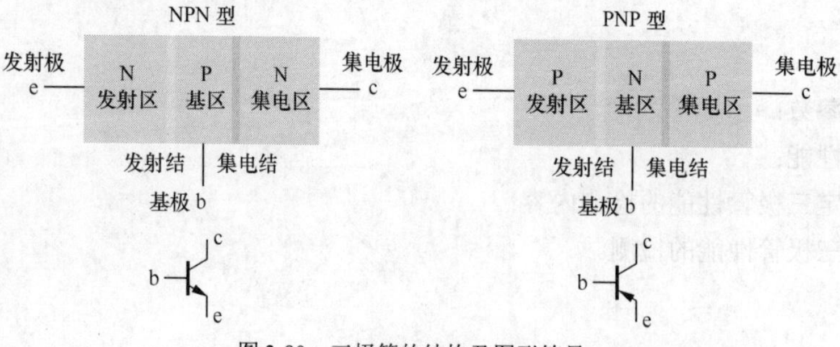

图 3-80　三极管的结构及图形符号

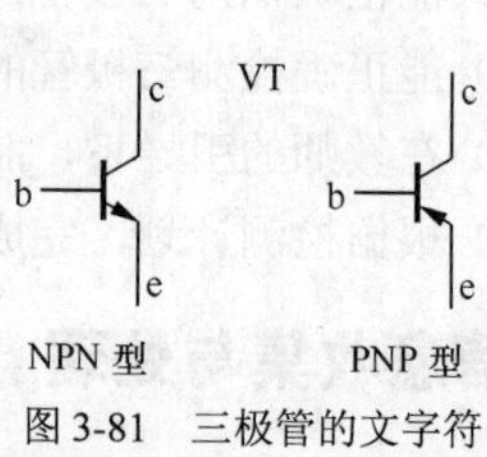

图 3-81　三极管的文字符号及图形符号

续表

2. 三极管的型号命名及识别

（1）三极管的型号命名

国产三极管的型号命名由 5 部分组成，如图 3-82 所示。第一部分用数字“3”表示 3 个电极，即三极管；第二部分用字母表示材料和极性；第三部分用字母表示类型；第四部分用数字表示序号；第五部分用字母表示规格。

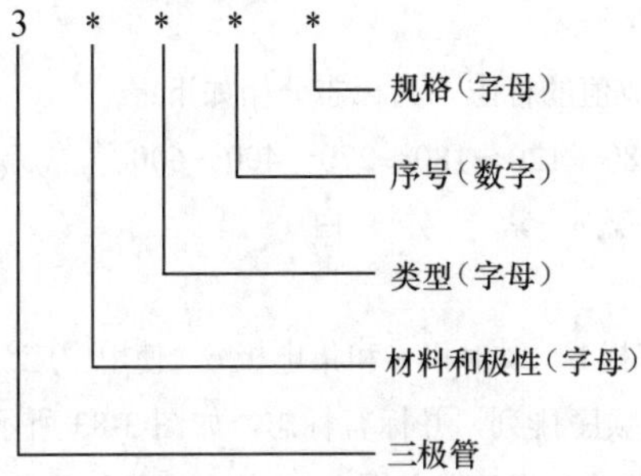

图 3-82 三极管的型号命名

三极管型号的意义见表 3-33。

表 3-33 三极管型号的意义

第一部分	第二部分	第三部分	第四部分	第五部分
3：三极管（3 个电极）	A：PNP 型锗材料	A：高频大功率管	用数字代表序号，反映了极限参数、直流参数、交流参数的差别	用字母代表规格，可以默认。反映承受反向电压的程度。A,B,C,D，A：最低
	B：NPN 型锗材料	D：低频大功率管		
	C：PNP 型硅材料	G：高频小功率管		
	D：NPN 型硅材料	J：结型场效应管		
	E：化合物材料	K：开关管		
		O：MOS 场效应管		
		T：闸流管		
		U：光电管		
		X：低频小功率管		

（2）三极管的型号识别

① 常用的 2SA、2SB、2SC、2SD 系列三极管，常把 2S 省略掉，例：C1518 就表示 2SC1518；

② 日产塑料小功率管，其型号后面标有“R”，说明引脚排列与普通管子相反。

③ 根据国产三极管命名规则识别。例 3AX81：锗材料 PNP 型低频小功率管。

④ 美国电子工业协会规定的晶体管分立元件命名规则。

JAN(J)：军用品；1：二极管；N：美国；

2：三极管；

例：JAN2N2904：登记序号为 2904 的军用三极管

2N3464：NPN 高频大功率管

⑤ 日本半导体器件型号命名方法

第 1 位：0：光电二极管；1：二极管；2：三极管；3：有 3 个 PN 结的晶体管；*n*-1：*n*-1 个 PN 结晶体管。

第 2 位：S；

第 3 位：A：PNP 型高频管；B：PNP 型低频管；C：NPN 型高频管；D：NPN 型低频管；F：P

续表

控制极晶闸管；G：N 控制极晶闸管；H：N 基极单结晶体管；J：P 沟道场效应管；K：N 沟道场效应管；M：双向晶闸管。

第 4 位：四位以上数字，登记序号。

例：2SD1427：NPN 型低频三极管。

2SC2680：NPN 型高频三极管。

常把 2S 省略。

⑥ 三极管壳顶上有色点，作为 β 值的标志，其标志分档如下：

0～15～25～40～55～80～120～180～270～400～600

棕 红 橙 黄 绿 蓝 紫 灰 白 黑

（3）三极管的引脚识别

三极管具有 3 只引脚，分别是基极 b、发射极 e 和集电极 c，使用中应识别清楚。绝大多数小功率三极管的引脚均按 e-b-c 的标准顺序排列，并标有标志，如图 3-83 所示。但也有例外，如某些三极管型号后有后缀“R”，其引脚排列顺序往往是 e-c-b。

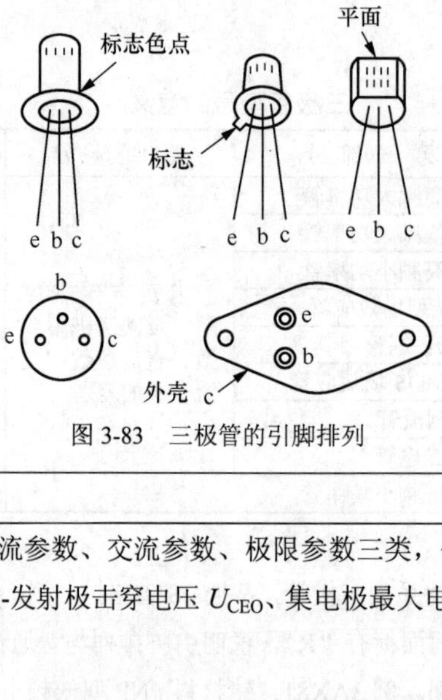

图 3-83 三极管的引脚排列

3. 三极管的参数

三极管的参数很多，有直流参数、交流参数、极限参数三类，但一般使用时只需关注电流放大系数 β、特征频率 f_T、集电极-发射极击穿电压 U_{CEO}、集电极最大电流 I_{CM} 和集电极最大功耗 P_{CM} 等项即可。

（1）电流放大系数

电流放大系数 β 和 h_{FE} 是三极管的主要电参数之一。β 是三极管的交流电流放大系数，指集电极电流 i_c 的变化量与基极电流 i_b 的变化量之比，反映了三极管对交流信号的放大能力。hFE 是三极管的直流电流放大系数（也可用 β 表示），指集电极电流 I_C 与基极电流 I_B 的比值，反映了三极管对直流信号的放大能力。

图 3-84 所示为 3DG6 管的输出特性曲线，当 I_b 从 40μA 上升到 60μA 时，相应的 I_c 从 6mA 上升到 9mA，其电流放大系数 $\beta = (9 - 6) \times l03/(60 - 40) = 150$。

（2）特征频率

特征频率 f_T 是三极管的另一个主要电参数。三极管的电流放大系数 β 与工作频率有关，工作频率超过一定值时，β 值开始下降。当 β 值下降为 1 时，所对应的频率即为特征频率 f_T，如图 3-85 所示。这时三极管已完全没有电流放大能力。一般应使三极管的工作频率不超过 5% f_T。

续表

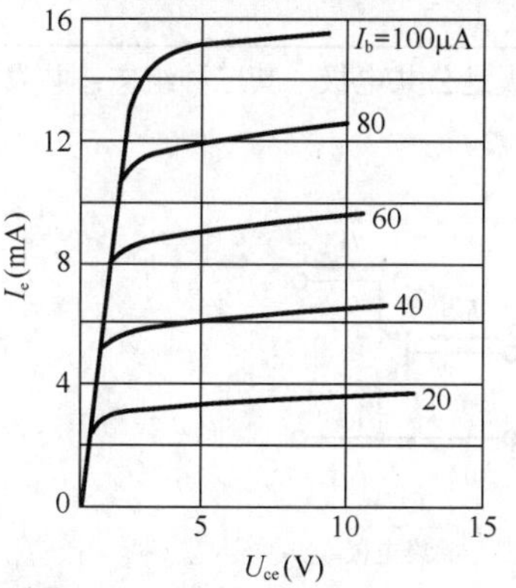

图 3-84 3DG6 管输出特性曲线

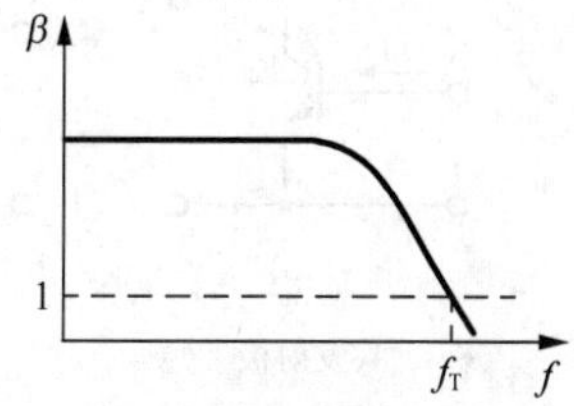

图 3-85 三极管的特征频率

（3）集射极击穿电压

集电极-发射极击穿电压 U_{CEO} 是晶体三极管的一项极限参数。U_{CEO} 是指基极开路时，所允许加在集电极与发射极之间的最大电压。一旦工作电压超过 U_{CEO}，三极管将可能被击穿。

（4）集电极最大电流

集电极最大电流 I_{CM} 也是晶体三极管的一项极限参数。I_{CM} 是指三极管正常工作时，集电极所允许通过的最大电流。三极管的工作电流不应超过 I_{CM}。

（5）集电极最大功耗

集电极最大功耗 P_{CM} 是晶体三极管的又一项极限参数。P_{CM} 是指三极管性能不变坏时所允许的最大集电极耗散功率。使用时，三极管实际功耗应小于 P_{CM} 并留有一定余量，以防烧管。

4. 三极管的特点及工作原理

三极管的特点是具有电流放大作用，即可以用较小的基极电流控制较大的集电极（或发射极）电流，集电极电流是基极电流的 β 倍。

三极管的基本工作原理如图 3-86 所示（以 NPN 型管为例），当给基极（输入端）输入一个较小的基极电流 I_b 时，其集电极（输出端）将按比例产生一个较大的集电极电流 I_c，这个比例就是三极管的电流放大系数 β，即 $I_c=\beta I_b$。发射极是公共端，发射极电流 $I_e=I_b+I_c=(1+\beta)I_b$。可见，集电极电流和发射极电流受基极电流的控制，所以晶体三极管是电流控制型器件。

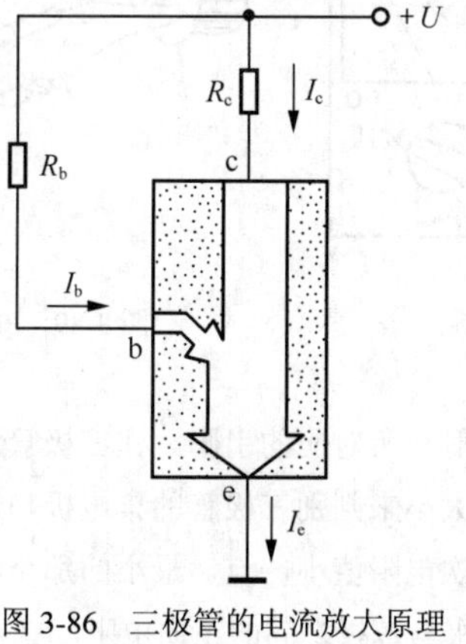

图 3-86 三极管的电流放大原理

续表

5. 三极管的三种组态
三极管有 3 个电极。两个输入、两个输出，必定有一个电极是公共电极。其三种组态：共发射极、共基极、共集电极，如图 3-87 所示。 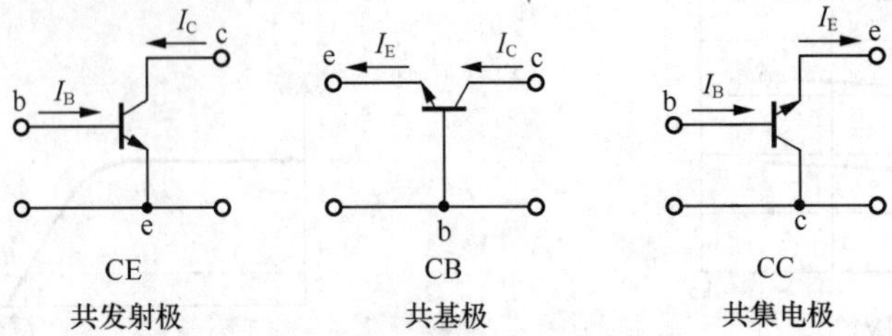 图 3-87　三极管电路的三种组态

6. 三极管的引脚判别和检测
（1）用指针式万用表进行三极管引脚判别与检测 第一步　将万用表置于“R×lk”或“R×100”挡，并进行欧姆调零。 第二步　测量三极管每两引脚间的正、反向电阻值，共 6 次，检测三极管的好坏及管型和基极的判断。先用黑表笔（或红表笔）接某一个引脚，红表笔（或黑表笔）分别接另外两个引脚，测得两个电阻值。再将黑表笔（或红表笔）换接另一个引脚，重复以上步骤，直至全部引脚均测到。6 次测量中有且只有两次测量的电阻值较小，其余 4 次测量的电阻值均为∞（无穷大），则说明该三极管是好的，否则，三极管已经损坏。在三极管没损坏的情况下，如果是黑表笔（或红表笔）接某一个引脚不动，红表笔（或黑表笔）分别接另外两个引脚，测得两个电阻值较小，这时不动的表笔所接的是基极 b。如果不动的是黑表笔，则为 NPN 型三极管；如果不动的是红表笔，则为 PNP 型三极管。 检测 NPN 型三极管如图 3-88 所示，检测 PNP 型三极管如图 3-89 所示。 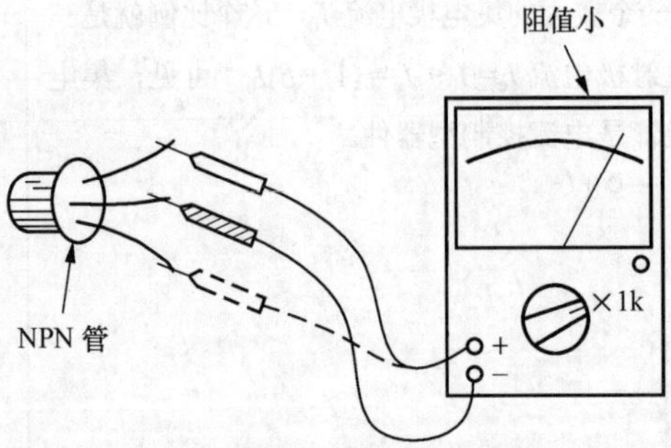 图 3-88　NPN 管型及基极判断 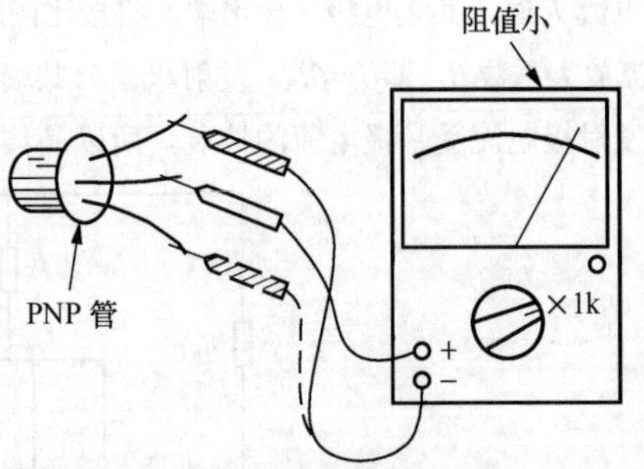 图 3-89　PNP 管型及基极判断 第三步、判断三极管的集电极和发射极所对应的引脚。在三极管没损坏的情况下，又已知三极管的管型和基极，这时可通过阻值的大小来判别三极管的集电极和发射极。在测得电阻值都较小两次测量中，有一次的电阻值比另一次电阻值小一点，最小的那个阻值是集电极与基极之间的正向电阻，稍大点的那个电阻值是发射极与基极之间的正向电阻。

续表

另外，在基极 b 和管型都确定以后，也可以通过测量三极管的放大倍数来判别三极管的集极和发射极。

① 用 MF47E 等具有“β”或“h_{FE}”挡的万用表测量。

万用表置于“h_{FE}”挡，如图 3-90 所示将三极管插入测量插座（基极插入 b 孔，另两引脚随意插入），记下 β 读数。再将另两引脚对调后插入，也记下 β 读数。两次测量中，β 读数大的那一次引脚插入是正确的。测量时需注意 NPN 管和 PNP 管应插入各自相应的插座。

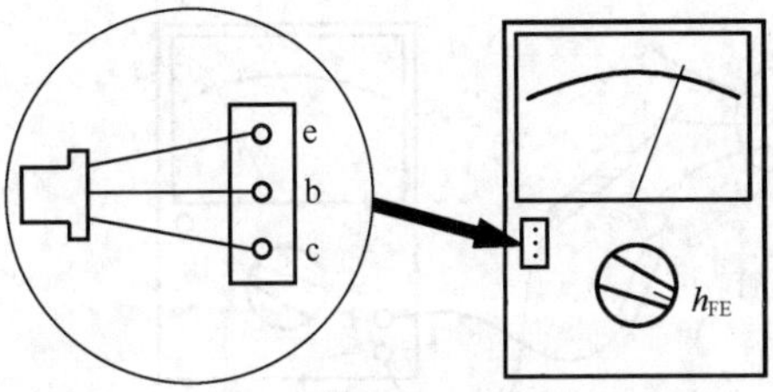

图 3-90 用 β 值法判断集电极与发射极

② 用万用表电阻挡测量（以 NPN 管为例）。

万用表置于“$R\times1k$”挡，红表笔接基极以外的一个引脚，左手拇指与中指将黑表笔与另一个引脚捏在一起，同时用左手食指触摸基极引脚，如图 3-91 所示，这时表针应向右摆动，读出电阻值。将红、黑表笔接的两引脚对调后再测一次。两次测量中，表针摆动幅度较大的那一次，即阻值较小的那一次，黑表笔所接为集电极，红表笔所接为发射极。表针摆动幅度越大，说明被测三极管的 β 值越大。

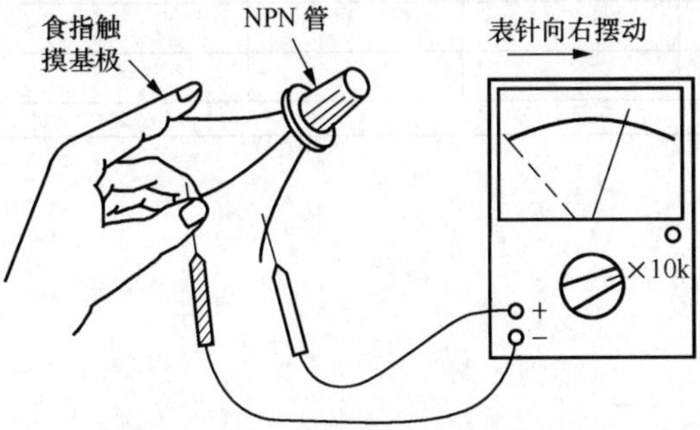

图 3-91 用电阻法判集电极与发射极

（2）用数字万用表检测三极管

步骤：数字万用表拨至二极管挡，红表笔接某一个引脚，黑表笔分别接触另两个引脚。

① 如果两次显示值都小于 1V，则管子是 NPN 型三极管，红表笔接的是基极；如果两次都显示“OL”，则管子是 PNP 型三极管，红表笔接的是基极；如果两次显示值不一致，则不是基极。

② 如果显示值都为 0.6～0.8V，则被测管为 NPN 中小功率管；值较大一次黑表笔接的是发射极；（例：0.684,0.682）

③ 如果显示值都为 0.4～0.6V，则被测管为 NPN 大功率管；值较大一次黑表笔接的是发射极；（例：0.468,0.557）

④ 如果显示值都小于 0.4V，则为 PNP 型三极管，数值大的一次，红表笔接的是发射极；

续表

（3）区分锗管与硅管

由于锗材料三极管的 PN 结压降约为 0.3V，而硅材料三极管的 PN 结压降约为 0.7V，所以可通过测量 b-e 结正向电阻的方法来区分锗管和硅管。

检测方法是：将万用表置于“$R\times 1k$”挡，对于 NPN 管，黑表笔接基极 b，红表笔接发射极 e，如果测得的电阻值小于 1kΩ，则被测管是锗管；如果测得的电阻值在 5～10kΩ，则被测管是硅管，如图 3-92 所示。对于 PNP 管，则对调两表笔后测量。

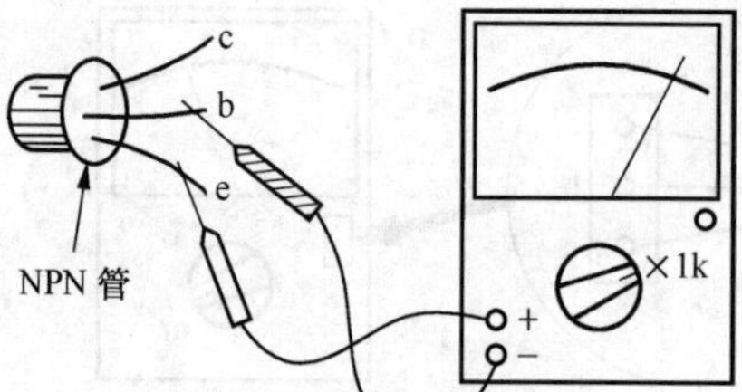

图 3-92　锗管与硅管的区分

想一想　对三极管的直观识别，将结果填入下表中

序　号	三极管外形	三极管型号	三极管材料	三极管在电路中用途	备　注

学习小结：

二、制定三极管的检测计划

根据教师发放的三极管，制定对三极管的检测计划见表 3-34 所示。

表 3-34　　制定三极管的检测计划

序号	计划步骤	具体内容	备注
1	检测前的准备	1．前期要准备什么？ 2．检测作业需要哪些工、量具？	
2	三极管检测的内容及简单步骤		
3	其他方面		
4	意见及建议		

三、实施三极管的检测作业

根据三极管的检测作业计划实施检测作业，任务书如表 3-35 所示。

表 3-35　　三极管的检测作业任务书

1. 前期准备	1．检查万用表是否是好的；　是□否□ 2．检查消防器具是否良好。　是□否□		

检查任务	作业要领	技术标准及检查记录	备注

2. 晶体三极管的检测 —— 三极管的检测及管型和管脚的判别

1．用指针式万用表对三极管进行质量检测。

要求：用指针式万用表对三极管的正向电阻、反向电阻进行测量，将结果填入下表中。

完成□

序号	三极管型号	三极管的正向电阻	三极管的反向电阻	万用表挡位	质量判断结果

2．三极管的型号及其代表意义。

要求：根据给定的三极管，查阅资料并按照下表中的要求进行填写。

完成□

序号	三极管型号	产地	管型	材料	额定功率	最大集电极电流
1	3DG12					
2	3DA87					
3	3CG22					
4	3AD30					
5	3DG8					
6	2SC181S					
7	9013					
8	9012					
9	8550					
10	8050					

3．三极管的各个极的对地电压及其判断。

根据下表中给出的在放大电路中测得的三极管各个极对地的电压，判断各个极的名称、管型和材料填入下表中。

完成□

序号	三极管 3 个极对地电压	基极	发射极	集电极	管型	材料
1	U_A=−2.3V U_B=−3V U_C=−6V					
2	U_A=−9V U_B=−6V U_C=−6.3V					
3	U_A=6V U_B=5.7V U_C=2V					
4	U_A=0V U_B=−0.7V U_C=−6V					
5	U_A=3V U_B=3.7V U_C=6V					

4．用万用表判断教师发下的三极管的好坏，判别三极管的管型及管脚所对应的极，并画图标明。

完成□

5．用指针式万用表判断锗管与硅管。

完成□

检查结论	

四、检验评估

填写三极管的检测作业任务检验评估表，如表 3-36 所示。

表 3-36　　三极管的检测作业任务检验评估

序号	评价内容	配分	评 分 标 准	自评	互评	师评	总评
1	任务完成情况	30	制定检查计划（6 分）				
			完成作业任务书（6 分）				
			完成任务过程情况（6 分）				
			任务完成质量（6 分）				
			在小组完成任务过程中所起作用（6 分）				
2	专业知识	30	能识别三极管的种类（5 分）				
			能识别三极管的参数（5 分）				
			会描述三极管的好坏检测方法（6 分）				
			会描述三极管管型及管脚的判别方法（8 分）				
			会描述检查作业时的安全事项（6 分）				
3	仪器、工具选用	10	会正确选择合适的工、量具（5 分）				
			会正确使用工、量具（5 分）				
4	基本技能	20	会检测三极管的好坏（5 分）				
			会检测三极管的管型（5 分）				
			会检测三极管的管脚（10 分）				
5	职业素养	10	学习态度：积极主动参与学习（3 分）				
			团队合作：与小组成员一起分工合作，不影响学习进度（3 分）				
			现场管理：服从工位安排、执行实训室“6S”管理规定（4 分）				
6	合计	100					
7	综合评价与建议		任课教师签名：　　年　月　日				

五、知识拓展

（一）光电二极管

光电二极管是一种与二极管很相似但常用的光敏器件。光电二极管也是具有一个 PN 结的半导体器件，所不同的是光电二极管有一个透明的窗口，以便使光线能够照射到 PN 结上。

常见的有透明塑封光电二极管、金属壳封装光电二极管、树脂封装光电二极管等。

1. 光电二极管的种类

光电二极管有许多种类，常用的有 PN 结型、PIN 结型、雪崩型和肖特基结型等。用得最多的是硅材料 PN 结型光电二极管。

2. 光电二极管的符号

光电二极管的文字符号为“VD”，图形符号如图 3-93 所示。

图 3-93　光电二极管的文字及图形符号

3. 光电二极管的型号

国产光电二极管主要有 2CU 系列（N 型硅光电二极管）、2DU 系列（P 型硅光电二极管）和 PIN 系列（PIN 结型硅光电二极管）等。

4. 光电二极管的极性

光电二极管两引脚有正、负极之分，如图 3-94 所示，靠近管键或色点的是正极，另一脚是负极；较长的是正极，较短的是负极。

5. 光电二极管的参数

光电二极管的主要参数是最高工作电压 U_{RM}、光电流 I_L 和光电灵敏度 S_n 等。

（1）最高工作电压

最高工作电压 U_{RM} 是指在无光照、反向电流不超过规定值（通常为 0.1μA）的前提下，光电二极管所允许加的最高反向电压，如图 3-95 所示。光电二极管的 U_{RM} 一般在 10～50V，使用中不要超过此范围。

（2）光电流

光电流 I_L 是指在受到一定光照时，加有反向电压的光电二极管中所流过的电流约为几十微安，如图 3-95 所示。一般情况下，选用光电流 I_L 较大的光电二极管效果较好。

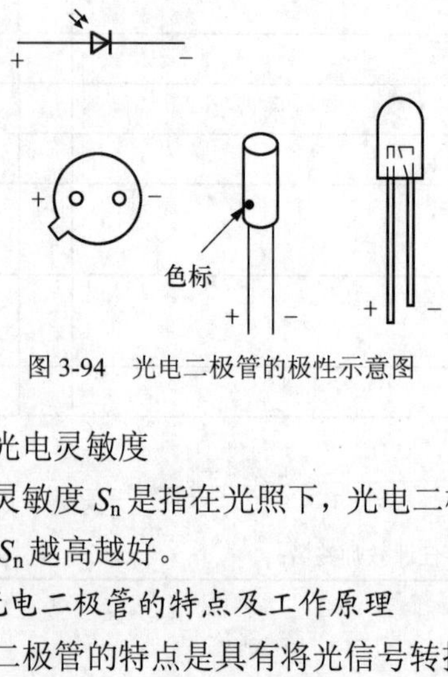

图 3-94　光电二极管的极性示意图

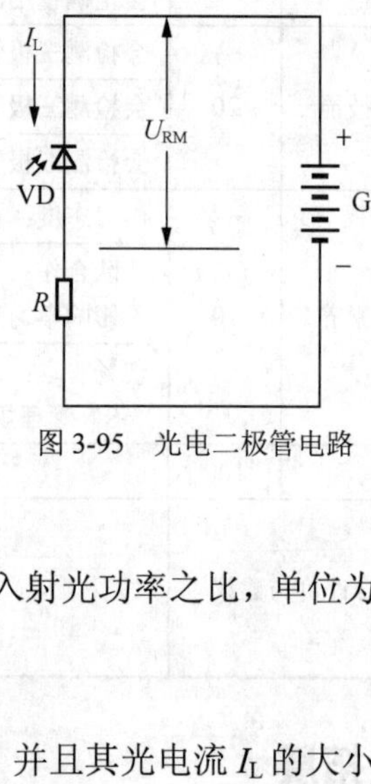

图 3-95　光电二极管电路

（3）光电灵敏度

光电灵敏度 S_n 是指在光照下，光电二极管的光电流 I_L 与入射光功率之比，单位为μA/μW。光电灵敏度 S_n 越高越好。

6. 光电二极管的特点及工作原理

光电二极管的特点是具有将光信号转换为电信号的功能，并且其光电流 I_L 的大小与光照强度成正比，光照越强，光电流 I_L 越大。

光电二极管的工作原理：光电二极管通常工作在反向电压状态，如图 3-95 所示。无光照时，光电二极管 VD 截止，反向电流为零，负载电阻 R_L 上的输出电压 U_o=0。有光照时，VD 的反向电流明显增大并随光照强度的变化而变化，这时输出电压 U_o 也较大并随光照强度的变化而变化，从而实现了光电转换。

7. 光电二极管的作用

光电二极管的作用是进行光电转换，在光控、红外遥控、光探测、光纤通信和光电耦合等方面有广泛的应用。

（1）光控

光电二极管可以用作光控开关，电路如图 3-96 所示。无光照时，光电二极管 VD1 因接反向电压而截止，晶体管 VT_1、VT_2 因无基极电流也截止，继电器处于释放状态。当有光线照射到光电二极管 VD_1 时，VD_1 从截止转变为导通，使 VT_1、VT_2 相继导通，继电器 K 吸合接通被控电路。

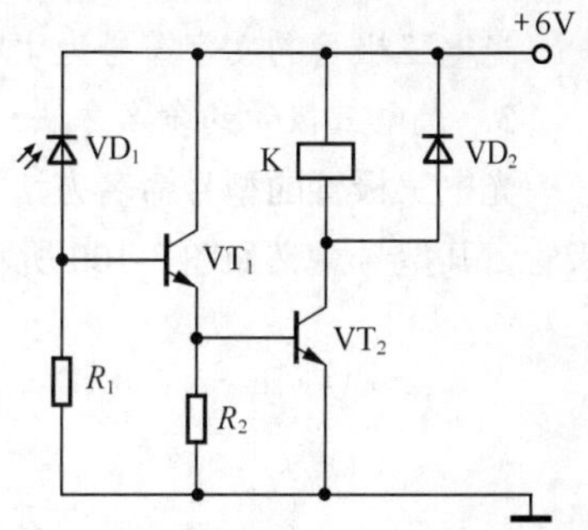

图 3-96　光电二极管作光控开关电路图

（2）光信号接收

光电二极管可以用作接收光信号。图 3-97 所示为光信号放大电路，光信号由光电二极管 VD 接收，经 VT 放大后通过耦合电容 C 输出。

（3）光转换

光电二极管可以用作红外光到可见光的转换，电路如图 3-98 所示。红外光信号由光电二极管 VD_1 接收，经晶体管 VT_1、VT_2 放大后，驱动发光二极管 VD_2 发出可见光。

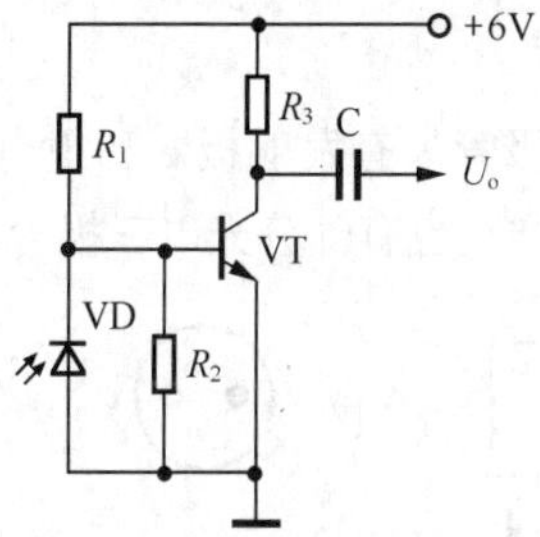

图 3-97　作光信号接收用电路

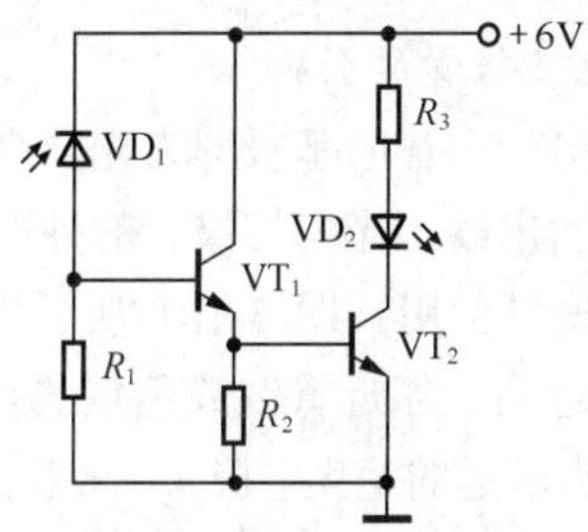

图 3-98　作光转换用电路

8. 光电二极管的检测

光电二极管可用万用表的电阻挡对其 PN 结和光电性能进行检测。

（1）检测 PN 结

万用表置于"$R\times 1k$"挡，黑表笔（表内电池正极）接光电二极管正极，红表笔接负极，测其正向电阻，显示值应为 10～20kΩ。

（2）检测光电性能

在 PN 结测量的基础上，对调万用表两表笔，即红表笔接光电二极管正极，黑表笔接负极。然后用一遮光物（例如黑纸片等）将光电二极管的透明窗口遮住，这时测得的是无光照情况下的反向电阻，应为无穷大。移去遮光物，使光电二极管的透明窗口朝向光源（自然光、白炽灯或手电筒等），这时表针应向右偏转至几千欧处。表针偏转越大，说明光电二极管灵敏度越高。

（二）光电三极管

光电三极管是在光电二极管的基础上发展起来的光电器件。和晶体三极管相似，光电三极管也是具有两个 PN 结的半导体器件，所不同的是其基极受光信号的控制。

1. 光电三极管的种类

光电三极管有许多种类，按导电极性不同，可分为 NPN 型和 PNP 型；按结构类型不同，可分为普通光电三极管和复合型（达林顿型）光电三极管；按外引脚数不同，可分为二引脚式和三引脚式。

2. 光电三极管的符号

光电三极管的文字符号为“VT”，图形符号如图 3-99 所示。

3. 光电三极管的命名方法

光电三极管的型号命名方法与晶体三极管相同。目前普使用的是 3DU 系列 NPN 型硅光电三极管，其型号意义如图 3-100 所示。

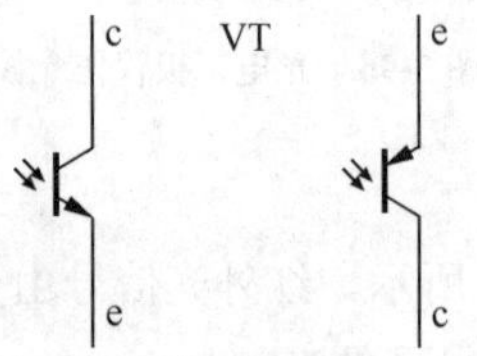

图 3-99 光电三极管的图形符号

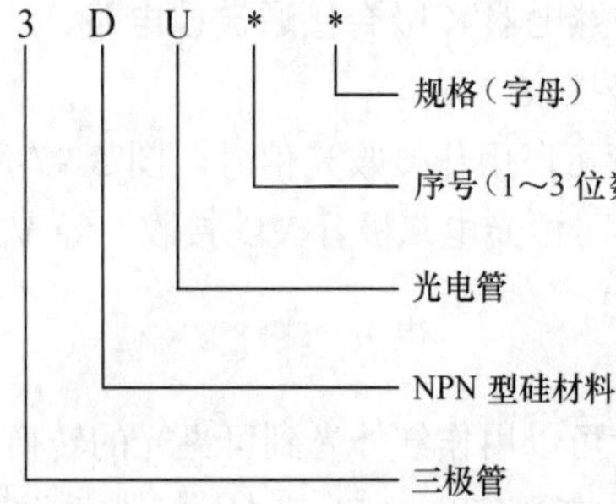

图 3-100 光电三极管的型号命名

4. 光电三极管的引脚

由于光电三极管的基极即为光窗口，因此大多数光电三极管只有发射极 e 和集电极 c 两只引脚，基极无引出线，光电三极管的外形与光电二极管几乎一样。也有部分光电三极管基极 b 有引脚，常作温度补偿用。图 3-101 所示为常见光电三极管引脚示意图，靠近管键或色点的是发射极 e，离管键或色点较远的是集电极 c；较长的引脚是发射极 e，较短的引脚是集电极 c。

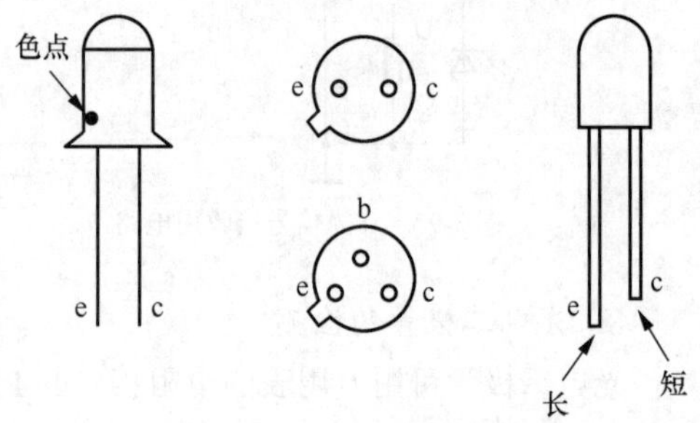

图 3-101 光电三极管的引脚

5. 光电三极管的参数

光电三极管的参数较多，主要参数有最高工作电压 U_{ceo}、光电流 I_L 和最大允许功耗 P_{CM} 等。

（1）最高工作电压

最高工作电压 U_{ceo} 是指在无光照、集电极漏电流不超过规定值（约 0.5μA）时，光电三极管所允许加的最高工作电压，一般为 10～50V，使用中不要超过此范围。

（2）光电流

光电流 I_L 是指在受到一定光照时光电三极管的集电极电流，通常可达几毫安。光电流 I_L 越大，光电三极管的灵敏度越高。

（3）最大允许功耗

最大允许功耗 P_{CM} 是指光电三极管在不损坏的前提下所能承受的最大集电极耗散功率。

6. 光电三极管的特点及工作原理

光电三极管的特点是不仅能实现光电转换，而且还具有放大功能。

光电三极管的工作原理：光电三极管可以等效为光电二极管和普通三极管的组合体，如图 3-102 所示。光电三极管基极与集电极间的 PN 结相当于一个光电二极管，在光照下产生的光电流 I_L 又从基极进入三极管放大，因此光电三极管输出的光电流可达光电二极管的 β 倍。

7. 光电三极管的作用

光电三极管的主要作用是光控。由于光电三极管本身具有放大作用，给使用带来了很大方便。

图 3-103 所示为光控开关电路，由于光控器件采用了光电三极管，因此该电路比使用光电二极管的同类电路简化许多。

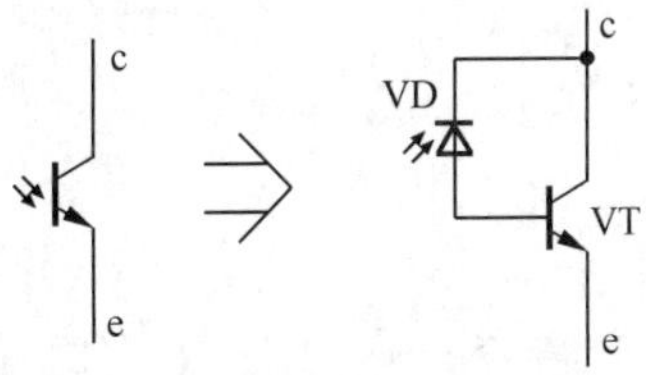

图 3-102 光电三极管工作原理

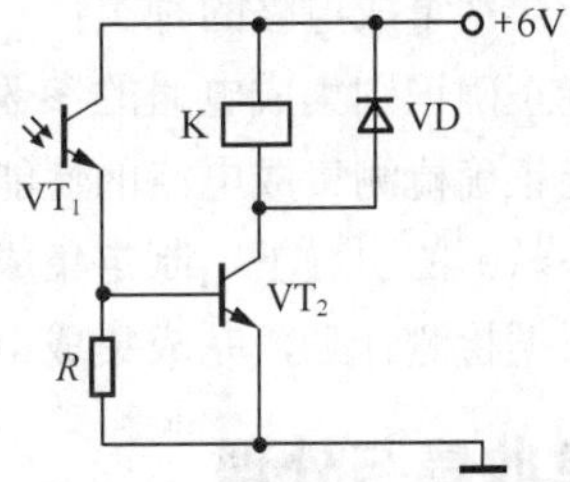

图 3-103 光电三极管光控电路

光电二极管和光电三极管各有长处。光电二极管温度特性和输出线性度好、响应时间快；光电三极管灵敏度高、输出光电流大。因此，在对输出线性要求较高或工作频率较高的场合应选用光电二极管；而一般的光电控制电路要求灵敏度高，应选用光电三极管。

达林顿型光电三极管是将光电三极管和晶体三极管按达林顿复合管形式组合在一起，如图 3-104 所示。由于光信号转换为电信号后，得到两级三极管的放大，总放大倍数等于两个三极管放大倍数的乘积，所以达林顿型光电三极管的灵敏度更高、光电流更大，可达十几毫安。达林顿型光电三极管的缺点是响应速度较慢。

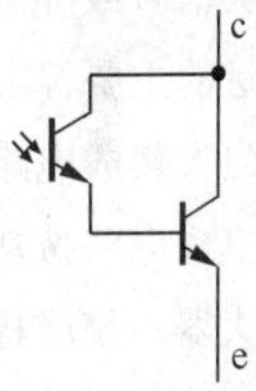

图 3-104 达林顿型复合管

8. 光电三极管的检测

（1）检测光电三极管

检测光电三极管时（以 NPN 型为例），万用表置于“$R\times$lk”挡，具体步骤如下。

① 黑表笔（表内电池正极）接发射极 e，红表笔接集电极 c，此时光电三极管所加电压为反向电压，万用表指示的阻值应为无穷大。

② 用黑纸片等遮光物将光电三极管窗口遮住，对调两笔再测，此时虽然所加为正向电压，但因其基极无光照，光电三极管仍无电流，其阻值接近为无穷大。

③ 保持红表笔接发射极 e、黑表笔接集电极 c，然后移去遮光物，使光电三极管窗口朝向光源，这时表针应向右偏转到 lkΩ 左右。表针偏转越大，说明光电三极管灵敏度越高。

（2）光电二极管与光电三极管判别

由于光电二极管与光电三极管外形几乎一样，上述检测方法也可用来判别它们。遮住窗口测两引脚间的正、反向电阻，阻值一大一小者是光电二极管，两阻值均为无穷大者为光电三极管。

任务3.7 集成电路的识别与检测

【工作任务】

本任务主要讲汽修或汽电初学者对集成电路的认识，并对其进行相关检测。通过本任务的学习，使学生能认识集成电路的外观，理解其参数含义，具备对集成电路进行性能检测的相关技能。

【学习目标】

（1）能辨别集成电路的种类；

（2）能正确识别集成电路的参数和引脚；

（3）能正确检测集成电路的性能；

（4）在教师的引导下，制定集成电路性能的检测内容；

（5）根据检测计划，完成集成电路性能的检测。

一、信息收集与处理

集成电路的识别与检测按照表 3-37 完成任务 3.7 的信息收集与处理。

表 3–37 信息收集与处理

1. 集成电路的类型和封装	备注

集成电路是一种采用特殊工艺，将晶体管、电阻、电容等元件集成在硅片上而形成的具有特定功能的器件，英文：Integrated Circuit，缩写 IC，俗称芯片。集成电路能执行一些特定的功能，如放大信号或存储信息。集成电路体积小、功耗低、稳定性好。集成电路是衡量一个电子产品是否先进的主要标志。

（1）集成电路的类型

集成电路按功能可分为模拟集成电路和数字集成电路。模拟集成电路主要有运算放大器、功率放大器、集成稳压电路、自动控制集成电路和信号处理集成电路等；数字集成电路按结构不同可分为双极型和单极型电路。其中，双极型电路有：DTL TTL ECL HTL 等；单极型有：JFET NMOS PMOS CMOS 4 种。

（2）集成电路的封装

① 集成电路的封装形式有晶体管式封装、扁平封装和直插式封装。

② 集成电路的管脚排列次序有一定的规律，一般是从外壳顶部向下看，从左下脚按逆时针方向读数，其中第一脚附近一般有参考标志，如凹槽、色点等。

常见的插入式封装有双列直插式封装（DIP），晶体管外形封装（TO），插针网格阵列封装（PGA）等；典型的表面贴装式封装有晶体管外形封装（D-PAK），小外形晶体管（SOT），小外形封装（SOP），方型扁平式封装（QFP），塑封有引线芯片载体（PLCC）等，如图 3-105 所示。

双列直插式封装（DIP） 晶体管外形封装（TO） 插针网格阵列封装（PGA）

晶体管外形（D-PAK） 小外形晶体管（SOT） 小外形封装（SOP） 方型扁平式封装（QFP） 塑封有引线芯片载体（PLCC）

图 3-105 集成电路的封装

续表

2. 常用模拟集成电路

（1）模拟集成电路的分类

模拟集成电路按用途可分为：运算放大器、直流稳压器、功率放大器、电压比较器等。

（2）集成运算放大器

① 定义。集成运算放大器简称运放，运算放大器就是一种高放大倍数的直流放大器，（或是一种高电压增益、高输入电阻和低输出电阻的多级耦合放大器）。工作在放大区时，输入与输出呈线性关系，（所以又被称为线性集成电路）。

② 组成。运放一般由输入级、中间级、输出级、偏置电路 4 部分组成。输入级：差分放大电路，利用其对称性提高整个电路的共模抑制比；中间级：电压放大级，提高电压增益，可由一级或多级放大电路组成；输出级：互补对称电路或射极跟随器组成，可降低输出电阻，提高带负载能力；偏置电路：为上述各级电路提供稳定和合适的偏置电流，决定各级静态工作点。

③ 常用运放。单运放：μA741，NE5534，TL081，LM833；双运放：μA747，LM358，NE5532，TL072，TL082；四运放：LM324，TL084。

双运放（四运放）除电源外，两组（四组）运放相互独立。运算放大器有两个输入端，一个输出端。同相输入端用“+”表示，反向输入端用“−”表示，如图 3-106 所示。

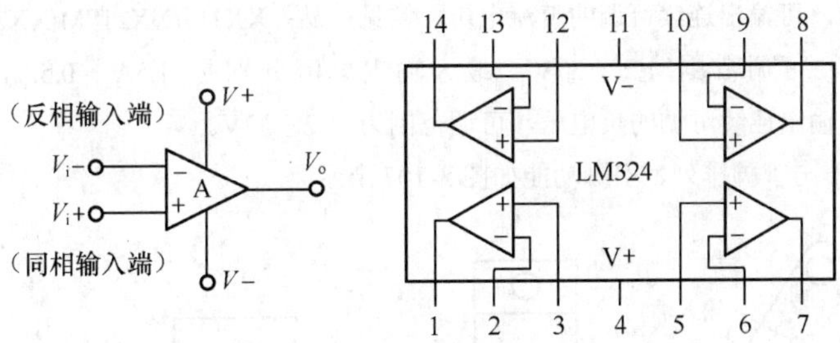

图 3-106 LM324 四运放内部方框图

④ 检测。

方法一：把运放接成一个放大系数为 1 的 P 环节，反向输入端接 1V 阶跃信号，检测其输出端的电压值也应为 1V，运放是好的。

方法二：

第一步 用万用表电阻挡分别测出 LM324 的 A1～A4 各运放引脚的电阻值，不仅可以判断运放的好坏，而且还可以检查内部各运放参数的一致性。测量时，选用“$R\times1k$”挡，从 A1 开始，依次测出引脚的电阻值，只要各对应引脚之间的电阻值基本相同，就说明参数的一致性较好。阻值参考表如表 3-38 所示。

第二步 检测放大能力。LM324 接上±15V 电压（4 脚接+15V；11 脚接−15V），万用表置于直流 50V 电压挡。输入端开路，输出端 1 脚对 11 脚的电压为 20～25V。用螺丝刀触碰同相输入端和反相输入端，万用表指针应有较大摆动，说明被测的运放的增益很高。若指针摆动较小，说明其放大能力较差。

续表

表 3-38　　集成运发各脚参考阻值

红 表 笔	黑 表 笔	正常阻值（kΩ）
V_{CC}	GND	4.5～6.5
GND	V_{CC}	16～17.5
V_{CC}	OUT	21
GND	OUT	59～65
IN+	V_{CC}	51
IN−	V_{CC}	56

（3）集成稳压器

集成稳压器又称稳压电源，有多端可调式、三端可调式、三端固定式及单片开关式集成稳压。最常用的是三端集成稳压器。

① 三端固定稳压器。集成稳压器的输出电压为固定值，不能调节。常用产品为 78XX 和 79XX 系列，78XX 输出正电压，79XX 输出负电压，有 5V、6V、9V、12V、15V、18V、24V 7 种不同的输出电压挡次，输出电流分 1.5A（78XX）、0.5A（78MXX）、0.1A（78LXX）3 种挡次。检测：三端固定稳压器输入、输出端与接地端是否短路，判断集成块的好坏。

② 三端可调稳压器。可输出连续可调的直流电压。常见产品：XX117/XX217M/XX317L，输出连续可调的正电压，可调范围 1.2～37V，最大输出电流分别是 1.5A，0.5A，0.1A；XX137/XX237/XX337，输出连续可调的负电压，可调范围为−1.2～37V。

三端可调稳压器外形与管脚排列、引脚功能如图 3-107 所示。

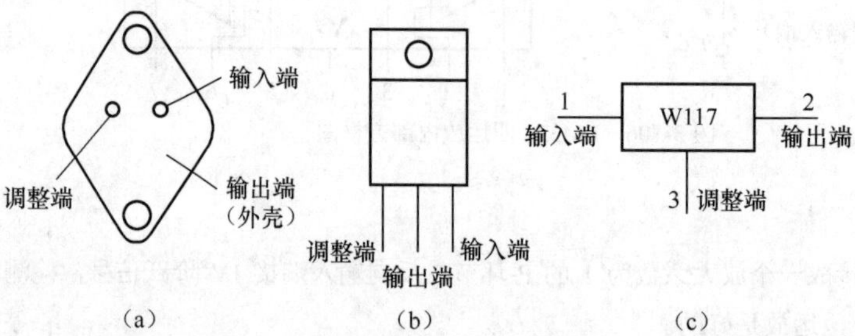

图 3-107　三端可调稳压器

（4）集成功率放大器

有小功率放大器、大功率放大器。

① LM386——小功率通用型集成功率放大器，如图 3-108 所示。

管脚 1～8 之间外接阻容电路可改变集成功放的电压放大倍数（20～200），1～8 脚开路时电压放大倍数为 20，1～8 脚短路时电压放大倍数为 200。

LM386 典型应用电路，用于对音频信号的放大。图 3-109 中 1～8 端的 *R*、*C* 用来调节电压放大倍数；7 端的 *C* 是去耦电路，防止电路自激振荡；5 端的 *R*（10Ω）、*C*（0.047）组成容性负载，用以抵消扬声器部分的感性负载；5 端的 *C*（250μF）为功放的输出电容。

续表

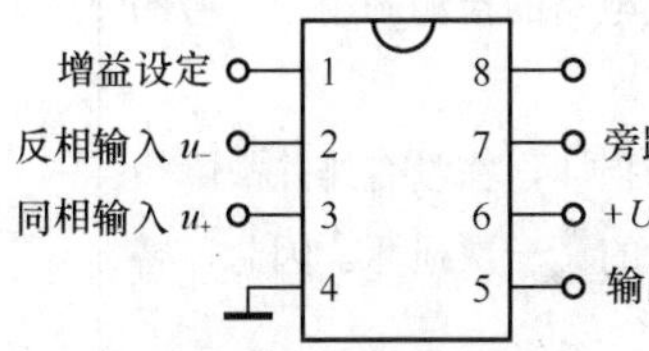

图 3-108 LM386 集成运放

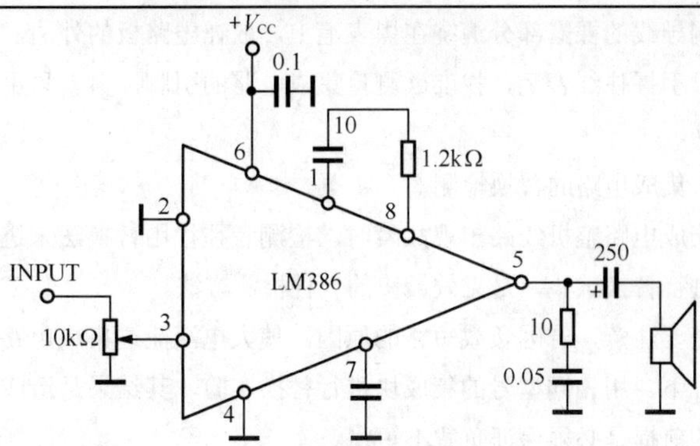

图 3-109 LM386 典型应用电路

3. 常用数字集成电路

数字集成电路主要用来处理与存储二进制信号（数字信号），可归纳为两大类：一种为组合逻辑电路，用于处理数字信号，俗称（Logic IC）；另一种为时序逻辑电路，具有时序与记忆功能，并需要由时钟信号驱动，主要用于产生或存储数字信号。最常用的数字集成电路主要有 TTL（晶体管电平：5V-1）和 CMOS 两大系列，如表 3-39 所示。

表 3–39 TTL 系列与 MOS 系列集成电路对比

系　列	子系列	名　称	型号	功耗	工作电压
TTL 系列	TTL	普通系列	74/54	10mW	4.75～5.25
	LSTTL	低功耗 TTL	74/54LS	2mW	
MOS 系列	COMS	互补场效应管型	40/45	1.25μW	3～8
	HCOMS	高速 CMOS	74HC	2.5μW	2～6
	ACTMOS	先进的高速 CMOS 电路，"T"表示与 TTL 电平兼容	74ACT	2.5μW	4.5～5.5

TTL 集成电路是以双极型晶体管为基本元件集成在一块硅片上制成的，主要有 54（军用）/74（民用）系列：54/74XX（标准型），54/74LSXX（低功耗肖特基），54/74SXX（肖特基），54/74ALSXX（先进低功耗肖特基），54/74ASXX（先进肖特基），54/74FXX（高速）。

CMOS 集成电路以单极型晶体管为基本元件制成。主要有 4000 系列、54/74HCXXX 系列、54/74HCTXXX 系列、54/74HCUXX 四大类。

数字集成电路的类型很多，最常用的是门电路，常用的有与门、非门、与非门、或门、或非门、与或非门、异或门及施密特触发器等。

4. 集成电路的检测

（1）集成电路的基本检测方法

集成电路的基本检测方法有在线检测与脱机检测。

在线检测：测量集成电路各脚间的直流电压，与标准值比较，判断集成电路的好坏。

脱机检测：测量集成电路各脚间的直流电阻，与标准值比较，判断集成电路的好坏。

测得的数据与集成电路资料上数据相符，则可判定集成电路是好的。

（2）在线检测的技巧

在线检测集成电路各引脚的直流电压，为防止表笔在集成电路各引脚间滑动造成短路，可将万用表的黑表笔与直流电压的"地"端固定连接，方法是在"地"端焊接一段带有绝缘层的铜导

续表

线，将铜导线的裸露部分缠绕在黑表笔上，放在电路板的外边，防止与板上的其他地方连接。这样用一只手握住红表笔，找准欲测量集成电路的引脚，另一只手可扶住电路板，保证测量时表笔不会滑动。

（3）集成电路的替换检测

当集成电路整机线路出现故障时，检测者往往用替换法来进行集成电路的检测。用同型号的集成块进行替换试验，是见效最快的一种检测方法。

但是要注意，若因负载短路的原因，使大电流流过集成电路造成的损坏，在没有排除故障短路的情况下，用相同型号的集成块进行替换实验，其结果是造成集成块的又一次损坏。因此，替换实验的前提是必须保证负载不短路。

想一想

集成电路的直观识别。要求：对各种集成电路进行直观识别，将结果填入下表中。

序号	集成电路外形封装	集成电路型号	集成电路应用电路	备注

学习小结：

二、制定各类集成电路的检测计划

根据教师发放的各种集成电路，制定对各类集成电路的检测计划如表 3-40 所示。

表 3-40 制定各类集成电路的检测计划

序号	计划步骤	具体内容	备注
1	检测前的准备	1．前期要准备什么？ 2．检测作业需要哪些工、量具？	
2	集成电路检测的内容及简单步骤		
3	其他方面		
4	意见及建议		

三、实施各类集成电路的检测作业

根据各类集成电路的检测作业计划实施检测作业，任务书如表 3-41 所示。

表 3-41　　各类集成电路的检测作业任务书

<table>
<tr><td>1．前期准备</td><td colspan="4">1．检查万用表是否是好的；　　是□否□
2．检查消防器具是否良好。　　是□否□</td></tr>
<tr><td rowspan="2">2．集成电路的检测</td><td>检查任务</td><td>作业要领</td><td>技术标准及检查记录</td><td>备　注</td></tr>
<tr><td>集成电路的检测</td><td>
1．模拟集成电路的类型和应用场合。要求：识别功放集成电路、集成运算放大器、三端集成稳压块的文字标注，查阅手册，找出其主要参数和应用场合，将结果填入下表中。
<table>
<tr><th>序号</th><th>电路型号</th><th>电路封装形式</th><th>电路类型</th><th>应用场合</th><th>主要参数</th></tr>
<tr><td></td><td></td><td></td><td></td><td></td><td></td></tr>
<tr><td></td><td></td><td></td><td></td><td></td><td></td></tr>
<tr><td></td><td></td><td></td><td></td><td></td><td></td></tr>
<tr><td></td><td></td><td></td><td></td><td></td><td></td></tr>
<tr><td></td><td></td><td></td><td></td><td></td><td></td></tr>
</table>
2．数字集成电路的类型和应用场合。要求：识别 74 系列集成电路，40 系列集成电路的字符标志，查阅手册并按照下表中的要求进行填写。
<table>
<tr><th>序号</th><th>数字集成电路型号</th><th>数字集成电路封装形式</th><th>数字集成电路类型</th><th>数字集成电路应用场合</th><th>数字集成电路主要参数</th></tr>
<tr><td></td><td></td><td></td><td></td><td></td><td></td></tr>
<tr><td></td><td></td><td></td><td></td><td></td><td></td></tr>
<tr><td></td><td></td><td></td><td></td><td></td><td></td></tr>
<tr><td></td><td></td><td></td><td></td><td></td><td></td></tr>
<tr><td></td><td></td><td></td><td></td><td></td><td></td></tr>
</table>
3．查找 NE555 集成电路的内部电路及其引脚功能和应用电路实例，抄写在下面。
</td><td></td><td>完成□
完成□
完成□</td></tr>
<tr><td>检查结论</td><td colspan="4"></td></tr>
</table>

四、检验评估

填写各类集成电路的检测作业任务检验评估表，如表 3-42 所示。

表 3-42 各类集成电路的检测作业任务检验评估

<table>
<tr><th>序号</th><th>评价内容</th><th>配分</th><th>评分标准</th><th>自评</th><th>互评</th><th>师评</th><th>总评</th></tr>
<tr><td rowspan="5">1</td><td rowspan="5">任务完成情况</td><td rowspan="5">30</td><td>制定检查计划（6 分）</td><td></td><td></td><td></td><td></td></tr>
<tr><td>完成作业任务书（6 分）</td><td></td><td></td><td></td><td></td></tr>
<tr><td>完成任务过程情况（6 分）</td><td></td><td></td><td></td><td></td></tr>
<tr><td>任务完成质量（6 分）</td><td></td><td></td><td></td><td></td></tr>
<tr><td>在小组完成任务过程中所起作用（6 分）</td><td></td><td></td><td></td><td></td></tr>
<tr><td rowspan="5">2</td><td rowspan="5">专业知识</td><td rowspan="5">30</td><td>能识别集成电路的种类（5 分）</td><td></td><td></td><td></td><td></td></tr>
<tr><td>能识别集成电路的参数（5 分）</td><td></td><td></td><td></td><td></td></tr>
<tr><td>会描述集成电路的引脚排列规律（6 分）</td><td></td><td></td><td></td><td></td></tr>
<tr><td>会描述集成电路好坏检测方法（8 分）</td><td></td><td></td><td></td><td></td></tr>
<tr><td>会描述检查作业时的安全事项（6 分）</td><td></td><td></td><td></td><td></td></tr>
<tr><td rowspan="2">3</td><td rowspan="2">仪器、工具选用</td><td rowspan="2">10</td><td>会正确选择合适的工、量具（5 分）</td><td></td><td></td><td></td><td></td></tr>
<tr><td>会正确使用工、量具（5 分）</td><td></td><td></td><td></td><td></td></tr>
<tr><td rowspan="3">4</td><td rowspan="3">基本技能</td><td rowspan="3">20</td><td>会识别集成电路的引脚（5 分）</td><td></td><td></td><td></td><td></td></tr>
<tr><td>会查找集成电路的内部功能方框图及引脚功能（5 分）</td><td></td><td></td><td></td><td></td></tr>
<tr><td>会检测集成电路的好坏（10 分）</td><td></td><td></td><td></td><td></td></tr>
<tr><td rowspan="3">5</td><td rowspan="3">职业素养</td><td rowspan="3">10</td><td>学习态度：积极主动参与学习（3 分）</td><td></td><td></td><td></td><td></td></tr>
<tr><td>团队合作：与小组成员一起分工合作，不影响学习进度（3 分）</td><td></td><td></td><td></td><td></td></tr>
<tr><td>现场管理：服从工位安排、执行实训室“6S”管理规定（4 分）</td><td></td><td></td><td></td><td></td></tr>
<tr><td>6</td><td>合计</td><td>100</td><td></td><td></td><td></td><td></td><td></td></tr>
<tr><td>7</td><td>综合评价与建议</td><td colspan="6">任课教师签名： 年 月 日</td></tr>
</table>

任务四 4 电工基础接线

【工作任务】

本任务介绍电路的相关知识，并进行电路的分析设计及基本接线的相关操作。通过本任务的学习，使学生了解相关电路知识，认识电路连接的常用结构，具备电路接线及设计的相关技能，并理解电路设计的思路。

【学习目标】

（1）串、并联电路的认识与接线；
（2）直流电流表、直流电压表和继电器的接线；
（3）一般电路的设计与接线；
（4）掌握逻辑电路的设计与接线；
（5）在教师的引导下，制定电路设计与接线的基本内容；
（6）根据检查计划，完成电路的设计与接线。

一、信息收集与处理

电工基础接线的信息按照表 4-1 完成任务四的信息收集与处理。

表 4–1　信息收集与处理

1. 串联电路	备注

（1）串联电路

串联电路是指在同一条电流通路上接了一个或多个电阻（负载），如图 4-1 和图 4-2 所示。串联电路中通过每个电阻的电流是一样的。如果电路中任一部件损坏，整个电路就会断开，因为从蓄电池正极出来的电流必须通过每个电阻（负载）才能返回负极。串联电路的总电阻是所有电阻之和。

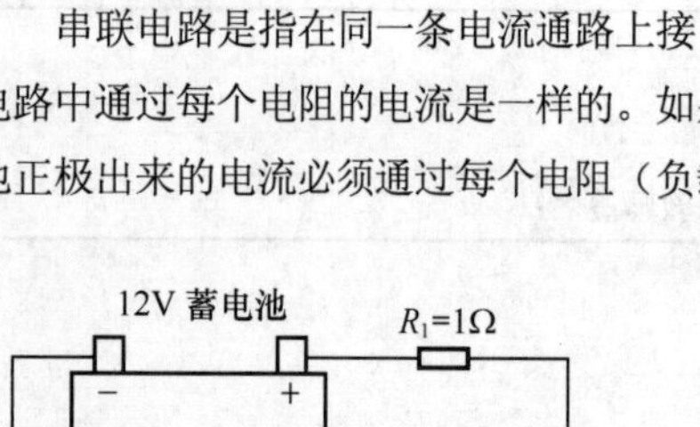

图 4-1　电阻串联电路原理图

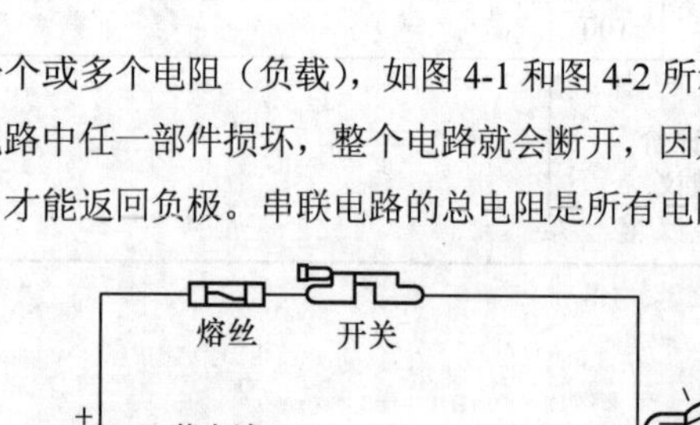

图 4-2　灯泡串联电路的接线图

例如，串联电路中串联了 3 个灯泡，阻值分别为 3Ω、2Ω 和 1Ω，则此串联电路的总电阻 R=3Ω+2Ω+1Ω=6Ω；通过每个灯泡的电流相同，均为 $I=U/R$=12/6=2A。

续表

(2) 串联电路的特点

① 总电阻是所有电阻之和。

② 流过每个电阻的电流是相同的。

③ 电路中每点的电流是相同的。

④ 如果各个电阻的阻值不相同，则各个电阻两端的电压也不同。

⑤ 所有电阻上的电压降之和等于电源电压。在任一循环方向上，回路中电动势的总和等于各电阻上的电压降的总和。

由于这些串联电阻流过同一电流，所以每个电阻上的电压只取决于电阻本身的阻值（符合欧姆定律）。

注意

串联电路中，流过每点的电流都是相同的，总电阻大于各段电阻，总电压大于各段电压。

串联电阻具有分压作用，如需调节电路中的电流时，一般可在电路中串联一个变阻器来调节。改变电阻的大小，可得到不同的电流。

2. 并联电路

(1) 并联电路

并联电路就是多个支路电阻并列连接在一起的电路，如图 4-3 和图 4-4 所示。在并联电路中，并联电阻两端的电压是相同的，若一条支路出现开路，不会影响其他支路的电流。

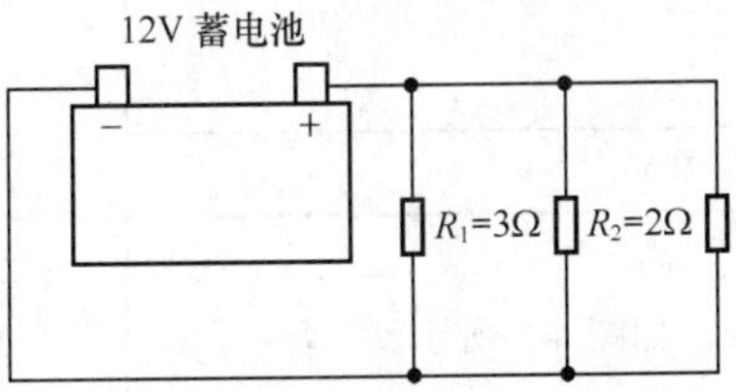

图 4-3 电阻并联电路原理图

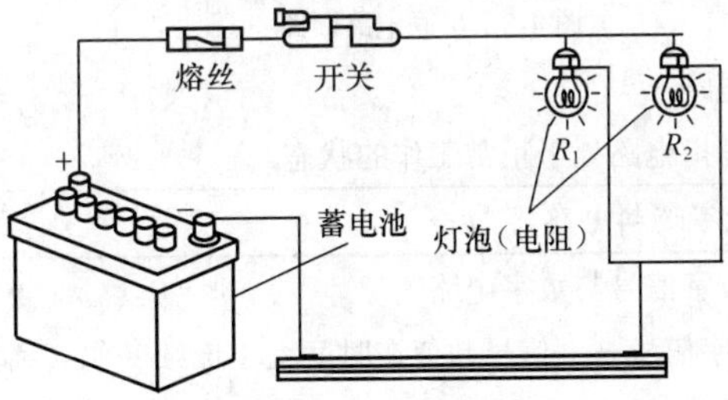

图 4-4 电阻并联电路接线图

(2) 并联电路的特点

① 并联支路两端的电压相等。

② 并联电路总电阻小于任意一支路的电阻。

③ 流过各支路的电流与各支路的电阻值成反比。

④ 所以支路的电流之和等于电路的总电流。

3. 电路的三种状态

电路的三种状态指的是电路的短路、断路和通路状态。

(1) 短路

短路是指电路未经过负载提前接通的一种故障现象。大部分短路故障是由于导线或电路元件的绝缘层破裂造成的，会导致电路中的电流升高，熔丝或其他电路保护装置断开。如果电路没有保护装置，还会引起线路或其他部件烧毁。

(2) 断路

断路是一种不连续的、有中断的电路故障，电气部件接触不良就是一种轻微的断路现象。电路中任何一部分出现问题都有可能导致断路，比如导线断裂、电路部件烧断、接头松动等。

续表

① 串联电路中的断路故障。如图 4-5 所示，一个串联电路中出现断路故障，这会导致整个电路都不导通。检测电路中断路的方法是用电压表分别测量电路中各个部件两端的电压。

② 并联电路中的断路故障。在并联电路中出现断路故障比较复杂，如图 4-6 所示。如果在并联电路的主线路中出现断路，则结果和串联电路中出现断路是一样的，整个电路都会失效。如果在并联电路的某个支路出现断路，则只有这个出现断路的支路受到影响，其他支路还可以正常工作。

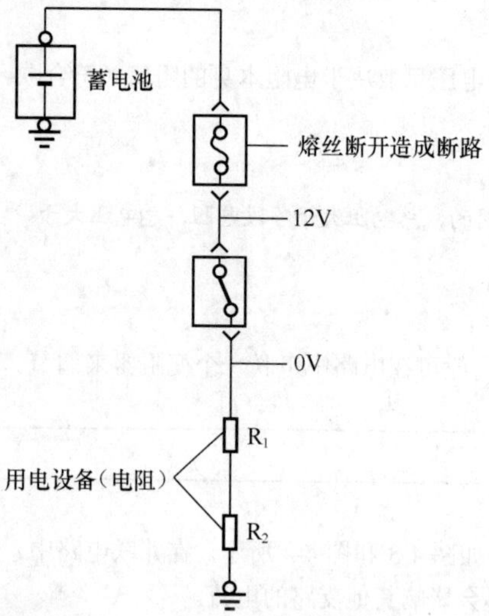

图 4-5　串联电路断路

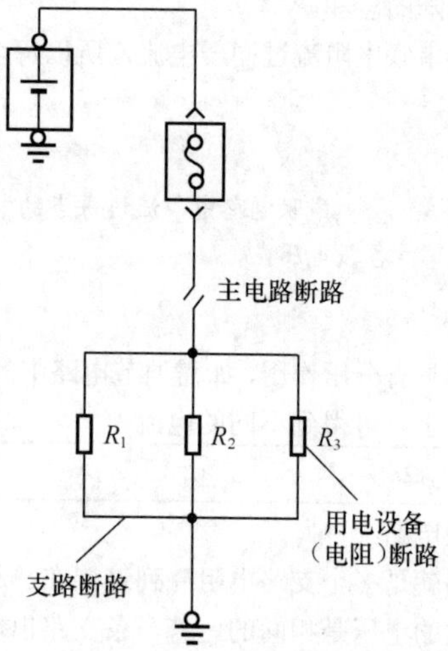

图 4-6　并联电路断路

（3）通路

通路是指电路处于正常工作的状态。

4. 数字逻辑电路

（1）数字信号与数字电路

① 数字信号——信号数值在时间上不连续变化（离散）的信号，如图 4-7 所示。

② 模拟信号——信号数值在时间上连续变化的信号，如图 4-8 所示。

③ 数字电路——处理数字信号的电路。

④ 模拟电路——处理模拟信号的电路。

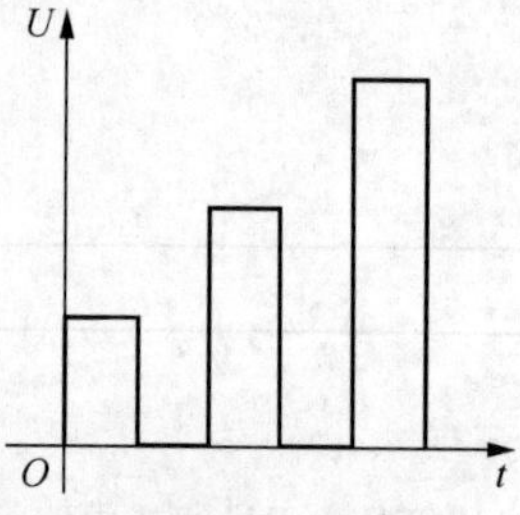

图 4-7　数字信号

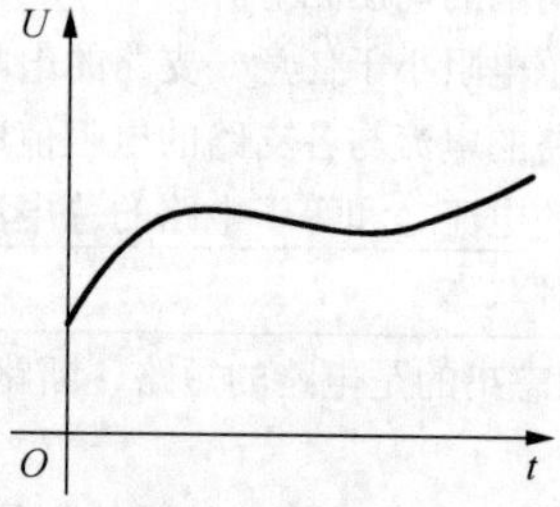

图 4-8　模拟信号

（2）数字电路的特点

数字电路主要研究的是信号的状态，如灯的亮与不亮、开关的开与关、信号的有与无等，而不研究具体的信号大小，数字信号基本上只有两个状态，所以常用二进制数的 0 和 1 来表示，相应的电信号用低电平和高电平表示，如：

续表

灯不亮——“0”——低电平；

灯亮——“1”——高电平；

开关断开——“0”——低电平；

开关闭合——“1”——高电平。

① 数字电路中的元器件主要工作于开/关状态，即“开”或“关”的状态，不存在中间状态，所以数字电路的基本元件又称为开关元件，数字电路又称为开关电路。

② 数字电路中的数字运算采用的是二进制。数字信号之间的这种非数值的状态关系，称为逻辑关系，因此数字（开关）电路又称为逻辑电路。逻辑电路中各输入/输出状态称为逻辑变量，它们之间的逻辑关系称为逻辑函数（代数），逻辑变量与常规数学变量的不同之处，在于逻辑变量只有两种取值（状态），即“0”和“1”。“0”和“1”在这里表示事物的两种对立状态，其本身没有数值意义。

逻辑变量之间的运算遵循一套不同于普通代数运算的规则，称为逻辑代数运算规则。

逻辑体制分为正逻辑和负逻辑两种，其规定如下：

正逻辑：“1”——代表高电平，“0”——代表低电平；

负逻辑：“1”——代表低电平，“0”——代表高电平。

没有特殊说明，一般均为正逻辑。

（3）逻辑电路

数字电路的基本组成元件是二极管、晶体管、场效应管等开关元件。这些元件连同其他元件组成一个个单元电路。依据一定的条件或开或关，就像门一样控制着输出信号的状态。所以这些单元电路又称门电路。

在汽车控制电路中，逻辑电路的应用非常广泛。所谓的逻辑电路就是通过电路来反映日常生活中的逻辑关系。逻辑电路由3个基本的门电路组成，即与门、非门、或门。3个基本的门可以组合成不同的复合门电路，比如与非门电路等。

① 与门。与门电路表示的逻辑关系是，如果在同一时间内，所有条件都成立，这个事件就发生，否则这个事件就不发生，如图4-9（a）所示，其等效电路如图4-9（b）所示。在这个电路中，只有在开关A和B都闭合时，灯泡才会亮。如果有一个开关断开或者两个开关都断开，那么灯泡就不会亮。

“&”代表“与”逻辑关系。

如图4-9（a）所示，A和B为电路的两个输入信号，相当于图4-9（b）等效电路中的两个开关A和B；Y表示输出信号，相当于等效电路中的灯泡。在实际的半导体与门电路中，只有在两个输入端子（A和B）都有电压时，才会在输出端子（Y）有电压。如果A和B任一个为“0”或者两者都为“0”，那么Y也是“0”。A、B、Y的各种可能组合如表4-2所示（1代表“通”，0代表“断”），“有0出0，全1出1”这就是“与”的逻辑。

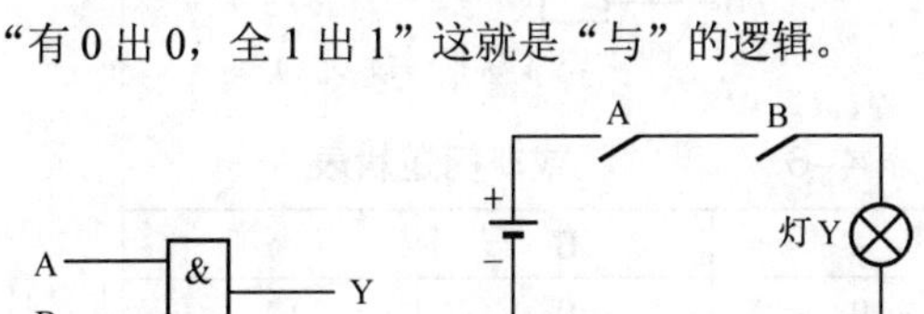

（a）与门符号　（b）与门电路

图4-9　与门符号和电路

表4-2　与门逻辑组合表

A	B	Y
0	0	0
0	1	0
1	0	0
1	1	1

续表

② 或门。或门表示的逻辑关系是，如果某一事件的条件只要有一个或一个以上成立，这件事就发生，否则就不发生，其等效电路如图 4-10 所示。在该等效电路中，如果开关 A 和开关 B 中有一个闭合（或者两个都闭合），灯泡就会亮。在电路图中，如果两个输入端子（A 和 B）中有一个有电压或两个都有电压，那么输出端（Y）就有电压。或门电路端子 A、B、Y 的各种可能组合见表 4-3，“有 1 出 1，全 0 出 0”就是“或”逻辑。

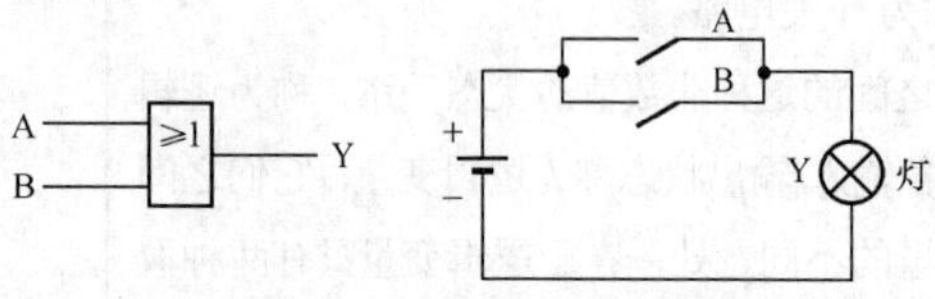

(a) 或门符号　(b) 或门电路

图 4-10　或门符号及电路

表 4-3　或门逻辑组合表

A	B	Y
0	0	0
0	1	1
1	0	1
1	1	1

③ 非门。非门表示的逻辑关系是，某件事的发生取决于某个条件的否定，即该条件成立，这件事不发生；而该条件不成立，这件事反而会发生。因此，非门也称为反相器，其等效电路如图 4-11（b）所示，在等效电路图中，如果开关 A 闭合灯泡不亮，因为开关 A 闭合后，就会使继电器开关断开，负载电路中灯泡熄灭。反之，如果断开开关 A 时，继电器开关闭合，负载电路中灯泡点亮。在实际的半导体非门电路中，如果输入端子 A 有电压，那么，输出端 Y 就没有电压。反之 A 有电压，Y 却没有电压。非门电路端子 A、Y 的可能组合如表 4-4 所示。

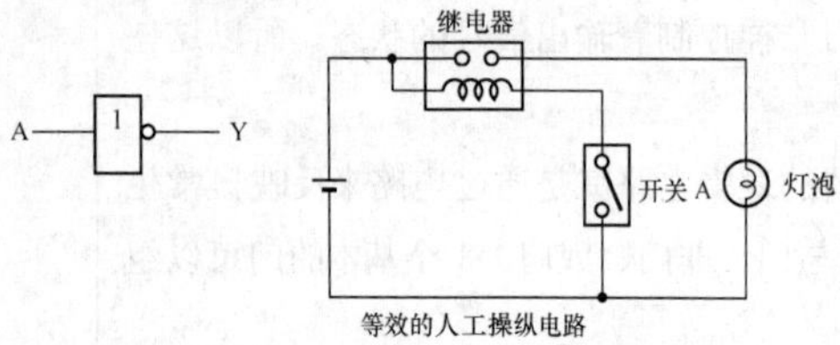

(a) 非门符号　(b) 非门电路

图 4-11　非门符号及电路

表 4-4　非门逻辑表

A	Y
0	1
1	0

④ 与非门。与非门是与门和非门的组合，因此，只有两个输入端子（A 和 B）都有电压（“1”）时，才会在输出端子（Y）上输出“0”，简单地说，就是对与门的结果进行否定，如图 4-12 所示。与非门电路端子 A、B、Y 的各种可能组合见表 4-5。

⑤ 或非门。或非门就是或门和非门的组合，也可以简单地理解为对或门的结果进行否定，如图 4-13 所示。或非门电路端子 A、B、Y 的各种可能组合见表 4-6。

图 4-12　与非门符号

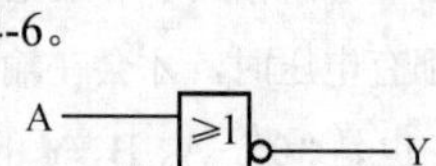

图 4-13　或非门符号

表 4-5　与非门逻辑表

A	B	Y
0	0	1
0	1	1
1	0	1
1	1	0

表 4-6　或非门逻辑表

A	B	Y
0	0	1
0	1	0
1	0	0
1	1	0

续表

5. 电工基础接线板介绍

电工基础接线板，基本配置有蓄电池（B）、开关（K_0）、保险丝（F_1）、带指示灯开关（K_1）、单刀双掷开关（K_2）、继电器（RJ_1）、继电器（RJ_2）、电流表（A）、电压表（V）、灯泡（L_1）、灯泡（L_2）、灯泡（L_3）、灯泡（L_4）、二极管（VD_1）、二极管（VD_2）、二极管（VD_3）、二极管（VD_4）、分线器（E_1）、分线器（E_2）、分线器（E_3）、分线器（E_4）、分线器（E_5）、分线器（E_6）、分线器（E_7）、分线器（E_8）、5 接地点共 3 0 个元件。

（1）主要元件说明

① 蓄电池（B），如图 4-14 所示。

蓄电池是一种能将化学能转变为电能，又能将电能转变为化学能储存的装置，汽车用启动型铅蓄电池是其中一种。它的作用主要有以下几方面。

（a）当发动机启动时，向启动机和点火装置供电。

（b）当发动机运转时，将电能变为化学能储存起来。

（c）当发电机超载时，协助发电机共同向用电设备供电。

铅蓄电池的型号识读：如 6—QA—105 型铅蓄电池，表示该电池由 6 个单格电池串联，额定电压为 12V，额定容量为 105A • h 的干荷式启动型铅蓄电池。

蓄电池图形符号的含义：

图形中，外部虚线方框表示该部件是一个整体，对外有两个接线端子（a 和 b），内部结构不可视。虚线方框内的长划线表示电池正端，短划线表示电池的负端。中间虚线表示由多个单格电池串联。

注意：在汽车电器图形符号中，用虚线或实线框表示部件的整体范围，部件的引出脚数量及连接。框内的电气原理和内部结构特点，是根据该部件各引出脚的作用来绘制，实际上不能直接观察到，只能通过测量得到。

② 开关（K_0），如图 4-15 所示。

图 4-14 电池的图形符号

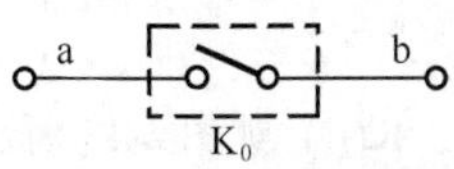

图 4-15 开关 K_0 的图形符号

一个有两个固定位置的单刀单掷手动开关，对外有两个接线端子（a 和 b）。图中表示两端（a 和 b）处于断开状态。当拨动开关到另一固定位置时，两端（a 和 b）导通。

注意：根据开关内部触点与动作开关片的接触情况，被分为动触点与静触点。例如开关（K_0），引出线 a 对应的内部触点，因在开关拨动时被开关片接通，我们一般称为动触点。而引出线 b 对应的内部触点，因不管开关是否被拨动都与开关片接通，我们一般称为静触点。

K_0 在练习中作为各种应用电路的电源总开关。

③ 开关（K_1），如图 4-16 所示。

一个带有指示灯结构、有两个固定位置的单刀单掷手动开关，对外有 3 个接线端子（a、b 和 c）。a 端在开关内部与开关的一个触点和指示灯的一端连接，b 端是内部开关的另一个触点，c 端是内部指示灯的另一端输出引脚。图中的状态，表示两端（a 和 b）处于断开状态。当拨动开关到另一固定位置时，两端（a 和 b）导通。

续表

④ 开关（K_2），如图 4-17 所示。

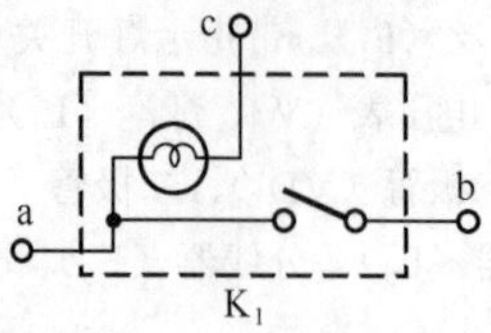

图 4-16　开关 K_1 的图形符号

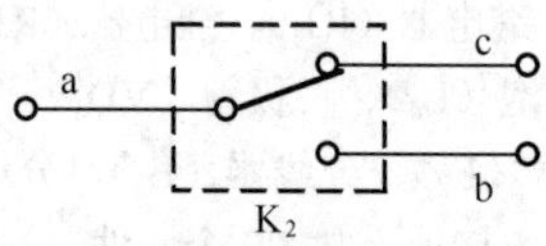

图 4-17　开关 K_2 的图形符号

一个有两个固定位置的单刀双掷手动开关，对外有 3 个接线端子（a、b 和 c）。图中的状态，表示 a 端和 b 端处于断开状态，a 端和 c 端处于接通状态。当拨动开关到另一个固定位置时，a 端和 b 端处于接通状态，a 端和 c 端处于断开状态。一般地，我们把 a 端这种在两个位置都有连接的端子，称之为开关的公共端。

注意

所有的手动开关，都没有正负极性之分。除应用时有约定外，任何一端都可随意作输入或输出用途，而不会影响电路的正常工作。

⑤ 保险丝（F_1），如图 4-18 所示。

保险丝是一种两端器件，主要用于电路的过流保护元件。正常工作时，该元件相当于一根导线，当电路出现异常（如负载短路）时，电流会变得很大，这时保险丝因电流过大而烧毁，正常的电路回路被切断，从而起到保护的作用。

保险丝是一种最常用的电路保护元件，其主要参数有：额定工作电流、熔断电流等。

汽车用保险丝的标称电流，是指额定工作电流，按 5A、(7.5A)、10A、15A、20A、25A、30A、40A、60A、80A 标出。

注意

在实际应用时，保险丝没有正负极性之分，对回路的保护除有约定外，在回路中的任何位置设置，均能起相同的保险作用。

⑥ 继电器（RJ_1、RJ_2），如图 4-19 所示。

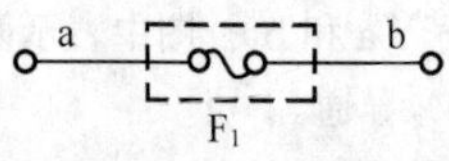

图 4-18　保险丝 F_1 的图形符号

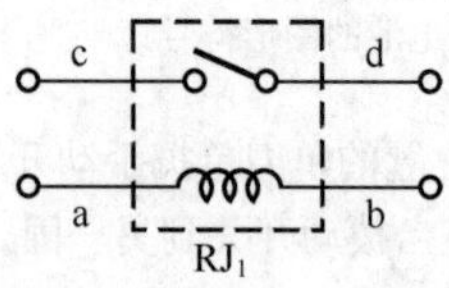

图 4-19　继电器的图形符号

继电器是由动作线圈和开关触点两部分组成的，所以继电器在电路图中的图形符号也包括两部分：引出端 a 和 b 之间的一段螺旋线表示线圈绕组；引出端 c 和 d 之间的一组触点符号表示触点组合。图中，继电器是按初始状态画出的，即继电器线圈未通电时，其触点组合的状态，这种状态称原始状态。

继电器的主要参数有：工作电压（汽车一般为 12V）、吸合电流和工作电流，吸合电流和工作电流的大小与继电器的功率有关（汽车一般在 0.1～10A）。工作电流比吸合电流要大，一般为吸合电流的 2 倍。

继电器在汽车电路控制中的主要是用作小电流控制大电流（继电作用）的开关。以汽车用电压目前一般为 12V（部份车型采用 24V）为例，当一个用电器的功率为 120W（如空调器压缩机电磁离合器）时，对该器件的控制开关电流将达到 10A（$I=P/U$），这样大的电流对开关的触点电阻和触点压力要求较高，不容易实现小型化。这时，使用继电器就能非常方便实现操作轻盈、可靠性高的应用要求。

续表

注意

在原始状态下，触点未接通的称为常开触点（RJ_1 中的 c、d 端和 RJ_2 中的 d 端），常开触点在继电器线圈通电后，开关触点闭合接通。在原始状态下，触点已接通的称为常闭触点（RJ_2 中的 e 端），常闭触点在继电器线圈通电后，开关触点断开。所有的继电器开关，都没有正负极性之分。除应用时有约定外，任何一端都可随意作输入或输出用途，而不会影响电路的正常工作。继电器线圈也没有正负极性之分。除应用时有约定外，任何一端都可随意连接到电源的正或负极，而不会影响继电器的正常工作。

⑦ 电流表（A），如图 4-20 所示。

用于测量电路中电流大小的仪表，对外有两个接线端子（a 和 b）。

电流有直流电流和交流电流之分，所以电流表也分为直流电流表和交流电流表两种。汽车采用直流电源，故本板中的电流表为直流电流表。直流电路中的电流有流动方向性，故电流表的引出端分正端 a（+）和负端 b（−）。

使用电流表进行测量时，电路连接要保证电流从电流表的正端（+）流入，从电流表的负端（−）流出，否则，会引起指针反打而损坏仪表。

电流表内阻极小，使用时一定要注意不能在表的两端直接接入电源，防止烧坏电流表。

⑧ 电压表（V），如图 4-21 所示。

图 4-20 电流表的图形符号

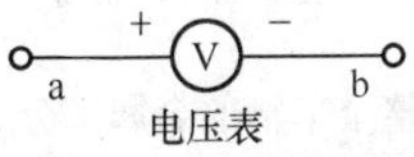

图 4-21 电压表的图形符号

用于测量电路中电压大小的仪表，对外有两个接线端子（a 和 b）。

电源有直流电源和交流电源之分，所以电压表也分为直流电压表和交流电压表两种。汽车采用直流电源，故本单元板中的电压表为直流电压表。电压表的引出端分为正端 a（+）和负端 b（−）。

使用电压表进行测量时，测量时要保证电压表的正端（+）接待测电路的高电位，电压表的负端（−）接待测电路的低电位，否则，会引起指针反打而损坏仪表。

⑨ 灯泡（L_1～L_4），如图 4-22 所示。

灯泡是一种电路负载两端器件，对外有两个接线端子（a 和 b）。

汽车常用 12V 工作电压的灯泡，各灯常用功率为：仪表灯 3W，室内照明灯 10W，信号灯 21W，近光灯 45W，远光灯 55W。

注意

灯泡没有正负极性之分。除应用时有约定外，两端都可随意连接到电源的正和负极，而不会影响灯泡的正常工作。

⑩ 二极管（VD_1～VD_4），如图 4-23 所示。

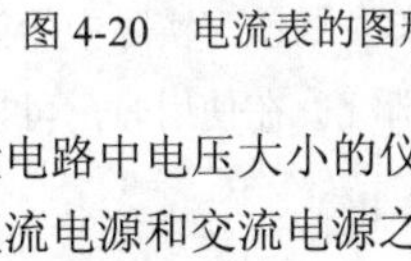

图 4-22 灯泡的图形符号

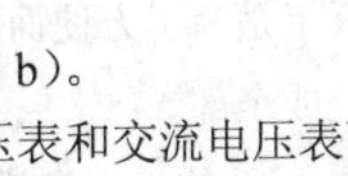

图 4-23 二极管的图形符号

二极管是半导体 PN 结型器件，主要特征是具有单向导通作用。二极管的图形符号中，箭头所指的方向就是电流流动的方向，就是说在这个二极管上端接高电位，下端接低电位时它就能导通。

续表

二极管的参数主要有：最大流过电流、正向压降、反向击穿电压等。

二极管好坏的判断是测量其正反向电阻，一般二极管的正向电阻较小（约为数百Ω），而反向电阻较大（近似无限大）。如果测量结果正向阻值太大或反向阻值太小，就说明这个管子已损坏。

汽车应用二极管主要在整流和一些控制逻辑（与、或、非门）电路中。

⑪ 分线器（E_1～E_8），如图4-24所示。

分线器（也称集线器），本单元电路板配置的分线（集线）器，内部已将同一分线器的各个端子连通，使用时如同一个多端子分线（集线）部件。

在汽车电路中，当多个器件的一端被连接在一起时，使用分线（集线）器会使接线更为方便合理。例如：某电路控制要求灯泡 L_1 和 L_2 的b引脚接电池负极，这时，我们可以首先将蓄电池的负极a端接入分线（集线）器 E_1 的一个端子，然后把灯泡 L_1 和 L_2 的b引脚接到 E_1 的另外两个端子。

⑫ 接地端子

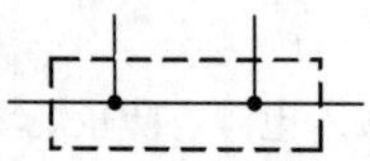

图4-24　分线器的图形符号

图4-25　接地端子的图形符号

汽车的地实质上是指整个车辆的金属部分。汽车配电采用的单线制方法是指将电池的其中一根配线与汽车的车身金属连接起来，而现代汽车一般是负极连接，行业内称负搭铁。实际中的接地点可以有无限个，接线板上是为了方便而配置了部分端子，并不代表实际情况。在使用时，可根据电路设计要求来使用部分或全部。

（2）实训板使用各元件的设定参数为：

蓄电池（B）电压：12V；

保险丝（F_1）：10A；

带指示灯开关（K_2）中的灯泡功率：12V、10W；

继电器（RJ_1、RJ_2）线圈：电压12V、电流1A；

电流表（A）：0～10A；

电压表（V）：0～20V；

灯泡（L_1～L_4）：12V、21W：

二极管（VD_1～VD_4）：50V、10A。

（3）接线实例

题目：灯光控制电路设计

① 使用元件：蓄电池B，电源总开关 K_0，保险丝 FU_1，开关 K_1，开关 K_2，灯泡 L_1，灯泡 L_2，灯泡 L_4，所有用电器件额定电压均为蓄电池电压12V，其他元件自由选择。

② 操作功能：当开关 K_1 接通时，L_4、L_1 灯泡发亮。当开关 K_2 接通时，L_4、L_2 灯泡发亮。当开关 K_1 和 K_2 同时接通时，灯炮 L_4、L_1 和 L_2 同时发亮。当开关 K_1 和 K_2 同时断开时，所有灯泡都熄灭。

③ 控制要求：全部开关控制负极，灯泡不能串联。开关只使用a、b两引脚。

续表

除指定用元件外，以使用最少元件和连线数为最佳。

分析：根据题意要求，我们首先要完成开关 K_1 和 K_2 的开关支路，令灯泡 L_1 和 L_2 能分别指示开关的状态，然后将开关 K_1 和 K_2 的开关支路用隔离元件进行合并，输出到灯泡 L_4 显示结果。

从实训板面提供的元器件来看，隔离元件有继电器和二极管两种，继电器属于物理隔离元件，二极管属于电气隔离元件。因此，可以有两种方法实现题意控制要求。

方法一　使用继电器

第一步　完成电路的配电保护及开关 K_1 和 K_2 的开关支路。

按控制要求，全部开关控制负极，即任一开关的一端必须接电源的负极（现代汽车采用电池负极搭铁）。

（a）用 K0 作电源总开关，电池负极通过开关 K_0 串联接分线器 E_2，分线器 E_2 为电路接地。连线顺序为：电池 a—K_0a；K_0b—E_2。

（b）开关 K_1 和 K_2 的一端接地（分线器 E2），另一端分别接灯泡 L_1 和 L_2，使用了分线器 E_5 和 E_6，准备作合并支路元件接线用。连线顺序为：K_1a—E_2；K_2a—E_2；K_1b—E_5；L_1a—E_5；K_2b—E_6；L_2a—E_6。

（c）灯泡 L_1 和 L_2 的另一端用分线器 E1 接保险丝 b 端，再经保险丝 a 端回到电池正极 b 端，完成两个支路回路。

连线顺序为：L_1b—E_1；L_2b—E_1；F_1b—E_1；F_1a—电池 b。

第一步结果分析：

从图中看出，当开关 K_1 接通时，L_1 发亮，当开关 K_2 接通时，L_2 发亮，当开关 K_1 和 K_2 同时接通时，L_1 和 L_2 亦同时发亮，并且它们互不干扰，满足了题目的第一个要求。

第二步　完成两个支路的合并和结果输出电路。

在完成的两个支路中，我们从它们的电气回路来分析，找出能反映开关状态的节点，即当开关通断时电压产生变化的点。由于是简单电路，直接可以看出，开关 K_1、K_2 和灯泡 L_1、L_2 的连接点 E_5 和 E_6 就具有该性质。当开关断开时，E_5 和 E_6 点上的电压不为地，当开关接通时，对应 E_5 和 E_6 点上的电压为地。亦即是说，对合并元件来说，该两个支路的输出是控地输出，其中，K_1 开关节点对应 E_5，K_2 开关节点对应 E_6。

（a）用继电器 RJ_1 作开关 K_1 支路的开关元件，用继电器 RJ_2 作开关 K_2 支路的开关元件。因控制点输出控地信号，所以两个继电器的线圈引脚一端都接到电源正极，另一引脚再对应接各支路的控制节点，完成两支路合并电路。接线时，因引线较多，再扩展分线器 E_3 为电源正极接点。连线顺序为：E_1—E_3；RJ_1a—E_3；RJ_2a—E_3；RJ_1b—E_5；RJ_2b—E_6。

（b）因题目要求所有开关控负极。因此，灯泡 L4 的一端接电源正极，另一端用由两个继电器的开关并联控制负极，完成合并结果输出电路。接线时，因引线较多，再扩展分线器 E_4 为电路接地。分线器 E_7 为灯泡 L_4 与继电器的开关接线过渡分线器。连线顺序为：E_2—E_4；L_4b—E_3；L_4a—E_7；RJ_1d—E_7；RJ_2d—E_7；RJ_1c—E_4；RJ_2c—E_4。

第二步结果分析：

从图中看出，当任一继电器开关接通，L_4 发亮，当两个继电器开关同时接通，L_4 发亮，满足了两个支路的合并和结果输出要求。

续表

用这一方法共使用 17 元件：电池 B，保险丝 F_1，开关 K_0，开关 K_1，开关 K_2，灯泡 L_1，灯泡 L_2，灯泡 L_4，继电器 RJ_1，继电器 RJ_2，分线器 E_1～E_7。

连线数：24 根。

方法二　使用二极管

第一步　完成电路的配电保护及开关 K_1 和 K_2 的开关支路。

与用继电器的步骤和连线相同，可参照方法一进行，在此省略。

第二步　完成两个支路的合并和结果输出电路。

分析过程及结论同方法一，在完成的两个支路中，输出都是控地输出，其中，K_1 开关节点对应 E_5，K_2 开关节点对应 E_6。

二极管的特性是：具有单向导通作用。在二极管的图形符号中，箭头所指的方向就是电流流动的方向，就是说在这个二极管上端接高电位，下端接低电位时它就能导通。

利用二极管的这一特性，我们可以这样考虑，在第一步的基础上，对每个支路找一个合适的地方，将二极管串联在回路当中，其方向是：只有 L_4 灯泡和本支路指示灯的电流可以流入本支路，而其他支路的开关和指示灯的电流被隔断，不能流入本支路。这样，两个支路的电流不会互相干扰，实现了支路的隔离，而 L_4 灯泡的电流又可以分别或同时流入各个支路，而这又实现了合并结果输出。连线顺序为：D_1b—E_5；D_2b—E_6；D_1a—E_7；D_2a—E_7；L_4b—E_7；L_4a—E_1。

共使用 15 元件：电池 B，保险丝 F_1，开关 K_0，开关 K_1，开关 K_2，灯泡 L_1，灯泡 L_2，灯泡 L_4，二极管 VD_1，二极管 VD_2，分线器 E_1—E_2、E_5—E_7。

连线数：18 根。

方法三　使用一个继电器 RJ_2

此处略，请自己思考。

想一想　题目给出控制要求时，解题步骤是怎样的？

学习小结：

二、制定汽车电工基础接线板接线作业计划

对汽车电工基础接线板进行接线训练。查阅汽车电工基础接线板的使用说明、检查安全注意事项等，制定汽车电工基础接线板接线的计划如表 4-7 所示。

表 4–7 制定汽车电工接线板接线计划

序号	计划步骤	具 体 内 容	备注
1	接线前的准备	1. 接线时需要哪些材料？	
2	要完成接线的内容及步骤	内容： 1. 基础电路的接线 2. 逻辑电路的接线	
3	其他方面		
4	意见及建议		

三、实施汽车电工基础接线板接线作业

根据汽车电工基础接线作业计划实施接线作业，任务书如表 4-8 所示。

表 4-8　　汽车电工基础接线板接线作业任务书

<table>
<tr><td>1．前期准备</td><td colspan="4">1．检查万用表是否是好的；　是□否□
2．检查消防器具是否良好。　是□否□</td></tr>
<tr><td rowspan="2">2．汽车电工基础接线板的接线</td><td>检查任务</td><td>作业要领</td><td>技术标准及检查记录</td><td>备　注</td></tr>
<tr><td>接线任务</td><td>1．单灯带电流表电路
使用元件：电池 B，电源总开关 K_0，保险丝 FU_1，开关 K_2，电流表 A_1，电压表 V_1，灯泡 L_1，分线器自由选择。
控制要求：全部开关控制负极，电流表测量保险丝后总电流，电压表测量保险丝后端电压，开关和保险丝 a 端为电流流入端，全部电路可被电源总开关关断。
2．带继电器的单灯（电流表）电路
使用元件：电池 B，电源总开关 K_0，保险丝 FU_1，开关 K_2，继电器 RJ_2，电流表 A_1，电压表 V_1，灯泡 L_1，分线器自由选择。
控制要求：可以控正极或控负极，电流表测量保险丝后总电流，电压表测量保险丝后端电压，开关只使用 a、b 两引脚，开关和继电器线圈 a 端为电流流入端，可选开关任意两引脚，灯泡的亮灭与开关同相（即开关通，灯泡亮；开关断，灯泡灭）；继电器开关公共脚为电流流入端。
3．串并联电路
使用元件：电池 B，电源总开关 K_0，保险丝 FU_1，开关 K_1，电流表 A_1，电压表 V_1，灯泡 L_1，灯泡 L_2，灯泡 L_3，灯泡 L_4，分线器自由选择。
控制要求：全部开关控负极，电流表测量保险丝后总电流，全部灯泡 a 端为电流流入端，L_1 与 L_2 并联后再与 L_3 与 L_4 串联，电压表测量 L_3 与 L_4 串联后的两端电压，开关只使用 a、b 两个引脚，开关 a 端为电流流入端。
4．带桥式整流电路、电流表、电压表、继电器的单灯电路
使用元件：电池 B，电源总开关 K_0，保险丝 FU_1，开关 K_1，继电器 RJ_1，电流表 A_1，电压表 V_1，灯泡 L_1，二极管 VD_1，二极管 VD_2，二极管 DV_3，二极管 VD_4，分线器自由选择。
控制要求：全部开关控负极，电流表测量整流后总电流，灯泡 a 端为电流流入端，电压表测量整流后端电压，开关只使用 a、b 两个引脚，开关、保险丝和继电器线圈 a 端为电流流入端，VD_1、VD_4 为整流后负极输出端，全部电路可被电源总开关关断。
5．组成逻辑与门电路（单灯）
使用元件：电池 B，电源总开关 K_0，保险丝 FU_1，开关 K_1，开关 K_2，继电器 RJ_1，灯泡 L_2，分线器自由选择。
控制要求：开关全部控负极，开关 K_1、K_2 只使用 a、b 两个引脚，开关和继电器线圈 a 端为电流流入端，只有当两个开关均接通后，灯泡 L_2 才发亮。
6．组成逻辑或门电路（单灯）
使用元件：电池 B，电源总开关 K_0，保险丝 FU_1，开关 K_1，开关 K_2，继电器 BJ_2，灯泡 L_3，分线器自由选择。
控制要求：开关全部控负极，开关 K_1、K_2 只使用 a、b 两个引脚，继电器开关公共脚为电流流入端，开关和继电器线圈 a 端为电流流入端，继电器 e 脚不用。当任一个开关接通后，灯泡 L_3 发亮。
7．组成逻辑非门电路（单灯）
使用元件：电池 B，电源总开关 K_0，保险丝 FU_1，开关 K_1，继电器 RJ_2，灯泡 L_4，分线器自由选择。
控制要求：可以控正极或控负极，灯泡 L_4 与开关成反相（即开关通，灯泡灭；开关断，灯泡亮）。继电器开关公共脚为电流流入端，开关和继电器线圈 a 端为电流流入端，开关指示灯指示状态（通亮，断灭），继电器 d 脚不用。</td><td></td><td>完成□
完成□
完成□
完成□
完成□
完成□
完成□</td></tr>
<tr><td>接线小结</td><td colspan="4"></td></tr>
</table>

四、检验评估

填写汽车电工基础接线板接线作业任务检验评估表，如表 4-9 所示。

表 4-9　　汽车电工基础接线板接线作业任务检验评估

序号	评价内容	配分	评分标准	自评	互评	师评	总评
1	任务完成情况	30	制定检查计划（6 分）				
			完成作业任务书（6 分）				
			完成任务过程情况（6 分）				
			任务完成质量（6 分）				
			在小组完成任务过程中所起作用（6 分）				
2	专业知识	30	能描述串联电路的特点（5 分）				
			能描述并联电路的特点（5 分）				
			能描述逻辑电路的逻辑关系（6 分）				
			能描述电路设计的基本思路（8 分）				
			能描述电路接线的一般技巧（6 分）				
3	仪器、工具选用	10	会正确选择合适的工、量具（5 分）				
			会正确使用工、量具（5 分）				
4	基本技能	20	会进行逻辑电路接线（5 分）				
			会进行基本电路接线（5 分）				
			会进行电路设计（10 分）				
5	职业素养	10	学习态度：积极主动参与学习（3 分）				
			团队合作：与小组成员一起分工合作，不影响学习进度（3 分）				
			现场管理：服从工位安排、执行实训室“6S”管理规定（4 分）				
6	合计	100					
7	综合评价与建议		任课教师签名：　　年　月　日				

任务五 5 电烙铁钎焊技术

任务5.1 电烙铁的结构及检测

【工作任务】

本任务主要讲汽修或汽电初学者对电烙铁的认识，并对其进行相关检测。通过本任务的学习，使学生能认识电烙铁的外观，理解其参数含义，具备对电烙铁进行性能检测的相关技能。

【学习目标】

1．能辨别电烙铁的种类；
2．了解电烙铁的结构；
3．了解有关钎焊的知识；
4．能正确选用电烙铁；
5．在教师的引导下，制定电烙铁性能的检测内容；
6．根据检测计划，完成电烙铁性能的检测。

一、信息收集与处理

电烙铁的结构与检测按照表 5-1 完成任务 5.1 的信息收集与处理。

表 5–1 信息收集与处理

1．焊接分类	备 注
焊接在电子产品装配过程中是一项很重要的技术，也是制造电子产品的重要环节之一，如果没有相应的工艺质量保证，任何一个设计精良的电子装置都难以达到设计指标。它在电子产品实验、调试、生产中应用非常广泛，而且工作量相当大，焊接质量的好坏直接影响到产品的质量。 电子产品的故障除元器件本身的原因外，大多数是由于焊接质量不佳造成的。因此，掌握熟练的焊接操作技能对保证产品质量是非常必要的。这里着重讲述应用广泛的手工锡焊焊接。其目的是使同学在使用烙铁时，有正确的使用方法及认识，进而提升产品品质及延长零件寿命。 图 5-1 所示为现代焊接技术的主要类型。在电子工业中，几乎各种焊接方法都要用到，但使用最普遍、最具有代表性的是锡焊法。锡焊是焊接的一种，它是将焊件和熔点比焊件低的焊料共同加热到焊锡温度，在焊件不熔化的情况下，焊料熔化并浸润焊接面，依靠二者的扩散形成焊件的连接。其主要特征有以下三点。	

续表

① 焊料熔点低于焊件。

② 焊接时将焊料与焊件共同加热到锡焊温度，焊料熔化而焊件不熔化。

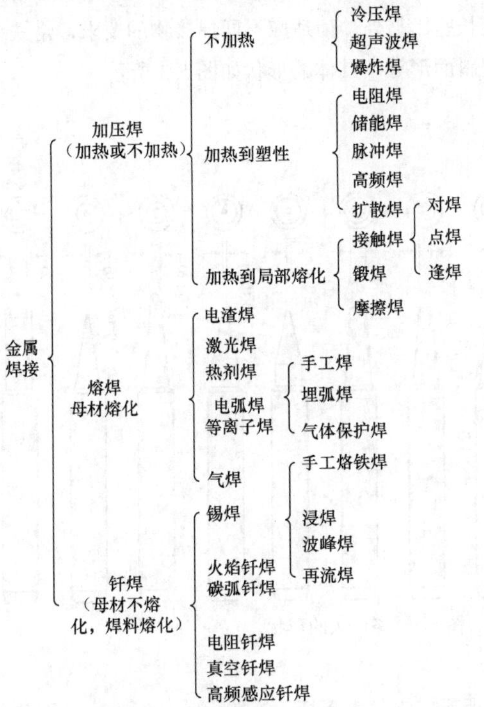

图 5-1 焊接技术的主要类型

③ 焊件的形成依靠熔化状态的焊料浸润焊接面，由毛细管作用使焊料进入焊件的间隙，形成一个结合层，从而实现焊件的结合。

说明：450℃以下（含 450℃）为软钎焊，450℃以上为硬钎焊。

2. 电烙铁的种类

（1）外热式电烙铁

外热式电烙铁如图 5-2 所示。它是由烙铁头、烙铁芯、外壳、手柄、电源引线、插头等部分组成。由于烙铁头安装在烙铁芯里面，故称为外热式电烙铁。

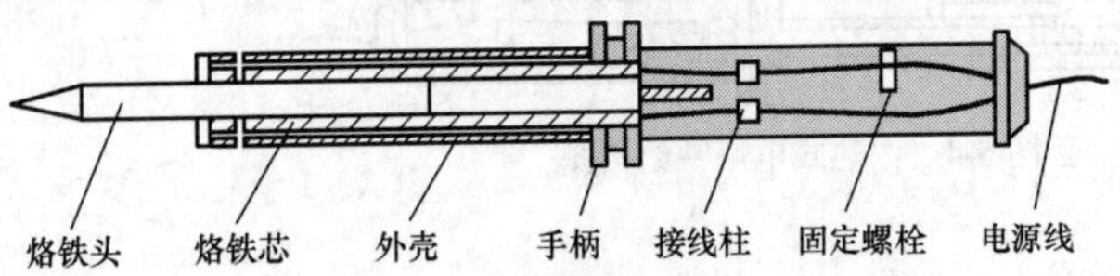

图 5-2 外热式电烙铁

烙铁芯是电烙铁的关键部件，它是将电热丝平行地绕制在一根空芯瓷管上构成，中间由云母片绝缘，并引出两根导线与 220V 交流电源连接。

外热式电烙铁的规格很多，常用的有 15W、25W、30W、40W、60W、80W、100W、150W 等。功率越大烙铁头的温度就越高。烙铁芯的功率规格不同，其内阻也不同。25W 烙铁的阻值约为 2kΩ，40W 烙铁的阻值约为 1kΩ，80W 烙铁的阻值约为 0.6kΩ，100W 烙铁的阻值约为 0.5kΩ。当我们不知所用的电烙铁为多大功率时，便可测其内阻值，参考已给阻值给以判断。

续表

烙铁头是用紫铜材料制成的，它的作用是储存热量和传导热量，它的温度必须比被焊接的温度高很多。烙铁的温度与烙铁的体积、形状、长短等都有一定的关系。当烙铁头的体积比较大时，则保持温度的时间就较长些。另外，为适应不同焊接物的要求，烙铁头的形状有所不同，常见的有锥形、凿形、圆斜面形等，具体的形状如图 5-3 所示。

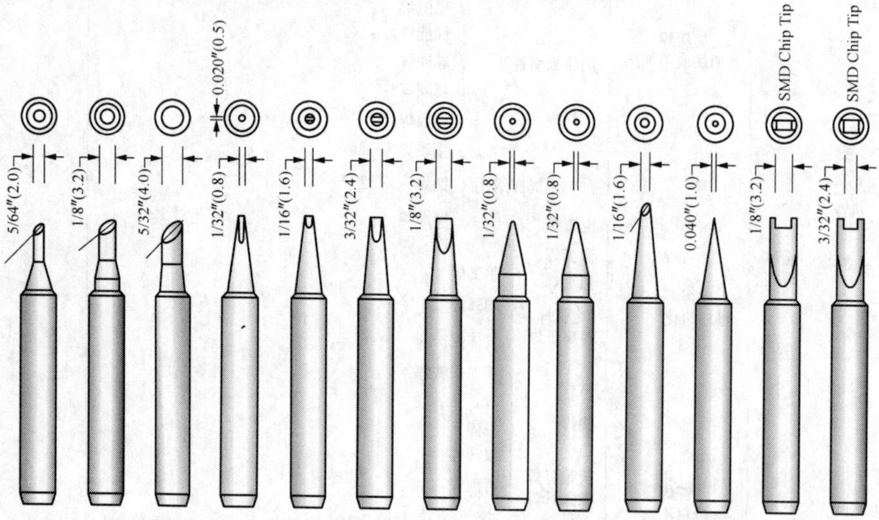

图 5-3　烙铁头的形状

（2）内热式电烙铁

内热式电烙铁的结构如图 5-4 所示，它是由手柄、连接柄、弹簧夹、烙铁芯、烙铁头等组成。由于烙铁芯安装在烙铁里面，因而发热快，热利用率高，因此，称为内热式电烙铁。

内热式电烙铁的常用规格为 20W，50W 等几种，由于它的热效率较高，20W 内热式电烙铁就相当于 40W 左右的外热式电烙铁。

内热式电烙铁的烙铁芯是用比较细的镍铬电阻丝绕在瓷管上制成的，其电阻约为 2.5kΩ 左右（20W）,烙铁的温度一般可达 350℃左右。由于内热式电烙铁的烙铁有升温快、重量轻、耗电小、体积小、热效率高的特点，因而得到了普遍的应用。

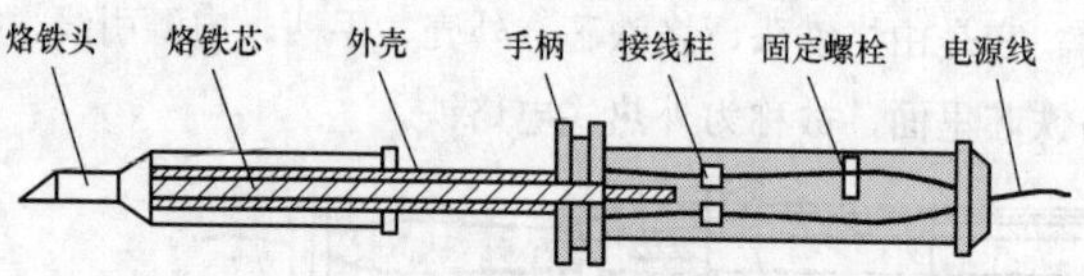

图 5-4　内热式电烙铁结构图

（3）恒温电烙铁

由于在焊接集成电路、晶体管元件时，温度不能太高，焊接时间不能太长，否则就会因温度过高造成元器件的损坏，因而对电烙铁的温度要给以限制，而恒温电烙铁就可以达到这一要求，这是由于恒温电烙铁头内，装有带磁铁式的温度控制器，控制通电时间而实现温控，即给电烙铁通电时，烙铁的温度上升，当达到预定的温度时，因强磁体传感器的居里点而磁性消失，从而使磁芯角点断开，这时就停止向电烙铁供电；当温度低于强磁体传感器的居里点时，强磁体便恢复磁性，并吸动磁芯开关中的永久磁铁，使控制开关的触点接通，继续向电烙铁供电，如此循环往复，便达到了控制温度的目的。恒温电烙铁如图 5-5 所示。

续表

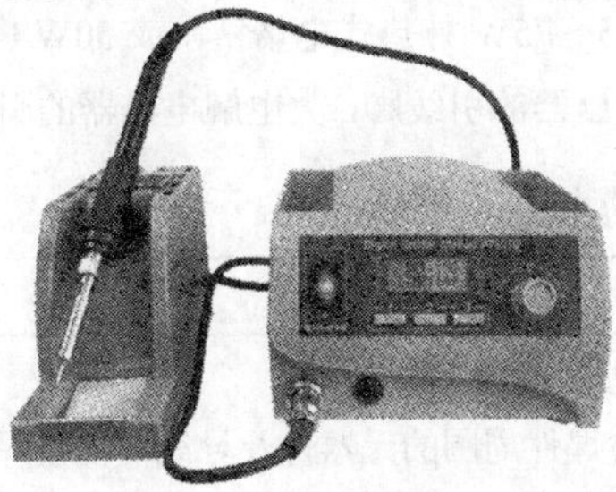

图 5-5 恒温电烙铁

（4）吸锡电烙铁

吸锡电烙铁是将活塞式吸锡器与电烙铁熔为一体的拆焊工具。它具有使用方便、灵活、适用范围宽等特点。这种吸锡烙铁的不足之处是每次只能对一个焊点进行拆焊。活塞式吸锡器的内部结构如图 5-6 所示。

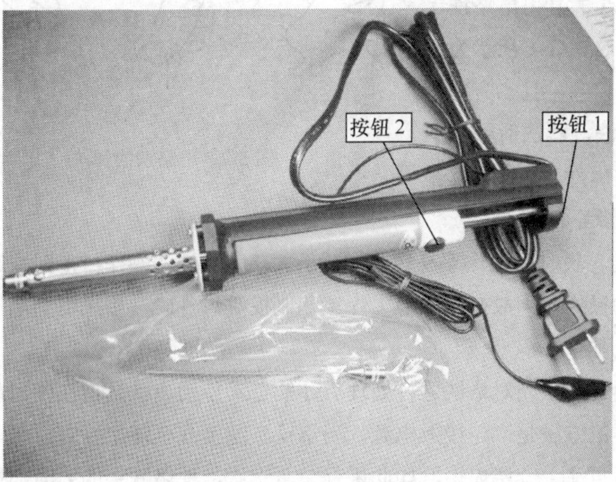

图 5-6 吸锡电烙铁

吸锡电烙铁的使用方法是：接通电源预热 3～5min，然后将活塞柄按扭 1 推下并卡住，把吸锡烙铁的吸头前端对准欲拆焊的焊点，待焊锡熔化后，按下按扭 2，活塞便自动上升，焊锡即被吸进气筒内。另外，吸锡器配有两个以上直径不同的吸头，可根据元器件引线的粗细进行选用，每次使用完毕后，要推动活塞三、四次，以清除吸管内残留的焊锡，使吸头与吸管畅通，以便下次使用。

3. 电烙铁的选用

由前述可知，电烙铁的种类及规格有很多种，而且被焊工件的大小又有所不同，因而合理地选用电烙铁的功率及种类，与提高焊接质量和效率有直接的关系。如果被焊件较大，使用的电烙铁功率较小，则焊接温度过低，焊料熔化较慢，焊剂不能挥发，焊点不光滑、不牢固，这样势必造成焊接强度以及质量的不合格，甚至焊料不能熔化，使元器件的焊点过热，造成元器件的损坏，致使印制电路板的铜箔脱落，焊料在焊接面上流动过快，并无法控制。

选用电烙铁时，可以从以下几个方面进行考虑。

① 焊接集成电路、晶体管及受热易损元件时，应选用 20W 内热式或 25W 的外热式电烙铁。

续表

② 焊接导线及同轴电缆时，应先用 45～75W 外热式电烙铁，或 50W 内热式电烙铁。

③ 焊接较大的元器件时，如行输出变压器的引线脚，大电解电容器的引线脚，金属底盘接地焊片等，应选用 100W 以上的电烙铁。

4．电烙铁的使用方法

（1）电烙铁的握法

为了能使被焊件焊接牢靠，又不烫伤被焊件周围的元器件及导线，视被焊件的位置、大小及电烙铁的规格大小、适当地选择电烙铁的握法是很重要的。掌握正确的操作姿势，可以保证操作者的身心健康，减少焊剂加热时挥发出的化学物质对人体的危害，减少有害气体的吸入量，一般情况下，烙铁到鼻子的距离应不少于 20cm，通常以 30cm 为宜。

电烙铁的握法可分为 3 种，如图 5-7 所示。

图 5-7（a）所示为反握法，就是用五指把电烙铁的柄握在掌内。此法适用于大功率电烙铁，焊接散热量较大的被焊件。图 5-7（b）所示为正握法，此法使用的电烙铁也比较大，且多为弯形烙铁。图 5-7（c）所示为握笔法，此法适用于小功率的电烙铁焊接散热小的被焊件，如焊接收音机、电视机的印制电路及其维修等。

（a）　　（b）　　（c）

图 5-7　电烙铁的握法

特点：反握法的动作稳定，长时间操作不易疲劳，适于大功率烙铁的操作；正握法适于中功率烙铁或带弯头电烙铁的操作；一般在操作台上焊接印制板等焊件时，多采用握笔法。

（2）电烙铁在使用前的处理

一把新烙铁不能拿来就用，必须先对烙铁进行处理后才能正常使用，就是说在使用前先给烙铁头镀上一层焊锡。具体的方法是：先接上电源，当烙铁头温度升至能熔锡时，将松香涂在烙铁头上，等松香冒烟后再涂上一层焊锡，如此进行二至三次，使烙铁头的刃面部挂上一层锡便可使用了。

当烙铁使用一段时间后，烙铁头的刃面及其周围就要产生一层氧化层，这样便产生“吃锡”困难的现象，此时可锉去氧化层，重新镀上焊锡。

（3）烙铁头长度的调整

经过选择电烙铁的功率大小后，已基本满足焊接温度的需要，但是仍不能完全适应印制电路板中所装元器件的需要。如焊接集成电路与晶体管时，烙铁头的温度就不能太高，且时间不能过长，此时便可将烙铁头插在烙铁芯上的长度进行适当地调整，从而控制烙铁头的温度。

（4）烙铁头的种类

烙铁头有直头和弯头两种，当采用握笔法时，直烙铁头的电烙铁使用起来比较灵活。适合在元器件较多的电路中进行焊接。弯烙铁头的电烙铁用正握法比较合适，多用于线路板垂直桌面情况下的焊接。

（5）电烙铁通电时间

电烙铁不宜长时间通电而不使用，因为这样容易使电烙铁芯加速氧化而烧断，同时也将使烙铁头因长时间加热而氧化，甚至被烧“死” 不再“吃锡”。

续表

（6）烙铁芯的更换 更换烙铁芯时要注意引线不要接错，因为电烙铁有 3 个接线柱，而其中一个是接地的，另外两个是接烙铁芯两根引线的（这两个接线柱通过电源线，直接与 220V 交流电源相接）。如果将 220V 交流电源线错接到接地线的接线柱上，则电烙铁外壳就要带电，被焊件也要带电，这样就会发生触电事故。 （7）焊接时的注意事项 电烙铁在焊接时，最好选用松香焊剂，以保护烙铁头不被腐蚀。氯化锌和酸性焊油对烙铁头的腐蚀性较大，使烙铁头的寿命缩短，因而不易采用。烙铁应放在烙铁架上。应轻拿轻放，决不要将烙铁上的锡乱抛。
5．电烙铁的常见故障及其维护
电烙铁在使用过程中常见故障有：电烙铁通电后不热，烙铁头不吃锡、烙铁带电等故障。下面以内热式 20W 电烙铁为例加以说明。 （1）烙铁通电后不热 遇到此故障时可以用万用表的欧姆挡测量插头的两端，如果表针不动，说明有断路故障。当插头本身没有故障时，即可卸下胶木柄，再用万用表测量烙铁芯的两根引线，如果表针仍不动，说明烙铁芯损坏，应更换新的烙铁芯。如果测量铁芯两根引线电阻值为 2.5kΩ 左右，说明烙铁芯是好的，故障出现在电源线及插头上，多数故障为引线断路，插头中的接点断开。可进一步用万用表的“$R\times1$”挡测量引线的电阻值，便可发现问题。 更换烙铁芯的方法是：将固定烙铁芯引线螺丝松开，将引线卸下，把烙铁芯从连接杆中取出，然后将新的同规格烙铁芯插入连接杆将引线固定在螺线上，并注意将烙铁芯多余引丝头剪掉，以防止两引线短路。 当测量插头的两端时，如果万用表的表针指示接近零欧姆，说明有短路故障，故障点多为插头内短路，或者是防止电源引线转动的压线螺丝脱落，致使接在烙铁芯引线柱上的电源线断开而发生短路，当发现短路故障时，应及时处理，不能再次通电，以免烧坏保险丝。 （2）烙铁头带电 烙铁带电除前边所述的电源线错接在接地线的接线柱上的原因外，还有就是，当电源线从烙铁芯接线螺丝上脱落后，又碰到了接地线的螺丝上，从而造成烙铁带电。这种现象最容易造成触电事故，并损坏元器件，因此，要随时检查压线螺丝是否松动或丢失。如有丢失、损坏应及时配上（压线螺丝的作用是防止电源引线在使用过程中的拉伸、扭转而造成的引线头脱落）。 （3）烙铁头不上锡 烙铁头经过长时间使用后，就会因氧化而不沾锡，这就是“烧死”现象，也称作不“吃锡”。当出现不“吃锡”的情况时，可用细砂纸或锉头重新打磨或锉出新茬，然后重新镀上焊锡就可继续使用。 （4）烙铁头出现凹坑 当电烙铁使用一段时间后，烙铁头就会出现凹坑，或氧化腐蚀层，使烙铁头的刃面形状发生了变化。遇到此种情况时，可用锉刀将氧化层及凹坑锉掉，并锉成原来的形状，然后镀上锡，就可以重新使用了。

续表

为延长烙铁头的使用寿命，必须注意以下几点。 ① 经常用湿布、浸水海绵擦试烙铁头，以保持烙铁头良好的挂锡，并可防止残留助焊剂对烙铁头的腐蚀。 ② 进行焊接时，应采用松香或弱酸性助焊剂。 ③ 焊接完毕时，烙铁头上的残留焊锡应该继续保留，以防止再次加热时出现氧化层。
学习小结：

二、制定电烙铁的检测计划

根据电烙铁结构与检测的内容，制定对电烙铁的检测计划如表 5-2 所示。

表 5-2　　制定电烙铁的检测计划

序　号	计 划 步 骤	具 体 内 容	备　注
1	检测前的准备	1. 前期要准备什么？ 2. 检测作业需要哪些工量具？	
2	电烙铁检测的内容及简单步骤		
3	其他方面		
4	意见及建议		

三、实施电烙铁的检测作业

根据电烙铁的检测作业计划实施检测作业，任务书如表 5-3 所示。

表 5-3　　电烙铁的检测作业任务书

1. 前期准备		1. 检查万用表是否是好的；　是□否□ 2. 检查消防器具是否良好。　是□否□		
2. 钎焊及电烙铁	检查任务	作业要领	技术标准及检查记录	备　注

续表

	钎焊和电烙铁的检测及选用	1．金属焊接分为哪几类？ 2．电烙铁的种类有哪些？ 3．内热式电烙铁由哪几个部分组成？ 4．电烙铁不发热应如何检修？ 5．如何选择电烙铁？		完成□ 完成□ 完成□ 完成□ 完成□
检查结论				

四、检验评估

填写电烙铁的检测作业任务检验评估表，如表 5-4 所示。

表 5-4　　电烙铁的检测作业任务检验评估

序　号	评价内容	配　分	评分标准	自评	互评	师评	总评
1	任务完成情况	30	制定检查计划（6 分）				
			完成作业任务书（6 分）				
			完成任务过程情况（6 分）				
			任务完成质量（6 分）				
			在小组完成任务过程中所起作用（6 分）				
2	专业知识	30	能描述焊接的种类（5 分）				
			能识别电烙铁的类别（5 分）				
			会描述电烙铁的选用原则（6 分）				
			会描述电烙铁的检修方法（8 分）				
			会描述检查作业时的安全事项（6 分）				
3	仪器、工具选用	10	会正确选择合适的工、量具（5 分）				
			会正确使用工、量具（5 分）				
4	基本技能	20	会正确选用电烙铁（5 分）				
			会正确使用电烙铁（5 分）				
			会检修电烙铁（10 分）				
5	职业素养	10	学习态度：积极主动参与学习（3 分）				
			团队合作：与小组成员一起分工合作，不影响学习进度（3 分）				
			现场管理：服从工位安排、执行实训室“6S”管理规定（4 分）				
6	合计	100					
7	综合评价与建议		任课教师签名：　　年　月　日				

任务5.2 钎焊技术

【工作任务】

本任务主要讲汽修或汽电初学者对电烙铁钎焊的认识，并进行相关焊接训练。通过本任务的学习，使学生能认识电烙铁钎焊的有关内容，具备用电烙铁进行钎焊的技能。

【学习目标】

（1）了解钎焊的概念；

（2）掌握焊接的五步操作法；

（3）掌握焊点质量的检查；

（4）能正确选用助焊剂；

（5）在教师的引导下，制定电烙铁钎焊技术训练内容；

（6）根据训练计划，完成电烙铁钎焊技术的训练。

一、信息收集与处理

钎焊技术按照表 5-5 完成任务 5.2 的信息收集与处理。

表 5–5 信息收集与处理

1. 焊接的基本观念	备 注
（1）焊接概念 所谓焊接，就是用焊锡做媒介，用加热的方法而 A、B 二金属相接并达到导电的目的。二金属间的接合力即靠焊锡与金属表面所产生的合金层，所以焊锡不能当作机械力的支撑，只能作电气传导。 （2）焊接的障碍物 焊接的障碍物存在于两被焊物的表面，它们是金属氧化物油脂及其他污物（如轻酸性或轻碱性物，将使焊接点腐蚀而致产品不能使用）。 注意：在操作中勿用拢过头发的手触及待焊点的表面，焊接障碍物起于自然氧化，不正当的储存、运送及操作。 （3）良好焊接基本条件 ① 焊件必须具有良好的可焊性，即被焊物的可焊性。不是所有的金属都具有良好的可焊性，有些金属如铬、钼、钨等的可焊性就非常差；有些金属的可焊性又比较好，如紫铜、黄铜等。 在焊接时，由于高温使金属表面产生氧化膜，影响材料的可焊性。为了提高可焊性，一般采用表面镀锡、镀银等措施来防止表面的氧化。	

续表

② 焊件表面必须保持清洁。为了使焊锡和焊件达到良好的结合，焊接表面一定要保持清洁。即使是可焊性良好的焊件，由于储存被污染，都可能在焊件表面产生有害的氧化膜和油污。在焊接前务必把污膜清除干净，否则无法保证焊接质量。

③ 要使用合适的助焊剂。不同的焊接工艺，应选择不同的助焊剂，如镍铬合金、不锈钢、铝等材料，没有专用的特殊焊剂是很难实施锡焊的。在焊接电子电路板等精密电子产品时，为使焊接可靠稳定，通常采用松香助焊剂。一般，是用酒精将松香溶解成松香水使用。

④ 焊件要加热到适当的温度。需要强调的是，不但焊锡要加热到熔化，而且应该同时将焊件加热到能够熔化焊锡的温度。导线端敷涂一层焊剂，同时也镀上焊锡。要注意，不要让锡浸入到导线的绝缘皮中去，最好在绝缘皮前留出 1～3mm 的间隔，使这段没镀锡。这样镀锡的导线，对于穿管是很有利的，同时也便于检查导线有无断股。

⑤ 正确手焊技巧。

（4）焊锡丝使用方法

① 锡丝整卷在架子上。

② 锁好螺帽，轮子为顺时针方向旋转（使用左手拉焊锡丝）使和施力方向平行。

③ 焊锡丝不可拉出太长，以免焊锡丝碰到地面使其他污物附着在焊锡丝上加附至焊点，也不可太短（勿短于 1 英时），以免烫手。

注意

尽量使拉焊锡丝和下烙铁的动作同时进行，以节省时间。洗过手后方可进食，勿使焊料进口。

（5）工具使用规则

① 休息前及新烙铁头使用前清洁并加锡于烙铁头上。

② 焊接前擦拭头上污物。

③ 海绵保持潮湿（但不能加水太多），每天清洗，以去除锡渣及松香渣。

④ 工作区域保持清洁。食物、化妆品及化学品应当远离工作区域。

⑤ 烙铁握法务必稳固握于手中，以免滑落。

⑥ 电烙铁使用以后，一定要稳妥地放在烙铁架上，并注意导线等物不要碰到烙铁头，以免烫伤导线，造成漏电等事故。

（6）焊接法则

① 应该做的方法。

（a）迅速地加焊锡于被焊金属及零件上。

（b）施用刚好足够的焊锡后将锡丝移去。

（c）如果沾锡良好则立即移走烙铁。

（d）在焊锡时把烙铁头远离绝缘材料（使烙铁头放在绝缘体的对边）。

（e）在焊接点完全凝固前，不可以移动零件。

② 不该做的方法。

（a）把锡加在烙铁头上使它流下以作焊接。

（b）焊锡时间太长。

续表

(c) 过热使多股线把焊锡往上吸而造成电线脆弱或使热敏感零件的寿命减低。

(d) 烫伤在焊接点上或其附近的绝缘体或零件。

(e) 在焊接时移动零件，造成冷焊，使焊接不牢固或由于结晶不良而造成高电阻。

(f) 绕线不良：太松——造成过多的焊锡使用量。

(g) 跨接或次序不佳——造成其后装配及修理困难。

(h) 太紧或方向不对——易于烫伤零件。

2. 手焊丝焊接

(1) 手焊丝焊接操作的基本步骤

掌握好烙铁的温度和焊接时间，选择恰当的烙铁头和焊点的接触位置，才可能得到良好的焊点。正确的焊接操作过程可以分成5个步骤。

① 准备施焊：左手拿焊丝，右手握烙铁，进入备焊状态。要求烙铁头保持干净，无焊渣等氧化物，并在表面镀有一层焊锡。

② 加热焊件：烙铁头靠在两焊件的连接处，加热整个焊件全体，时间为1～2s。对于在印制板上焊接元器件来说，要注意使烙铁头同时接触焊盘和元器件的引线。

③ 送入焊丝：焊件的焊接面被加热到一定温度时，焊锡丝从烙铁对面接触焊件。注意：不要把焊锡丝送到烙铁头上。

④ 移开焊丝：当焊丝熔化一定量后，立即向左上45°方向移开焊丝。

⑤ 移开烙铁：焊锡浸润焊盘和焊件的施焊部位以后，向右上45°方向移开烙铁，结束焊接。

从第三步开始到第五步结束，时间也是1～2s。

(2) 焊接温度与加热时间

适当的温度对形成良好的焊点是必不可少的。这个温度应当如何掌握呢？当然，根据有关数据，可以很清楚地查出不同的焊件材料所需要的最佳温度，得到有关曲线。但是，在一般的焊接过程中，不可能使用温度计之类的仪表随时检测，而是希望用更直观明确的方法来了解焊件温度。

经过试验得出，烙铁头在焊件上停留的时间与焊件温度的升高是正比关系。同样的烙铁，加热不同热容量的焊件时，想达到同样的焊接温度，可以通过控制加热时间来实现，但在实践中又不能仅仅依此关系决定加热时间。例如，用小功率烙铁加热较大的焊件时，无论烙铁停留的时间多长，焊件的温度也上不去，原因是烙铁的供热容量小于焊件和烙铁在空气中散失的热量。此外，为防止内部过热损坏，有些元件也不允许长期加热。

加热时间对焊件和焊点的影响及其外部特征是什么呢？如果加热时间不足，会使焊料不能充分浸润焊件而形成松香夹渣而虚焊。反之，过量的加热，除有可能造成元器件损坏以外，还有如下危害和外部特征。

① 焊点外观变差。如果焊锡已经浸润焊件以后还继续进行过量的加热，将使助焊剂全部挥发完，造成熔态焊锡过热；当烙铁离开时容易拉出锡尖，同时焊点表面发白，出现粗糙颗粒，失去光泽。

② 高温造成所加松香助焊剂的分解碳化。松香一般在210℃开始分解，不仅失去助焊剂的作用，而且造成焊点夹渣而形成缺陷。如果在焊接中发现松香发黑，肯定是加热时间过长所致。

③ 过量的受热会破坏印制板上铜箔的粘合层，导致铜箔焊盘的剥落。因此，在适当的加热时间里，准确掌握火候是优质焊接的关键。

续表

（3）焊接操作的具体手法

在保证得到优质焊点的目标下，具体的焊接操作手法如下。

① 保持烙铁头的清洁。焊接时，烙铁头长期处于高温状态，又接触焊剂等弱酸性物质，其表面很容易氧化并沾上一层黑色杂质。这些杂质形成隔热层，妨碍了烙铁头与焊件之间的热传导。因此，要注意随时在烙铁架上蹭去杂质。用一块湿布或湿海绵随时擦拭烙铁头，也是常用的方法之一。对于普通烙铁头，在污染严重时可以使用锉刀锉去氧化层。对于长寿命烙铁头，就绝对不能使用这种方法了。

② 采用正确的加热方法。加热时，应该让焊件上需要焊锡浸润的各部分均匀受热，而不是仅仅加热焊件的一部分，如图 5-8 所示。当然，对于热容量相差较多的两个部分焊件，加热应偏向需热较多的部分，这是顺理成章的。但不要采用烙铁对焊件增加压力的办法，以免造成损坏或不易觉察的隐患。有些初学者企图加快焊接，用烙铁头对焊接面施加压力，这是不对的。正确的方法是，要根据焊件的形状选用不同的烙铁头，或者自己修正烙铁头，让烙铁头与焊件形成面的接触而不是点或线的接触。这样，就大大提高效率。

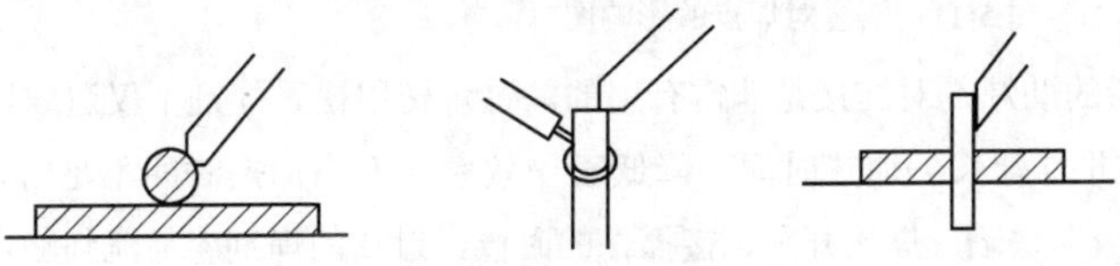

（a）错误的加热方法

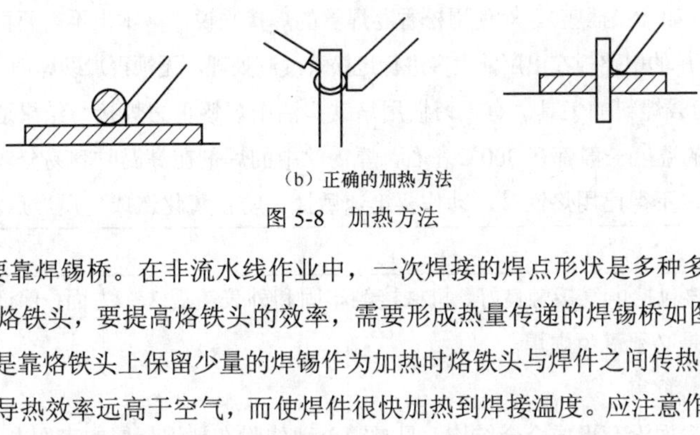

（b）正确的加热方法

图 5-8 加热方法

③ 加热要靠焊锡桥。在非流水线作业中，一次焊接的焊点形状是多种多样的，我们不可能不断更换烙铁头，要提高烙铁头的效率，需要形成热量传递的焊锡桥如图 5-8 所示。所谓焊锡桥，就是靠烙铁头上保留少量的焊锡作为加热时烙铁头与焊件之间传热的桥梁。显然，由于金属液的导热效率远高于空气，而使焊件很快加热到焊接温度。应注意作为焊锡桥的保留量不可过多，以免造成焊点误连。

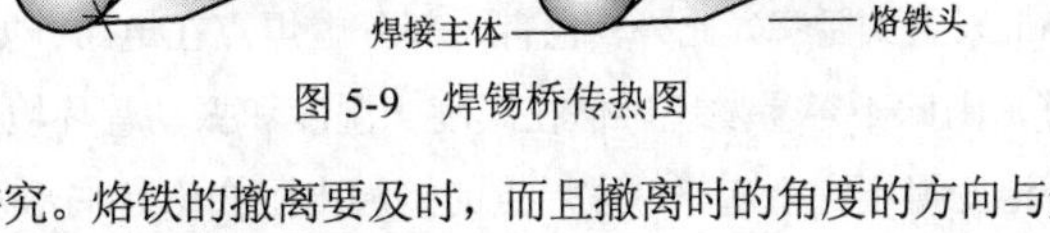

图 5-9 焊锡桥传热图

④ 烙铁撤离有讲究。烙铁的撤离要及时，而且撤离时的角度的方向与焊点有关。图 5-10 所示为烙铁不同的撤离方向对焊料的影响。

⑤ 在焊锡凝固之前不能动。切勿使焊件移动或受到振动，特别是用镊子夹住焊件时，一定要等焊锡凝固后再移走镊子，否则极易造成虚焊。

⑥ 焊锡用量要适中。手工焊接常使用管状的焊锡丝，内部已装有松香和活化剂制成的助焊剂。焊锡丝的直径有 0.5mm、0.8mm、1.0mm、…、5.0mm 等多种规格，要根据焊点的大小

续表

选用。一般，应使焊锡丝的直径略小于焊盘的直径。

（a）烙铁轴向 45° 撤离　（b）向上撤离　（c）水平方向撤离　（d）垂直向下撤离　（e）垂直向上撤离

图 5-10　烙铁撤离方向对焊料影响图

如图 5-11 所示，过量的焊锡不但浪费材料，还增加焊接时间，降低工作效率。更为严重的是，过量的焊锡很容易造成不易察觉的短路故障。焊锡过少也不能形成牢固的结合，同样是不利的。特别是焊接印制板引出导线时，焊锡用量不足，极容易造成导线脱落。

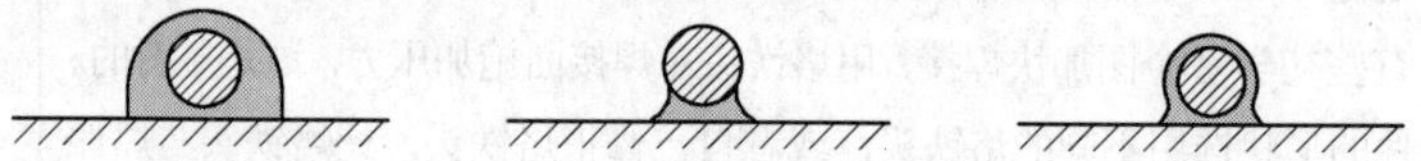

（a）锡量过多浪费　（b）锡量过少强度差　（c）合适的焊锡量合格的焊点

图 5-11　锡量对焊点的影响图

⑦ 焊剂量要适中。适量的助焊剂对焊接是非常有用的。过量使用松香焊剂不仅造成焊点周围需要擦除的工作量，并且延长了加热时间，降低工作效率，而当加热时间不足时，容易夹杂到焊锡中形成“夹渣”缺陷。焊接开关、接插件的时候，过量的焊剂容易流到触点处，从而造成接触不良。合适的焊剂量，应该是松香水仅能浸湿将要形成的焊点，不会透过印制板流到元件面或插孔里（如 IC 插座）。对使用松香芯焊丝的焊接来说，基本上不需要再涂松香水。目前，印制板生产厂的电路板在出厂前大多进行过松香浸润处理，无须再加助焊剂。

⑧ 不要用烙铁头作为运载焊料的工具。有人习惯用烙铁头沾上焊锡再去焊接，结果造成焊料的氧化。因为烙铁头的温度一般都在 300℃左右，焊锡丝中的焊剂在高温时容易分解失效。在调试、维修工作中，不得已用烙铁时，动作要迅速敏捷，防止氧化造成劣质焊点。

3. 焊点的质量及检查

对焊点的质量要求，应该包括电气接触良好、机械接触牢固和外表美观 3 个方面，保证焊点质量最关键的一点，就是必须避免虚焊。

（1）虚焊产生的原因及其危害

虚焊是指焊料与被焊物表面没有形成合金结构，只是简单地依附在被焊金属的表面上，如图 5-12 所示。虚焊主要是由待焊金属表面的氧化物和污垢造成的，它的焊点成为有接触电阻的连接状态，导致电路工作不正常，出现时好时坏的不稳定现象，噪声增加而没有规律性，给电路的调试、使用和维护带来重大隐患。此外，也有一部分虚焊点在电路开始工作的一段较长时间内，保持接触尚好，因此不容易发现。但在温度、湿度和振动等环境条件下，接触表面逐步被氧化，接触慢慢地变得不完全起来。虚焊点的接触电阻会引起局部发热，局部温度升高又促使不完全接触的焊点情况进一步恶化，最终甚至使焊点脱落，电路完全不能正常工作。这一过程有时可长达一、二年。

据统计数字表明，在电子整机产品故障中，有将近一半是由于焊接不良引起的，然而，要从一台成千上万个焊点的电子设备里找出引起故障的虚焊点来，这并不是一件容易的事。所以，虚焊是电路可靠性的一大隐患，必须严格避免。进行手工焊接操作的时候，尤其要加以注意。

续表

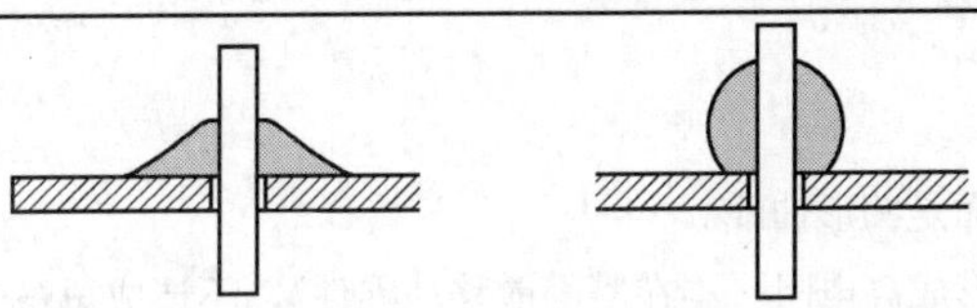

(a) 与引线浸润不良 (b) 与印制板浸润不良

图 5-12 虚焊

一般来说造成虚焊的主要原因为：焊锡质量差；助焊剂的还原性不良或用量不够；被焊接处表面未预先清洁好，镀锡不牢；烙铁头的温度过高或过低，表面有氧化层；焊接时间太长或太短，掌握得不好；焊接中焊锡尚未凝固时，焊接元件松动。

(2) 对焊点的要求

电子产品的组装其主要任务是在印制电路板上对电子元器件进行焊锡，焊点的个数从几十个到成千上万个，如果有一个焊点达不到要求，就要影响整机的质量，因此在焊接时，必须做到以下几点。

① 可靠的电气连接。焊接是电子线路从物理上实现电气连接的主要手段。锡焊连接不是靠压力而是靠焊接过程形成牢固连接的合金层达到电气连接的目的。如果焊锡仅仅是堆在焊件的表面或只有少部分形成合金层，也许在最初的测试和工作中不易发现焊点存在的问题，这种焊点在短期内也能通过电流，但随着条件的改变和时间的推移，接触层氧化，脱离出现了，电路产生时通时断或者干脆不工作的现象，而这时观察焊点外表，依然连接良好，这是电子仪器使用中最头疼的问题，也是产品制造中必须十分重视的问题。

② 足够机械强度。焊接不仅起到电气连接的作用，同时也是固定元器件，保证机械连接的手段。为保证被焊件在受振动或冲击时不至脱落、松动，因此，要求焊点有足够的机械强度。一般可采用把被焊元器件的引线端子打弯后再焊接的方法。作为焊锡材料的铅锡合金，本身强度是比较低的，常用铅锡焊料抗拉强度为 3～4.7kg/cm^2，只有普通钢材的 10%。要想增加强度，就要有足够的连接面积。如果是虚焊点，焊料仅仅堆在焊盘上，那就更谈不上强度了。

③ 光洁整齐的外观。良好的焊点要求焊料用量恰到好处，外表有金属光泽，无拉尖、桥接等现象，并且不伤及导线的绝缘层及相邻元件，良好的外表是焊接质量的反映，注意：表面有金属光泽是焊接温度合适、生成合金层的标志，这不仅仅是外表美观的要求。

典型焊点的外观如图 5-13 所示，其共同特点如下。

(a) 外形以焊接导线为中心，匀称、成裙形拉开。

(b) 焊料的连接呈半弓形凹面，焊料与焊件交界处平滑，接触角尽可能小。

(c) 表面有光泽且平滑。

(d) 无裂纹、针孔、夹渣。

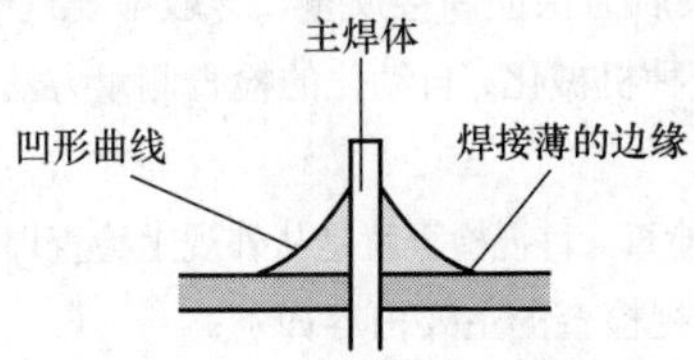

图 5-13 典型焊点外观

焊点的外观检查除用目测（或借助放大镜、显微镜观测）焊点是否合乎上述标准以外，还包括以下几个方面焊接质量的检查：漏焊；焊料拉尖；焊料引起导线间短路（即“桥接”）；导线及元器件绝缘的损伤；布线整形；焊料飞溅。检查时，除目测外，还要用指触、镊子点拨动、拉线等方法检查有无导线断线、焊盘剥离等缺陷。

续表

(3) 良好焊点

要求

① 结合性好——光泽好且表面是凹形曲线。

② 导电性佳——不在焊点处形成高电阻（不在凝固前移动零件），不造成短路或断路。

③ 散热性良好——扩散均匀，全扩散。

④ 易于检验——除高压点外，焊锡不得太多，务必使零件轮廓清晰可辩。

⑤ 易于修理——勿使零件叠架装配，除非特殊情况当由制造工程师说明。

⑥ 不伤及零件——烫伤零件或加热过久（常伴随松香焦化）损及零件寿命。

现象

① 所有表面——沾锡良好。

② 焊锡外观——光亮而凹曲圆滑。

③ 所有零件轮廓——可见，高压部分除外。

④ 残留松香——若有，则需清洁而不焦化。

(4) 焊点沾锡情况

依焊锡与被焊物表面所形成的角度，焊点沾锡情况可分为下列 3 种现象。

① 良好沾锡。

现象：焊锡均匀扩散，沾附于接面形成一个良好的轮廓，光亮。

② 不良沾锡。

现象：焊锡熔化扩散后形成一层层不均匀的锡膜覆盖在金属表面上而未紧贴其上。

③ 不沾锡。

现象：焊锡熔化后，瞬时沾附金属表面，随后溜走。

可能原因：

(a) 表面严重沾污。

(b) 加热不足，焊锡由烙铁头流下。

(c) 烙铁太热，破坏焊锡结构或使被焊物表面氧化。

(5) 焊接质量的检查

焊接结束后为保证焊接质量，一般都要进行质量检查。由于焊接检查与其他生产工序不同。没有一种机械化、自动化的检查测量方法，因此主要是通过目视检查和手触检查发现问题。

① 目视检查。目视检查就是从外观上检查焊接质量是否合格，也就是从外观上评价焊点有什么缺陷。目视检查的主要内容如下：

(a) 是否有漏焊。漏焊是指应该焊接的焊点没有焊上；

(b) 焊点的光泽好不好；

(c) 焊点的焊料足不足；

(d) 焊点的周围是否有残留的焊剂；

(e) 有没有连焊。焊盘有没有脱落；

(f) 焊点有没有裂纹；

(g) 焊点是不是凹凸不平；焊点是否有拉尖现象。

续表

图 5-14 所示为正确焊点剖面图。左图为直插式焊点形状，右图为半打弯式的焊点形状。

② 手触检查。手触检查主要是指触摸元器件时，是否有松动、焊接不牢的现象。用镊子夹住元器件引线，轻轻拉动时，有无松动现象。焊点在摇动时，上面的焊锡是否有脱落现象。

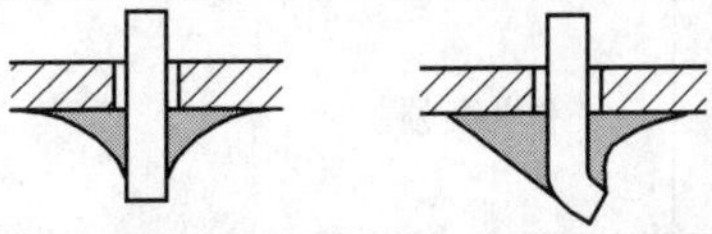

图 5-14　正确焊点剖面图

③ 通电检查。在外观检查结束以后诊断连线无误，才可进行通电检查，这是检验电路性能的关键。如果不经过严格的外观检查，通电检查不仅困难较多，而且有可能损坏设备仪器，造成安全事故。例如电源连线虚焊，那么通电时就会发现设备加不上电，当然无法检查。通电检查可以发现许多微小的缺陷，例如用目测观察不到的电路桥接，但对于为内部虚焊的隐患就不容易觉察。所以根本的问题还是要提高焊接操作的技艺水平，不能把问题留给检验工作去完成。

学习小结：

二、制定电烙铁钎焊训练计划

根据钎焊技术的内容，制定对电烙铁钎焊技术训练计划如表 5-6 所示。

表 5–6　制定电烙铁钎焊技术训练计划

序　号	计 划 步 骤	具 体 内 容	备　注
1	焊接前的准备	1．前期要准备什么？ 2．焊接作业需要哪些工、量具？	
2	电烙铁钎焊技术训练的内容及简单步骤		
3	其他方面		
4	意见及建议		

三、实施电烙铁钎焊训练作业

根据电烙铁钎焊技术训练作业计划实施作业，任务书见表 5-7。

表 5-7　电烙铁钎焊技术训练作业任务书

<table>
<tr><td>1．前期准备</td><td colspan="4">1．检查万用表是否是好的；　是□否□
2．检查消防器具是否良好。　是□否□</td></tr>
<tr><td rowspan="2">2. 电烙铁钎焊技术训练</td><td>检查任务</td><td>作业要领</td><td>技术标准及检查记录</td><td>备　注</td></tr>
<tr><td>钎焊技术训练及焊点质量检查</td><td>1．将元器件从电路板上焊下来，练习拆元件。
将老师发下去的电路板上的元器件完好地焊下来，元器件交给老师保管，电路板留给自己练习焊接技术
2．练习电烙铁焊接技术。
在电路板上按老师的要求焊接图形，每焊接 10 个点左右时找老师点评一下，然后改进继续练习焊接技术，如此反复，直到后面所焊的焊点都能保持在合格的基础以上，在老师的同意下才能终止练习。将板交给老师作为平时成绩评定的一个方面
3．怎样的焊点才是质量好的焊点？</td><td></td><td>完成□
完成□
完成□</td></tr>
<tr><td>检查结论</td><td colspan="4"></td></tr>
</table>

四、检验评估

填写电烙铁钎焊技术训练作业任务检验评估表，如表 5-8 所示。

表 5-8　电烙铁钎焊技术训练作业任务检验评估

<table>
<tr><th>序　号</th><th>评 价 内 容</th><th>配　分</th><th>评 分 标 准</th><th>自评</th><th>互评</th><th>师评</th><th>总评</th></tr>
<tr><td rowspan="5">1</td><td rowspan="5">任务完成情况</td><td rowspan="5">30</td><td>制定检查计划（6 分）</td><td></td><td></td><td></td><td></td></tr>
<tr><td>完成作业任务书（6 分）</td><td></td><td></td><td></td><td></td></tr>
<tr><td>完成任务过程情况（6 分）</td><td></td><td></td><td></td><td></td></tr>
<tr><td>任务完成质量（6 分）</td><td></td><td></td><td></td><td></td></tr>
<tr><td>在小组完成任务过程中所起作用（6 分）</td><td></td><td></td><td></td><td></td></tr>
<tr><td rowspan="5">2</td><td rowspan="5">专业知识</td><td rowspan="5">30</td><td>能描述焊接的概念（5 分）</td><td></td><td></td><td></td><td></td></tr>
<tr><td>能描述手焊丝焊接的步骤（5 分）</td><td></td><td></td><td></td><td></td></tr>
<tr><td>会描述电烙铁钎焊的五该五不该（6 分）</td><td></td><td></td><td></td><td></td></tr>
<tr><td>会描述焊点质量检查的标准（8 分）</td><td></td><td></td><td></td><td></td></tr>
<tr><td>会描述检查作业时的安全事项（6 分）</td><td></td><td></td><td></td><td></td></tr>
<tr><td rowspan="2">3</td><td rowspan="2">仪器、工具选用</td><td rowspan="2">10</td><td>会正确选择合适的工、量具（5 分）</td><td></td><td></td><td></td><td></td></tr>
<tr><td>会正确使用工、量具（5 分）</td><td></td><td></td><td></td><td></td></tr>
<tr><td rowspan="3">4</td><td rowspan="3">基本技能</td><td rowspan="3">20</td><td>会正确拆元件（5 分）</td><td></td><td></td><td></td><td></td></tr>
<tr><td>会用电烙铁焊出合格的焊点（5 分）</td><td></td><td></td><td></td><td></td></tr>
<tr><td>会焊点质量的检查及缺陷原因（10 分）</td><td></td><td></td><td></td><td></td></tr>
</table>

续表

序号	评价内容	配分	评分标准	自评	互评	师评	总评
5	职业素养	10	学习态度：积极主动参与学习（3 分）				
			团队合作：与小组成员一起分工合作，不影响学习进度（3 分）				
			现场管理：服从工位安排、执行实训室“6S”管理规定（4 分）				
6	合计	100					
7	综合评价与建议		任课教师签名： 年 月 日				

五、知识拓展

焊点检验标准及缺陷分析

造成焊接缺陷的原因很多，在材料（焊料与焊剂）与工具（烙铁、夹具）一定的情况下，采用什么样的方式方法以及操作者是否有责任心，就是决定性的因素了。在接线端子上焊导线时常见的缺陷如表 5-9 所示，供检查焊点时参考。表中列出了各种焊点缺陷的外观、特点及危害，并分析了产生的原因。

表 5-9 常见焊点缺陷及分析

焊点缺陷	外观特点	危害	原因分析
虚焊 	焊锡与元器件引线或与铜箔之间有明显黑色界线，焊锡上界凹陷	不能正常工作	① 元器件引线未清洁好，未镀好锡或锡被氧化 ② 印制板未清洁好，喷涂的助焊剂质量不好
滋挠动焊 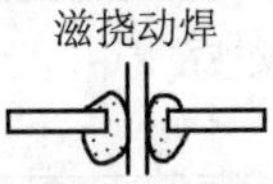	有裂痕，如面包碎片粗糙，焊接处有空隙	强度低，不通或时通时断	焊锡未干时而受移动
焊料堆积 	焊点结构松散白色、无光泽，蔓延不良接触角为 70～90°，是不规则的圆。	机械强度不足，可能虚焊	① 焊料质量不好 ② 焊接温度不够 ③ 焊锡未凝固时，元器件引线松动
焊料过少 	焊接面积小于焊盘的 75%，焊料未形成平滑的过镀面	机械强度不足	① 焊锡流动性差或焊丝撤离过早 ② 助焊剂不足 ③ 焊接时间太短
焊料过多 	焊料面呈凸形	浪费焊料，且可能包藏缺陷	焊丝撤离过迟
松香夹渣 	焊缝中夹有松香渣	强度不足，导通不良，有可能时通时断	① 焊剂过多或已失效 ② 焊接时间不足，加热不足 ⑧ 表面氧化膜未去除
过热 	焊点发白，无金属光泽，表面较粗糙	焊盘容易剥落，强度降低	烙铁功率过大，加热时间过长
冷焊 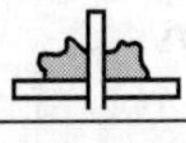	表面呈豆腐渣状颗粒，有时可能有裂纹	强度低，导电性不好	焊料未凝固前焊件拌动

续表

焊点缺陷	外观特点	危害	原因分析
浸润不良 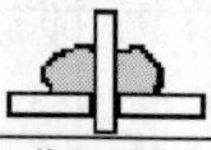	焊料与焊件交界面接触过大，不平滑	强度低，不通或时通时断	① 焊料清理不干净 ② 助焊剂不足或质量差 ③ 焊件未充分加热
蔓延不良 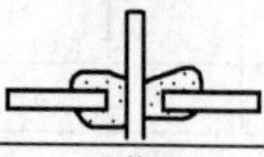	接触角为 70°～90°，焊接面不连续，不平滑，不规则	强度低，导电性不好	焊接处未与焊锡融合，热或焊料不够，烙铁端不干净
无蔓延 	接触角超过 90°，焊锡不能蔓延及包掩，像球状的油沾在水面上	强度低，导电性不好	焊锡金属面不相称，另外就是热源本身不相称。
不对称 	焊锡未流满焊盘	强度不足	① 焊料流动性不好 ② 助焊剂不足或质量差 ③ 加热不足
松动 	导线或元器件引线可能移动	导通不良或不导通	① 焊锡未凝固前引线移动，造成空隙 ② 引线未处理（浸润差或不浸润）
拉尖 	出现尖端	外观不佳，容易造成桥接现象	烙铁不洁，或烙铁移开过快使焊处未达到焊锡温度，移出时焊锡沾上而形成
桥接 	相邻导线连接	电气短路	① 焊锡过多 ② 烙铁撤离角度不当
焊丝短路 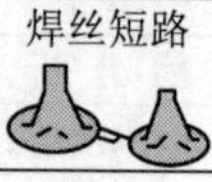	焊锡过多，与相邻焊点连锡短路	电气短路	① 焊接方法不正确 ② 焊锡过多
针孔 	目测或低倍放大镜可见焊点有孔	强度不足，焊点容易腐蚀	焊锡料的污染不洁、零件材料及环境污染
气泡 	气泡状坑口，里面凹下	暂时导通，但长时间容易引起导通不良	气体或焊接液在其中，上热及时间不当使焊液未能流出。
铜箔剥离 	铜箔从印制板上剥离	印制板已损坏	焊接时间太长
焊点剥落 	焊点从铜箔上剥落（不是铜箔与印制板剥离）	断路	焊盘上金属镀层不良

任务六 电子电路制作

任务6.1 整流滤波电路的制作

【工作任务】

本任务主要介绍电子电路的相关知识，并对其进行相关调试检测。通过本任务的学习，使学生能进一步认识电子元器件的外观、识读电路图，具备对电路进行检测的相关技能。

【学习目标】

（1）能识读电路图；

（2）能正确安装整流滤波电路；

（3）能对整流滤波电路的性能进行检测；

（4）能用万用表进行在路测电压的方法检修电路；

（5）在教师的引导下，进行整流滤波电路的制作和检修内容；

（6）根据制定的计划，完成整流滤波电路的制作和检测。

一、信息收集与处理

整流滤波电路的制作按照表 6-1 完成任务 6.1 的信息收集与处理。

表 6-1 信息收集与处理

1. 元器件的成形	备　注
（1）电阻成形 立式安装电阻在成形时，先用镊子将电阻引线两头拉直，然后在离电阻本体 2～5mm 处再用ϕ0.3mm 的钟表旋具作固定面将电阻的引线弯成半圆形即可，注意阻值色环向上如图 6-1（a）所示。卧式安装电阻在成形时，同样先用镊子将电阻两头引线拉直，然后利用镊子在离电阻本体 2～5mm 处将引线弯成直角，如图 6-1（b）所示。 （2）电容成形 瓷片电容成形时，先用镊子将电容的引线拉直，然后向外弯成有 60°倾斜即可，如图 6-2（a）所示。电解电容成形时，用镊子将电容的两根引线拉直即可（如体积较小的电容则需向外	

续表

弯成 60°倾斜），如图 6-2（b）所示。

体积较大的电解电容一般为卧式插装。成形时，先用镊子将电容的两根引线拉直，然后用镊子或整形钳，在离电容本体约 5mm 处分别将两引线向外弯成 90°，如图 6-2（c）所示。

（3）二极管成形

立式插装二极管在成形时，先用镊子将二极管引线两头拉直，然后用ϕ0.3mm 的钟表旋具作固定面，将塑封二极管的负极（标记向上）引线弯成半圆形即可；而玻璃封装二极管在成形时，需在离开二极管本体（标记向上）约 2mm 处，将其负极引线弯成形，如图 6-3（a）所示；发光二极管在成形时，则用镊子将二极管引线两头拉直，直接插入印制板即可。

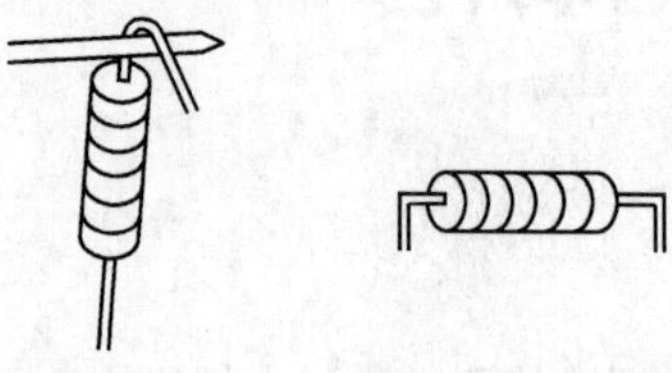

（a）（b）

图 6-1　电阻成形

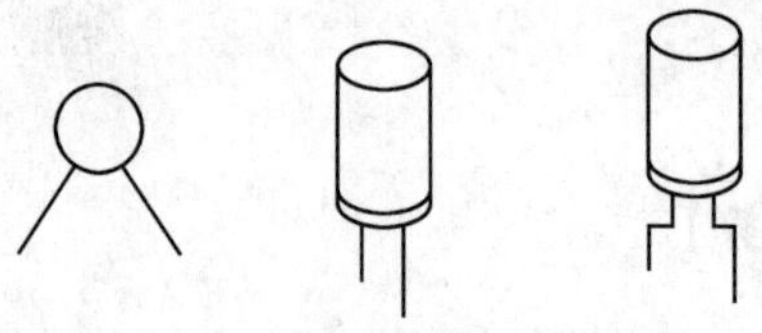

（a）（b）（c）

图 6-2　电容成形

卧式插装二极管在成形时，先用镊子将二极管两引线拉直，然后在离二极管本体 2～3mm 处分别将其两引线弯成直角，玻璃封装二极管在离本体 3～4mm 处成形，方法如图 6-3（b）所示。

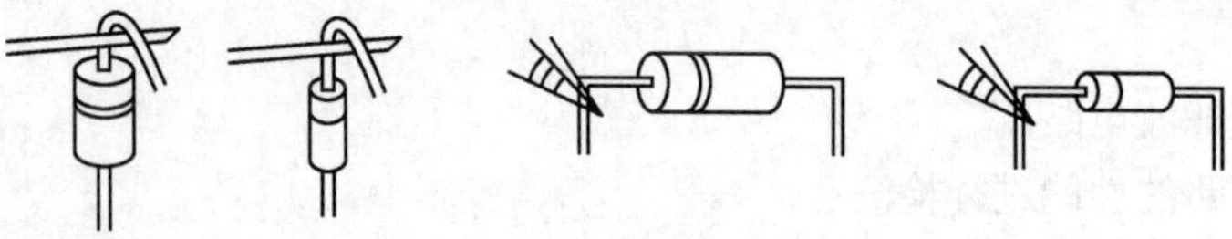

（a）（b）

图 6-3　二极管成形

（4）晶体管成形

晶体管直排式插装成形时，先用镊子将晶体管的 3 根引线拉直，分别将两边引线在离本体 2～3mm 处向外弯成倾斜 60°即可，如图 6-4（a）所示。

晶体管跨排式插装成形时，先用镊子将晶体管的 3 根引线拉直，然后将中间的引线在离本体 2～3mm 处向前或向后弯成 60°倾斜或 90°即可，如图 6-4（b）所示。

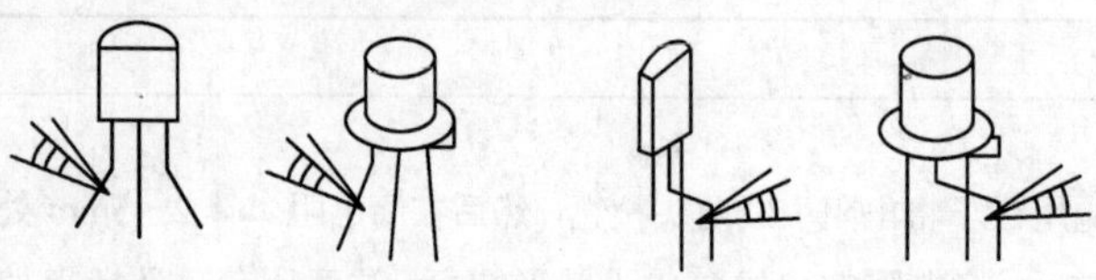

（a）（b）

图 6-4　三极管成形

2. 元器件的插装焊接

严格按照装配工艺图样要求对成形元器件进行插装焊接。具体插装焊接方法如下。

（1）电阻插装焊接

电阻卧式插装焊接时应贴紧印制电路板，并注意电阻的阻值色环向外，同规格电阻色

续表

环方向应排列一致，直标法的电阻器标志应向上。

电阻立式插装焊接时，应使电阻离开电路板 1～2mm，并注意电阻的阻值色环向上，同规格电阻色环方向应排列一致。

（2）二极管插装焊接

二极管卧式插装焊接时，应使二极管离开电路板 3～5mm。注意二极管正、负极性位置不能搞错，同规格的二极管标记方向应一致。

二极管立式插装焊接时，应使二极管离开印制电路板 2～4mm。注意二极管正、负极性位置不能搞错，有标记二极管其标记一般向上。

（3）电容插装焊接

插装焊接瓷片电容时，应使电容离开电路印制板 4～6mm，并且标记面向外，同规格电容排列整齐高低一致。

插装电解电容时，应注意电容离开电路板 1～2mm，并注意电解电容的极性不能搞错，同规格电容排列整齐高低一致。

（4）三极管插装焊接

三极管插装焊接时应使三极管（并排、跨排）离开电路板 4～6mm，并注意三极管 3 个电极不能插错，同规格三极管应排列整齐高低一致。

（5）集成电路插座插装焊接

插装集成电路插座时，应使其紧贴电路板，焊接时应按 1 脚、14 脚或 16 脚顺序焊接。

3. 单相桥式整流、滤波电路的安装与调试

（1）电路图

单相桥式整流、滤波电路图如图 6-5 所示。

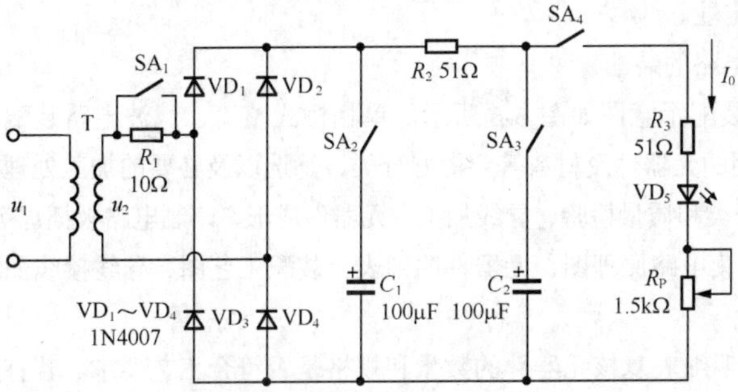

图 6-5 单相桥式整流滤波电路

（2）电路元器件明细表

表 6-2 为单相桥式整流、滤波电路元器件明细表。

表 6–2 单相桥式整流滤波电路元器件清单

序 号	符 号	名 称	型号及规格	数 量
1	SA1-SA4	单极两位开关	微型船形开关	4
2	VD_1-VD_4	整流二极管	IN4007	4
3	VD_5	发光二极管		1
4	R_1	电阻	10Ω、1/4W	1

续表

序　号	符　号	名　称	型号及规格	数　量
5	R_2、R_3	电阻	51Ω、1/4W	2
6	RP	电位器	1.5kΩ	1
7	C1、C2	电解电容器	100μF/50V	2
8		万能板	74mm × 95mm	1

（3）元器件装配图（印制电路板的排版设计）

① 印制电路板中的干扰及抑制。

a．地线的共阻抗干扰及抑制应尽量避免不同回路电流同时流经某一段公用地线，且尽量扩大地线面积。

b．电源干扰抑制。电源线与信号线不要太靠近，并避免平行。电源线不要走平行大环形线。

c．磁场干扰及热抑制。对于磁场干扰可采用屏蔽的办法把干扰源屏蔽起来。而对于热干扰可把热元件和温敏元件隔离开来，或安装散热片。

② 元器件排列布局。

a．元器件排列格式。它分为不规则排列和规则排列两种。前者元件轴线方向彼此不一致，在板上的排列顺序也无一定规则，但布线方便，印制导线短，对抑制干扰有利；后者元器件轴线方向一致，并与板四边平行，但布线复杂，一般用于低频电路中。

b．元器件布局原则。元器件在整个板面疏密应一致，布局均匀，不要占满板面，四周留空便于安装固定。元器件布设在板的一面，每个引脚单独占用一个焊盘。在布局时不可上下交叉，相邻元器件要保持一定间距，并留有安全间隙（200V/mm）。安装高度尽量矮一些，以提高稳定性和防止相邻元器件碰撞。同时要根据在整机中安装状态确定元件轴向位置，以提高元器件在板上的稳定性。

（4）单相桥式整流、滤波电路的装配

单相桥式整流、滤波电路装配示意图如图 6-6 所示。单相桥式整流、滤波电路装配之前应熟读装配工艺文件，对所用的元器件及材料等要做好分类、筛选以及必要的加工处理等准备工作，常见的是元器件的分类和质量检验、导线加工、元器件成形、印制电路板插焊等。

① 熟悉工艺图纸。仔细阅读电路原理图、元器件明细表、装配工艺图、导线接线图等各种图纸。

② 清点元器件。按元器件明细表复核元器件的数量和规格是否符合工艺要求，若有短缺、差错及时补缺和更换。

③ 元器件检测。检查元器件质量的好坏，除了目测外，主要还要用万用表来简易判断。如用“$R\times1$”挡测量开关的直流电阻是否符合要求，用“$R\times1$k”挡测量二极管正、反向电阻，测量电位器阻值变化是否平滑，测量固定电阻是否符合标准值，测量电容器是否有短路、漏电现象等。通过测量和选择，可以判断元器件的好坏，去掉不合格元器件。

④ 导线的加工。按导线接线图，导线连接时应尽可能避免出现尖角或锐角拐弯，其宽度一般为 0.3～0.5mm。对于电源线和接地线，一般为 1.5～2mm。

⑤ 元器件引脚的预加工。元器件引脚的预加工应按工艺要求进行，以保证组装的质量，进一步提高焊接的牢靠度，并使元器件排列整齐、美观，满足印制电路板中安装要求，提高插件效率。

续表

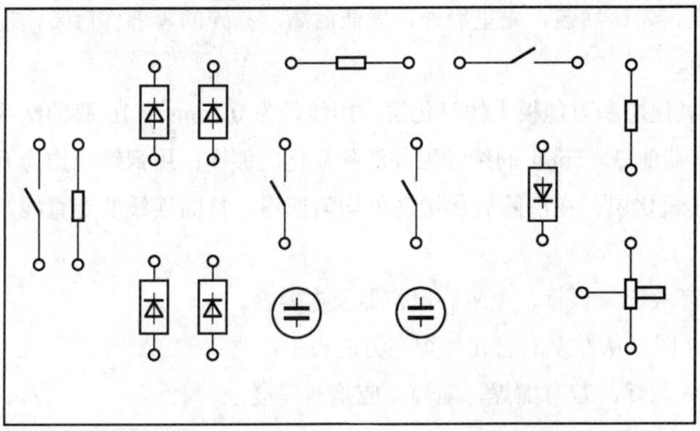

图 6-6　单相桥式整流滤波电路装配示意图

（5）单相桥式整流、滤波电路总装准备工序

① 按明细表 6-2 配齐元件。

② 用万用表测试二极管、电阻、电位器、开关及电容器的性能和好坏。

③ 图 6-7 所示为单相桥式整流、滤波电路在万能板上的接线示意图，考虑元件在万能板上的布局。

（6）元器件的插装、焊接

一般说来，插装顺序是由小到大，由低到高，这样不但便于定位而且有利于保护元器件。具体顺序是：跨接线、卧式电阻、立式电阻、瓷片电容、二极管、晶体管、电感线圈、集成电路、陶瓷滤波器、电解电容器、开关等元器件。

焊接中，从低到高，先焊接矮而小的元器件，再焊接大而高的元器件，且元件插装一部分，检查一部分，焊接一部分。焊接中注意以下几点。

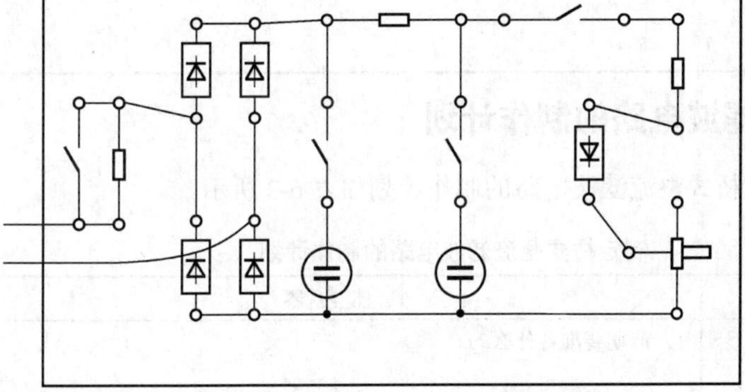

图 6-7　单相桥式整流滤波电路接线图

① 集成电路、三极管、二极管、电解电容器、电阻的插装方向。

② 阻容元件的安装要平整，且符合焊接工艺要求。

③ 焊接元件时，焊点要光亮、圆滑、严防虚焊、错焊和拖焊短路等现象。

续表

总装的原则：是先轻后重、先铆后装、先里后外、先低后高，易碎的零部件后装，前道工序不影响后道工序的安装。

④ 清除元器件引脚处的氧化层和万能板上的氧化层；用线径为 0.1mm^2 × 16 股的绝缘软线作为电源连接线，剥去其端部 3～5mm 的绝缘层并清除氧化层镀锡；用裸铜线作为万能板背面的电路连线，清除其氧化层；在清除氧化层之处均匀搪锡。背面连线要走直线，连线之间不能跨越。

⑤ 在万能板上安装焊接开关、二极管、电阻、电位器及电容器。

⑥ 按照图 6-7 所示的电路图，从左至右将元件焊在万能板上。

⑦ 焊接后检查有无虚焊、漏焊，若有虚焊、漏焊，应重新焊接。

（7）调试

① 接通电源，用万用表直流挡测量电路空载输出电压。测量时，红表笔接输出端正极，黑表笔接输出端负极。

② 闭合开关 SA_1、SA_2、SA_3、SA_4，若输出电压不稳定，则应检查电源电压是否波动。输出电压应随电源电压的上升而上升，随电源电压的下降而下降。

③ 调节电位器 R_P，发光二极管 VD_5 的亮度会随之改变。

想一想　电路制作的步骤有哪些？

学习小结：

二、制定桥式整流滤波电路的制作计划

根据电路要求，制定桥式整流滤波电路的制作计划如表 6-3 所示。

表 6-3　　制定桥式整流滤波电路的制作计划

序　号	计划步骤	具体内容	备　注
1	电路制作前的准备	1．前期要准备什么？ 2．调试作业需要哪些工、量具？	

续表

序号	计划步骤	具体内容	备注
2	桥式整流滤波电路制作的内容及简单步骤		
3	其他方面		
4	意见及建议		

三、实施桥式整流滤波电路的制作作业

根据桥式整流滤波电路制作的作业计划实施作业，任务书如表 6-4 所示。

表 6–4　　桥式整流滤波电路制作的作业任务书

<table>
<tr><td colspan="2">1．前期准备</td><td colspan="3">1．检查万用表是否是好的；是□否□
2．电烙铁是否良好；是□否□
3．检查消防器具是否良好。是□否□</td></tr>
<tr><td rowspan="6">2．桥式整流滤波电路的制作</td><td>制作任务</td><td>作业要领</td><td>技术标准及检查记录</td><td>备注</td></tr>
<tr><td rowspan="5">桥式整流滤波电路的制作</td><td>1．列元器件明细表，根据元件明细表核对元件，并检测元器件的好坏。如有坏的，请找老师更换该元件。</td><td></td><td>完成□</td></tr>
<tr><td>2．画元器件布局图。</td><td></td><td>完成□</td></tr>
<tr><td>3．画出电路接线图。</td><td></td><td>完成□</td></tr>
<tr><td>4．安装电路板。</td><td></td><td>完成□</td></tr>
<tr><td>5．调试、检测电路板：
在 SA 开关都断开的情况下测量整流后输出电压为____V，电容 C_1 两端电压为______V，电容 C_2 两端电压为______V，电阻 R_3 两端电压为______V，发光二极管两端电压为____V，是否发光。
在 SA 开关都闭合开的情况下测量整流后输出电压为____V，电容 C_1 两端电压为______V，电容 C_2 两端电压为______V，电阻 R_3 两端电压是否随 RP 的旋转而变化，最大值为____V，最小值为______V，发光二极管两端电压为______V，是否发光。</td><td></td><td>完成□
完成□</td></tr>
<tr><td colspan="2">检查结论</td><td colspan="3"></td></tr>
</table>

四、检验评估

填写桥式整流滤波电路的制作计划任务检验评估表，如表 6-5 所示。

表 6–5　　　　桥式整流滤波电路的制作计划任务检验评估

序　号	评价内容	配　分	评分标准	自评	互评	师评	总评
1	任务完成情况	30	制定检查计划（6 分）				
			完成作业任务书（6 分）				
			完成任务过程情况（6 分）				
			任务完成质量（6 分）				
			在小组完成任务过程中所起作用（6 分）				
2	专业知识	30	会识读元器件明细表（5 分）				
			会识读元器件布局图及接线图（5 分）				
			能识别各种元器件（6 分）				
			会识读电路图（8 分）				
			会描述检查作业时的安全事项（6 分）				
3	仪器、工具选用	10	会正确选择合适的工、量具（5 分）				
			会正确使用工、量具（5 分）				
4	基本技能	20	会检测元器件（5 分）				
			会画接线图（5 分）				
			会在电路板上正确连接电路（10 分）				
5	职业素养	10	学习态度：积极主动参与学习（3 分）				
			团队合作：与小组成员一起分工合作，不影响学习进度（3 分）				
			现场管理：服从工位安排、执行实训室“6S”管理规定（4 分）				
6	合计	100					
7	综合评价与建议		任课教师签名：　　　　年　　月　　日				

五、知识拓展

二极管单相桥式整流电路

利用二极管的单向导电性可将交流电转换为直流电，这一过程称为整流。常见的整流电路有半波整流电路、全波整流电路等，现在介绍桥式全波整流电路。

直流电是方向不变的电压或电流，包括恒值直流电和脉动直流电两种。大小不变化的直流电称为恒值直流电；大小变化的直流电是脉动直流电，它含有直流成分和交流成分。

如图 6-8 所示电路，在 R_L 上得到的是脉动直流电压。

按图 6-8 所示，把变压器、二极管、负载电阻和导线连接成电路。接通电源，负载电阻上就能得到直流电压。元件参数：变压器 T（220/9V）、二极管 VD_1～VD_4，（IN4007）、负载电阻 R_L（100Ω）。

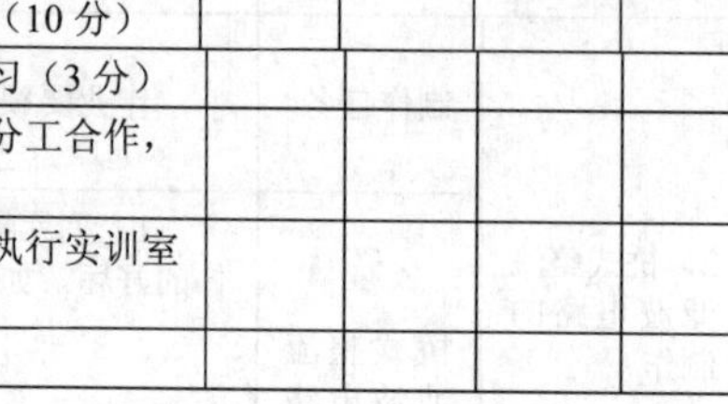

图 6-8　单相桥式整流电路图

1. 桥式整流电路工作原理

变压器的初级接上交流电源 u_1 后，在二次级感应出交流电压 u_2，其瞬时值为

$$u_2 = \sqrt{2}U_2 \sin\omega t$$

式中，U_2 是交流电压有效值，ω 为角频率，ωt 为相位角。

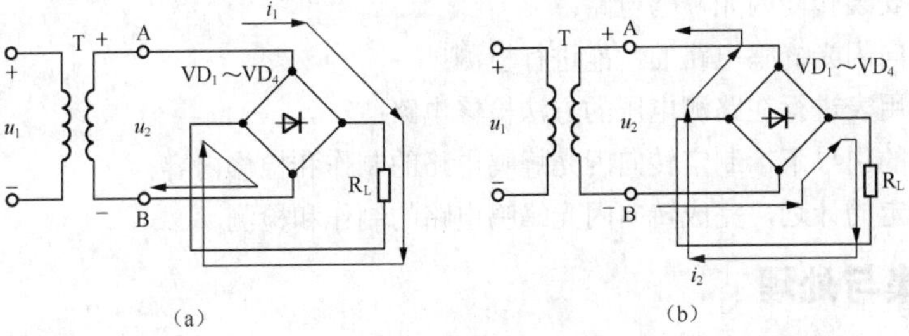

图 6-9 单相桥式整流电路工作原理图

如图 6-9（a）所示，设 u_2 在正半周时，A 端电位高于 B 端，二极管 VD_1 和 VD_3 导通，VD_2 和 VD_4 截止，电流 i_1 自 A 端流过 VD_1、R_L、VD_3 到 B 端，它是自上而下流过 R_L。如图 6-9（b）所示，在 u_2 的负半周时，B 端电位高于 A 端，二极管 VD_2 和 VD_4 导通，VD_1 和 VD_3 截止，电流 i_2 自 B 端流出，经过 VD_2、R_L、VD_4 到 A 端，它也是自上而下流过 R_L。这样，在 u_2 的整个周期内，都有方向不变的电流流过 R_L，i_1 和 i_2 叠加形成 i_L。这是一个脉动直流电，波形如图 6-10 所示。

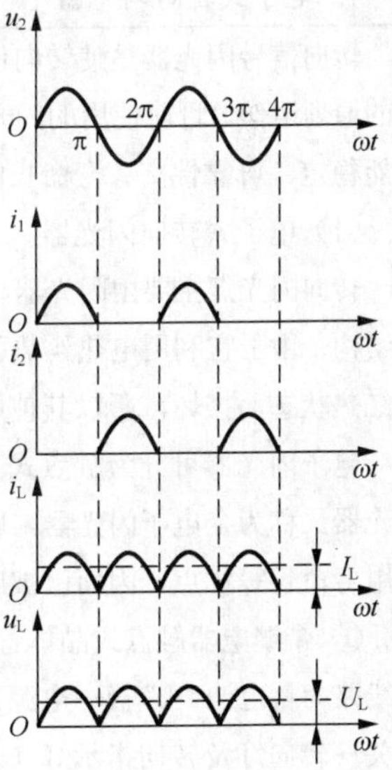

图 6-10 单相桥式整流电路工作波形图

2. 桥式整流电路的定量关系

负载 R_L 上、二极管上的电压和电流在负载上得到的脉动直流电，经理论推导，其平均值为

$$U_L = 0.9U_2 \quad I_L = \frac{U_L}{R_L} = \frac{0.9U_2}{R_L}$$

在整流二极管上只有一半电流（i_1 或 i_2）通过，是负载电阻上电流的一半，即

$$I_V = \frac{1}{2} I_L$$

每个二极管在截止时承受的反向峰值电压 U_{RM} 是 u_2 的峰值。

任务6.2 转向闪光蜂鸣电路的制作

【工作任务】

本任务主要介绍集成电路的相关知识，并进行相关电路制作调试检测。通过本任务的学习，

使学生能进一步认识电子元器件的外观、识读电路图，具备对电路进行检测的相关技能。

【学习目标】

（1）能识读电路图；

（2）能正确安装转向闪光蜂鸣电路；

（3）能对转向闪光蜂鸣电路的性能进行检测；

（4）能用万用表进行在路测电压的方法检修电路；

（5）在教师的引导下，制定转向闪光蜂鸣电路的制作和检修内容；

（6）根据制定的计划，完成转向闪光蜂鸣电路的制作和检测。

一、信息收集与处理

转向闪光蜂鸣电路的制作按照表 6-6 完成任务 6.2 的信息收集与处理。

表 6-6 信息收集与处理

1. 电子式转向闪光器	备 注
转向信号闪光器是使转向信号灯按一定时间间隔闪烁的器件，转向信号闪光器可根据不同的原理运作。目前使用的闪光器主要有电热式、电容式和电子式。由于电子式闪光器具有性能稳定、可靠性高、寿命长的特点，已获得广泛应用。	
（1）电子式转向闪光器	
转向闪光灯主要由闪光器、转向灯开关及转向灯等组成。传统的汽车闪光灯多采用电热式结构，由于它利用电热丝热胀冷缩的原理进行工作，故在使用时，电热丝容易承受高温、呈红热状态而损坏，所以其使用寿命不长，工作稳定性也差。	
电子闪光器可分为触点式（带继电器）和无触点式（不带继电器），不带继电器的电子闪光器又称为全电子闪光器。电子式转向闪光器具有结构简单、体积小，工作稳定、可靠，使用寿命长等优点，因而已被广泛采用。	
① 带继电器触点式晶体管闪光器。如图 6-11 所示，当接通电源开关和转向灯开光后，主线路为蓄电池“+”极→电源开关 SW→接线柱 B→R1→继电器 J 的触点→接线柱 S→转向开关→转向灯及转向指示灯（左或右）→搭铁→蓄电池“-”极，转向灯亮。当继电器 J 的触点闭合时，转向灯亮，触点断开时，转向灯灭，而触点的闭合与否取决于三极管的导通状况，电容 C 的充放电使三极管反复导通截止，这样触点也就时通时断，使转向信号灯闪烁发光。	
② 不带继电器无触点式晶体管闪光器。无触点晶体管闪光器又称全电子式闪光器，即把触点式晶体管闪光器中的继电器去掉，采用大功率晶体管来取代原来的继电器，如图 6-12 所示。本闪光器电路的振荡部分实际上是一个典型的非稳态多谐振荡器，其电路结构对称，也就是说，$R_1=R_4$、$R_2=R_3$、$C_1=C_2$，VT_1 与 VT_2 为同型号的三极管，且其参数相同。闪光器的输出级采用一只大功率三极管 VT_3。当 VT_3 导通时，可将转向灯电路接通，使灯点亮；当 VT_3 截止时，转向灯电路被切断而使灯变暗，从而发出频率为 70～90 次/min 的闪光信号。	
电子式转向闪光器通常由多谐振荡器、功率放大器和继电器组成。凡是振荡部分由晶体管和电阻、电容组成的常称作晶体管闪光器；振荡部分由集成电路（IC）和电阻、电容组成的	

续表

称之为集成电路闪光器。

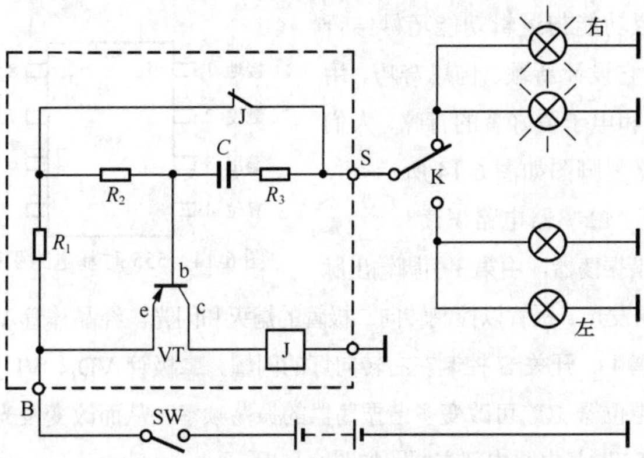

图 6-11　带继电器触点式晶体管闪光器电路

电子式闪光器的振荡器采用了集成电路，一般称为集成电路闪光器，这类闪光器同样可以实现对转向灯的开、关功能。

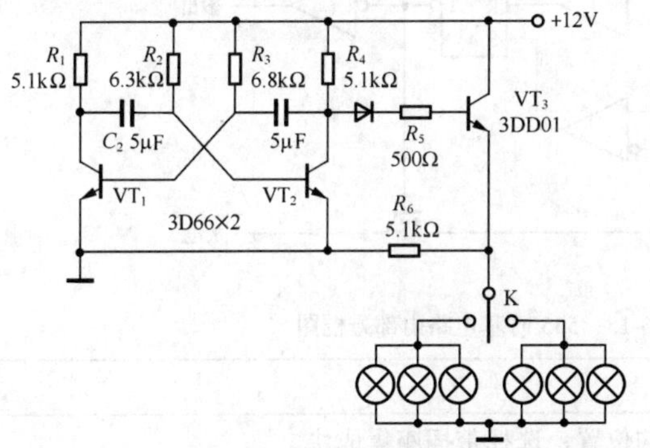

图 6-12　不带继电器无触点式晶体管闪光器电路

2. 无触点集成电路闪光灯、蜂鸣器电路工作原理

图 6-3 所示为无触点集成电路闪光灯、蜂鸣器电路，它在原闪光器的基础上增加了（蜂鸣）声响功能。便构成声光并用的转向信号装置，以引起人们对汽车转弯安全性的高度重视。电路中的晶体管则直接控制着蜂鸣器也将发出同频率而有节奏的声响，其频率可由电位器 RP 进行调节。电路图如图 6-13 所示。

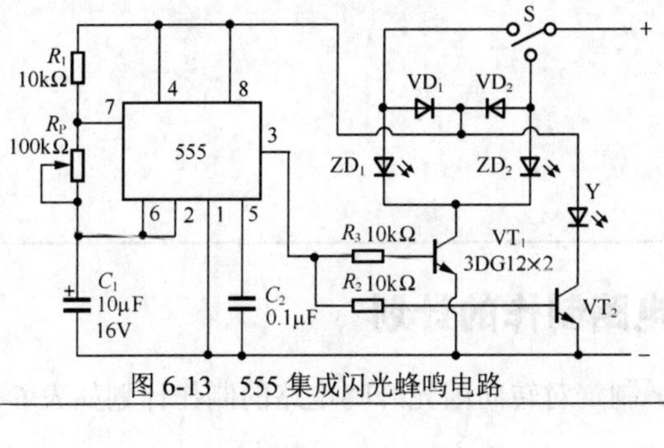

图 6-13　555 集成闪光蜂鸣电路

续表

（1）555 时基电路引脚图

555 时基电路是一种将模拟功能与逻辑功能巧妙结合在同一硅片上的组合集成电路。它设计新颖、构思奇巧、用途广泛，备受电子专业设计人员和电子爱好者的青睐，人们将其戏称为灵通的小 IC，其电路引脚图如图 6-14 所示。

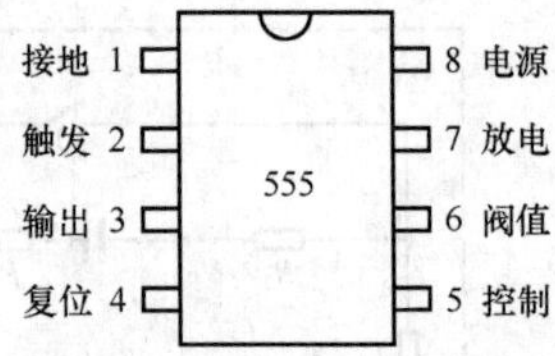

图 6-14　555 时基电路引脚图

（2）无触点集成电路闪光灯、蜂鸣器电路识读

主要由 555 时基电路构成多谐振荡器，由第 3 引脚输出脉冲信号，经晶体管 VT_1 放大后驱动发光二极管以控制转向二极管的熄灭和闪光。经晶体管 VT_2 放大后以控制蜂鸣器间隔的发出蜂鸣声。开关 S 控制左右转向灯的闪耀。二极管 VD_1、VD_2 起为集成电路提供电源的作用。调节电位器 RP 可改变多谐振荡器的振荡频率，从而改变发光二极管和蜂鸣器的闪耀和蜂鸣频率。555 时基电路内部方框图如图 6-15 所示。

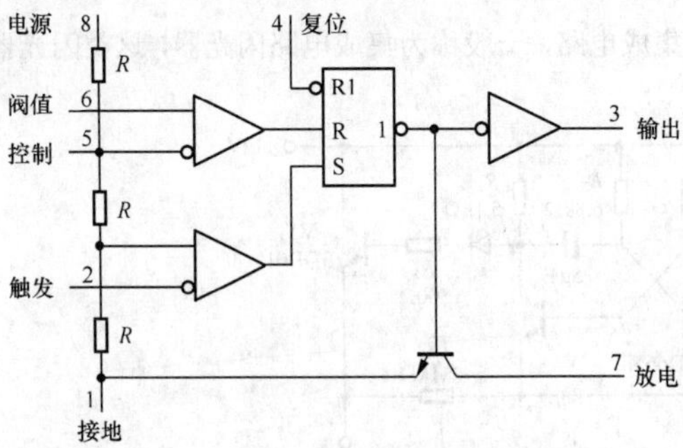

图 6-15　555 时基电路内部方框图

3. 注意事项

（1）各元器件的成形和摆放的位置，选择带插座集成块。

（2）元器件从低到高、从电阻、二极管、三极管、电容等依次插装焊接，然后再焊接集成电路插座。

（3）在焊接时，集成电路芯片不要插在集成电路插座上，在完成所有元器件插装焊接后，才能将集成电路芯片插上，以免损坏。

（4）安装时注意电解电容、发光二极管、蜂鸣器的正负极极性。

学习小结：

二、制定转向闪光蜂鸣电路制作的计划

根据转向闪光蜂鸣电路图，制定对转向闪光蜂鸣电路的制作计划如表 6-7 所示。

表 6-7　　制定转向闪光蜂鸣电路的制作计划

序　号	计划步骤	具体内容	备　注
1	检测前的准备	1. 前期要准备什么？ 2. 制作、检测作业需要哪些工、量具？	
2	转向闪光蜂鸣电路的制作的内容及简单步骤		
3	其他方面		
4	意见及建议		

三、实施转向闪光蜂鸣电路的制作作业

根据转向闪光蜂鸣电路的制作计划实施作业，任务书如表 6-8 所示。

表 6-8　　转向闪光蜂鸣电路的制作作业任务书

1. 前期准备		1. 检查万用表是否是好的；　是□否□ 2. 电烙铁是否良好；　是□否□ 3. 检查消防器具是否良好。　是□否□		
2. 转向闪光蜂鸣电路的制作	制作任务	作业要领	技术标准及检查记录	备　注
	转向闪光蜂鸣电路的制作	1. 装配前进行元器件清点和测试闪光器、蜂鸣器电路的材料，测试情况填入下表。 闪光灯、蜂鸣器电路的材料清单（见下表）		完成□

闪光灯、蜂鸣器电路的材料清单

名称	型号	规格	单位	数量	备注

续表

闪光灯、蜂鸣器电路的元器件测试

电阻、电位器检测（1）

编号	符号	色环	阻值	误差	量程选择	是否	实测值

完成□

电容检测（2）

编号	符号	电容量	耐压	有无极性	量程选择	漏电阻	是否合格

完成□

二极管、发光二极管检测（3）

编号	符号	引脚图	量程选择	正向电阻	反向电阻	是否合格

完成□

晶体管三极管检测（4）

编号	符号	引脚图	量程选择	类型	β值	是否合格

完成□

2．根据闪光灯、蜂鸣器电路原理图画出元器件装配图。

完成□

3．根据闪光灯、蜂鸣器电路原理图画出元器件导线接线图。

完成□

4．按装配图、导线接线图正确安装各元件。完成无触点集成电路闪光灯、蜂鸣器电路组装后，检测集成电路的各引脚电位值，并填入下表中。

各引脚对地的电位/V

引脚	1	2	3	4	5	6	7	8
对地电位值（参考值）	0	3.1		11.3		3.1		11.3
对地电位值（实际测量值）								

完成□

5．将调试结果填入下表中。

状　　态	成　　功
接通电源时发光二极管闪光、蜂鸣器发出蜂鸣声	
开关向上时 ZD1 发光闪耀、蜂鸣器发出蜂鸣声	
开关向下时 ZD2 发光闪耀、蜂鸣器发出蜂鸣声	
改变 W 的值时发光二极管、蜂鸣器发出蜂鸣声也改变	

完成□

续表

检查结论	

四、检验评估

填写转向闪光蜂鸣电路的制作作业任务检验评估表，如表 6-9 所示。

表 6-9 转向闪光蜂鸣电路的制作作业任务检验评估

序 号	评价内容	配 分	评分标准	自评	互评	师评	总评
1	任务完成情况	30	制定检查计划（6 分）				
			完成作业任务书（6 分）				
			完成任务过程情况（6 分）				
			任务完成质量（6 分）				
			在小组完成任务过程中所起作用（6 分）				
2	专业知识	30	会识读元器件明细表（5 分）				
			会识读元器件布局图及接线图（5 分）				
			能识别各种元器件（6 分）				
			会识读电路图（8 分）				
			会描述检查作业时的安全事项（6 分）				
3	仪器、工具选用	10	会正确选择合适的工、量具（5 分）				
			会正确使用工、量具（5 分）				
4	基本技能	20	会检测元器件（5 分）				
			会画接线图（5 分）				
			会在电路板上正确连接电路（10 分）				
5	职业素养	10	学习态度：积极主动参与学习（3 分）				
			团队合作：与小组成员一起分工合作，不影响学习进度（3 分）				
			现场管理：服从工位安排、执行实训室“6S”管理规定（4 分）				
6	合计	100					
7	综合评价与建议	任课教师签名： 年 月 日					

五、知识拓展

（一）电热式闪光器

图 6-16 为电热式闪光器的结构原理图。该闪光器串联在电源与转向灯开关之间，有两个接头，分别接电源和转向灯开关。当汽车转向时，接通转向开关，电流从蓄电池“+”极→附加电阻→电热丝→触点臂→转向开关→转向灯及仪表指示灯（左或右）→搭铁→蓄电池“-”极，构成回路。由于附加电阻和电热丝串在电路中，使电流较小，故转向灯不亮。经短时间电热丝（镍铬丝）发热膨胀，使触点闭合，此时电流由蓄电池“+”极→线圈→触点→转向开关→转向灯及转向指示灯（左或右）→搭铁→蓄电池“-”极，构成回路。由于此时附加电阻和电热丝被短路，且线圈中产生的电磁吸力使触点闭合更紧，电路中电阻小、电流大，转向灯发出较亮的光。由于此时无电流流经电热丝而使其冷却收缩，又打开触点，附加电阻和电热丝又重新串入电路，灯光变暗，如此反复，使转向灯明暗交替，示意行驶方向，闪光频率（60～90 次/分）可通过调整电热线的电热丝拉力和触点间隙来进行。

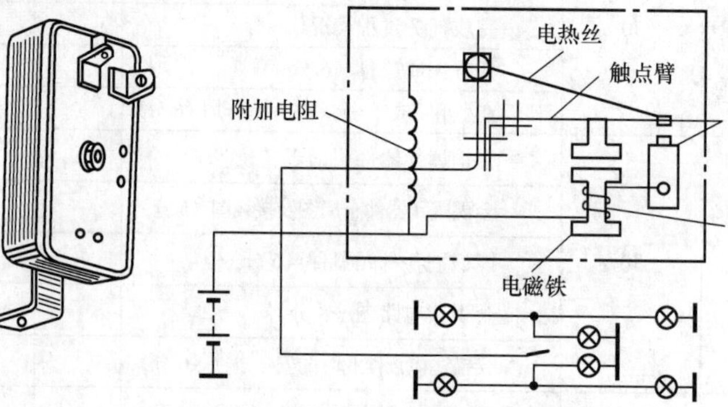

图 6-16　电热式闪光器的外形和电路图

（二）电容式闪光器

图 6-17 所示为电容式闪光器的结构原理图。它也是串联在电源开关和转向灯开关之间，有两接线柱（B 和 L），分别接电源开关和转向灯开关。汽车转向时接通转向开关 8，电流经蓄电池“+”极→电源开关 11→接线柱 B→线圈 3→常闭合触点 1→接线柱 L→转向灯开关→转向灯及转向指示灯→搭铁→蓄电池“-”极，构成回路，此时线圈 4、电容 7、电阻 5 被触点 1 短路，而流经线圈 3 所引起的吸力大于弹簧片 2 的作用力，将触点 1 迅速打开，转向灯处于暗的状态（尚未来得及亮）。触点 1 打开后，蓄电池开始向电容器 7 充电，其回路为：→蓄电池“+”

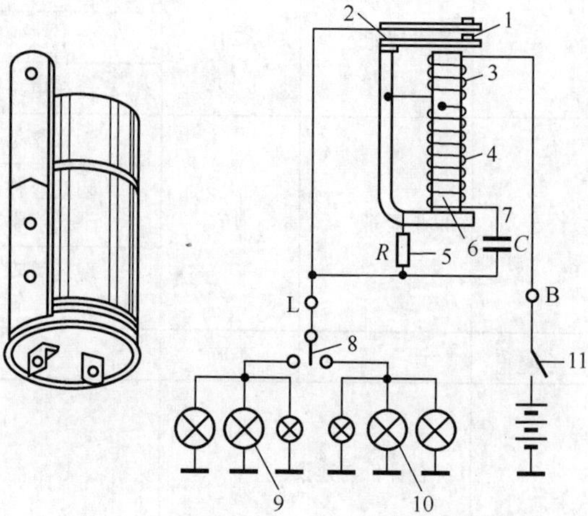

图 6-17　电容式闪光器外形和结构原理图

极→电源开关 11→接线柱 B→线圈 3→线圈 4→电容 7→转向灯开关 8 转向灯及转向指示灯（左或右）→搭铁→蓄电池“-”极。由于线圈丝电阻较大，使充电电流较小，仍不足以使转向灯亮。与此同时，线圈 3、4 产生的电磁吸力方向相同，使触点 1 继续打开，随着电容器 *C* 两端电压升高，充电电流逐渐减小，电磁吸力也减小，在弹簧片作用下，触点 1 闭合。触点 1 闭合后，电源通过线圈 3、触点 1、经转向开关 8 向转向灯供电，电容器经线圈 4、触点 1 放电。由于此时线圈 3 和线圈 4 方向相反，产生的电磁吸力减小，不足以使触点 1 打开，此时转向灯亮。随着电容器两端电压下降，流经 4 的电流减小，产生的退磁作用减弱，线圈 3 产生的电磁吸力又将触点 1 断开，转向灯变暗。蓄电池再次向电容器充电，如此反复，使转向灯以一定的频率闪烁。

参考文献

［1］吴文民，吴政清．汽车电工电子技术基础[M]．北京：金盾出版社，2009.

［2］门宏．怎样识别和检测电子元器件[M]．北京：人民邮电出版社，2007.

［3］张旭征．汽车电工电子基础[M]．北京：机械工业出版社，2008.

［4］孙余凯，吴鸣山，项绮明，电子技术基础与技能实训教程[M]．北京：电子工业出版社，2006.

［5］张大鹏，张宪．汽车电器元器件的检测与维修[M]．北京：化学工业出版社，2012.